U0856705

重庆工商大学法学与社会学学院（市配）2019年一流专业——社会学（62011600518）经费资助

重庆工商大学高层次人才科研启动项目"城市边缘人群的社会情绪表达与社会风险防范研究"（950322015）

重庆市教委人文社会科学研究项目"底边职业人群就业困境中的社会情绪表达与疏导研究"（23SKGH161）

重庆市社会科学规划项目"城市底边人群稳岗就业的支持体系研究"（2022BS040）

足尖上的生计

重庆街头修脚工的质性研究

王文涛 著

中国社会科学出版社

图书在版编目(CIP)数据

足尖上的生计：重庆街头修脚工的质性研究／王文涛著. -- 北京：中国社会科学出版社，2023.6

ISBN 978-7-5227-1699-2

Ⅰ.①足… Ⅱ.①王… Ⅲ.①社会底层—研究—重庆 Ⅳ.①D663

中国国家版本馆 CIP 数据核字(2023)第 083322 号

出 版 人　赵剑英
责任编辑　王莎莎
责任校对　张爱华
责任印制　张雪娇

出　　版　中国社会科学出版社
社　　址　北京鼓楼西大街甲 158 号
邮　　编　100720
网　　址　http://www.csspw.cn
发 行 部　010-84083685
门 市 部　010-84029450
经　　销　新华书店及其他书店

印　　刷　北京明恒达印务有限公司
装　　订　廊坊市广阳区广增装订厂
版　　次　2023 年 6 月第 1 版
印　　次　2023 年 6 月第 1 次印刷

开　　本　710×1000　1/16
印　　张　15
插　　页　2
字　　数　251 千字
定　　价　98.00 元

序

一般而言，社会学的研究对象主要是针对“社会”而言，如迪尔凯姆所说：社会学是研究社会事实的学科，构成社会事实的是团体的信仰、倾向和习俗。当代社会学的研究领域已经十分宽泛，但其核心研究领域还是以人（群体）为主，从社会学方法的视角看，主要是关注于社会事实的关系与结构的研究，这无疑是社会学研究范式的逻辑主线。

改革开放以来，随着转型社会的深化，社会分层的事实已经成为社会学研究的显学，而其中底边职业群体是一个绕不开的话题。各式各样不同种族、性别、岗位的社会底边“打工人”是城市生活的典型产物，面临着不同的人生际遇。他们在城市中努力寻求安身的机遇，处于一种“边际人”状态，是城市的一个外来者，一个没有根基和潜在的“流浪者”。

近年来，底边职业群体受到社会各界的广泛关注，各路媒体与学术界都越来越多地把目光投向底边职业“打工人”，以三和大神、外卖骑手等为研究和调研对象的新闻报道、社会纪实以及学术研究成果大量涌现。在宏大的国家叙事之外，对每一个鲜活的底边职业群体个体予以应有的重视，将普通人的生活及其经历作为关注的对象，由此使国家历史的宏大叙事获得个体体验的具体补充。

王文涛撰写的著作《“足尖上的生计”：重庆街头修脚工的质性研究》就是以底边职业群体作为研究目标，以重庆市作为个案城市，以街头修脚女工作为研究对象，体现了作者敢于直面社会现实的勇气，以及深厚的学术底蕴。纵览全书，我认为有以下两个主要特点。

首先，在社会转型的大背景下，通过对街头修脚工的质性研究，既是对修脚工群体生存现状的深描，也是理解地域性社会结构的一个文本。

街头修脚是一个历史悠久的传统老行当和社会底边职业，其从业者属于街头谋生群体。街头修脚在特殊的自然环境和社会氛围中孕育，它深深的嵌入到地方社会结构和文化传统中。时至今日，街头修脚依然存在于西南地区某些城市的大街小巷中。街头修脚工是典型的底边职业群体，由于自身不具备年龄、体力、性别等生理条件优势，所掌控的社会资源有限，社会支持网络较弱，只能通过修脚手艺在城市中寻求基本的生计。街头修脚工以低廉的价格，满足在城市中艰苦谋生的底边群体的修脚需求。在市场化背景下，她们一定程度上获得了经营自主权，超脱了传统社会身份的束缚。但是，她们依然背负着底边职业的标签，面临着来自于社会的歧视和现代化专业修脚店的冲击和挤压，生存面临着多重性的危机。对于这一群体的解读，内蕴着事实与价值的双重指向。

其次，阐述了街头修脚工们勇于与命运抗争，为生计而自强，根据自身的身体特点与职业实践，立足于自己所在的场域，孕育和发展出特有的生存策略、行为惯习及自我认同。用问题意识的表述方式：即街头修脚工如何创造知识和感知周围世界，以及如何建构现实生活和自我意识？街头修脚工经营着各自的生意，过着“日出而作，日落而息”的个体化生活，自我认同的重构缺乏集体或群体的支持与帮助。她们实行的是自我雇佣，逃避了现代企业制度的规训，进行着自主自立的生计性劳动。在卑微职业性质和底边生存情境中，通过安全可靠的收入、自由的工作时间、同辈群体的参照对比等来建构自我认同。此外，街头修脚工自我认同的背后，还蕴含着特定的社会价值的再生产。街头巷尾是一个特定的场域，聚集了众多商贩和行人，为街头修脚工提供了一个再社会化的有效场所。而且，家庭生计的压力也促使街头修脚工在家庭建设中发挥出一定的余热作用，通过修脚行业的收入，她们可以积累自我养老储备，实现自我经济独立。

无疑，对街头修脚工街头生活与自我认同建构的研究，旨在呈现其作为社会底边职业群体的生存策略，同时考察街头修脚工在面对现代性冲击下的自我认同建构和社会情绪等问题。将社会转型所引发的社会性问题纳入底边职业群体的社会情感的角度进行考量，展演现代性视域下底边职业群体的生存处境、生存策略以及社会心态，从而引发和培育社会对底边职业群体的人文关怀，这是研究街头修脚工等社会底边职业群体生存逻辑和社会心态的最终学术关怀。

当前，伴随着社会转型的进程，社会分层的逐渐固化态势及所带来诸多问题，需要学界进一步加强对相关群体的研究，尤其是对边缘群体、弱势群体的研究。换句话说，社会学研究应该关注“日常生活”，直面“生活世界”，扎根于社会事实。以扎实的实地研究去表达一种对社会事实的人文关怀。在这个意义上，对于底边职业群体的研究就是回归“生活世界”的学术思考，也是“接地气”和“有温度”的社会研究。而作者对于街头修脚工这一特定群体的研究，并非仅局限于群体理论的视域，而是在时间与空间、历史与现实、制度与结构等多维度背景下，试图揭示人（群体）与社会结构的关系性表达。

王文涛是山东人，先后跟随我攻读硕士、博士。他于 2012 年考入吉林大学哲学社会学院，攻读社会工作硕士。毕业后远赴中国西南小城涪陵，就职于长江师范学院。2017 年，他辞掉工作回到母校继续攻读社会学博士。他的成长经历与职业生涯，为其选择研究重庆涪陵街头修脚工提供了难得的研究机遇、便利的田野调研以及深刻的生活体验。博士入学后，王文涛曾与我多次商讨，最终确定他的博士论文题目《“足尖上的生计”：修脚工的街头生活与自我认同建构——基于重庆市涪陵区的实证研究》。如今，王文涛在其博士毕业论文的基础上，依据答辩老师以及外审专家提出的宝贵修改意见，对其博士毕业论文进行了全面的修改与提升，并得以出版。

王文涛是一位非常勤奋的学生，由于硕士是社会工作专业，社会学理论基础稍显薄弱。在读博士期间，他阅读了大量的社会学理论书籍，以弥补其理论知识的不足。当遇到难以理解的学术问题时，经常主动与我交流，求真意识可见一斑。读博期间，他先后结婚、生子，除了学业外还要兼顾家庭，经常重庆 - 长春两地往返奔波，十分辛苦。但是他不畏困难，较好地处理了家庭与学业的关系，博士顺利毕业。

该著作是王文涛开启职业生涯的第一本书，希望王文涛以此著作的出版为学术起点，不忘本心，致力于学术，期盼在未来的学术道路上进一步持续深耕。

林兵

2023 年 3 月 10 日

目　录

第一章　导言

2014 年硕士毕业后，我只身来到山城重庆的一个小城——涪陵，谋取了一份高校的工作。这是我第一次远离家乡来到南方工作和生活，一切都充满了新奇和未知。作为一名北方人，初次来到南方城市，我深刻地、直观地感受到了南北方文化、生活、饮食等方面的巨大差异。涪陵是长江与乌江交汇处的小城，是距离重庆主城比较近的地方区县。在高铁和高速公路建成之前，涪陵到重庆只能通过水路抵达。在我看来，小城涪陵有很多新奇之处：老城是依山而建；城市内的道路既窄又弯；平民药店满街都是；他们夏天依然可以吃火锅；茶馆不是用来喝茶的，而是用来打麻将的；等等。我在充分感受川渝文化的同时，也在不断地试图融入当地民众的生活当中。

工作 3 年之后，我重返母校，攻读博士学位。2018 年，在一次偶然回重庆的途中，我发现了涪陵马鞍以及兴华中路附近的街头修脚工。她们是 50—60 岁的中老年妇女，固定集中在某个地点，修脚工具简陋而布满污垢。我心生疑惑：都有哪些人会去找街头修脚工去修脚？难道不担心卫生问题？街头修脚的收入怎样？作为传统的社会底边职业，她们当初为何选择这一行当？她们怎样在工作中建构自我价值？街头修脚作为一个传统老行当，是否会随着社会的不断发展而逐渐消失？

对某一特型群体的研究是比较容易操作化的，首先是比较容易“入场”，针对群体的研究大多数情况下比较容易与研究对象建立起信任关系，便于进行访谈与调研；其次，对群体的研究符合社会学的传统分析思路，容易探究人在社会中的行为、流动、互动等。于是我根据先前自己的观察和认知，结合独在异乡时内心深处感受到的文化差异与风俗特色，选择了街头修脚工这一群体作为研究对象。

街头修脚工的研究属于底边职业群体研究。社会群体是社会学研究的一个重要单位和重要领域，对社会群体含义的理解可以概括为两个方面、四种看法。广义的理解：一是把社会群体解释为社会；二是把社会群体解释为社会类属；三是把社会群体解释为社会单位。狭义的理解是把社会群体仅仅解释为小群体。社会学中常说的社会群体一般是一个狭义的概念，因为“如果我们在社会学研究中把社会群体等同于社会、社区及社会组织，那么这只会造成概念间的重复或混淆，不利于科学讨论和学术研究”。刘祖云认为，社会群体是人们通过直接的社会联系和心理沟通所结成的社会共同体。同时他认为，根据马克思主义的观点和群体成员间相互关系的状况，可以将社会群体的特征归纳为以下几个方面，即群体成员交往活动的社会性、直接性、规范性以及经常性或持续性。① 我们将规模比较大的群体作为社会组织来研究，而一般意义上的“社会群体”指的是“小群体”。米尔斯认为：“小群体就是由两个或更多的人组成的基本单位，这些人为了某种目的而建立某种联系，并认为这种联系具有意义。”② 其研究内容主要包括群体角色、群体性质、群体结构、群体规范、群体规模等。“多数社会行为都是在不断组成和改组的群体内部以及群体之间发生的。群体是由这样一些人组成的——他们在对彼此的行为有着共同的期待的基础上一起进行着有规则的相互作用。换句话说，群体就是一群地位和角色相互关联的人。因此，群体不同于在同一地点、同一时间偶然临时凑在一起的人群。”③

与一般意义上的小群体不同，街头修脚工群体没有权力中心，没有群体领导，缺乏可辨识的组织结构；街头修脚工可以被界定为底边职业群体的一个次级群体或亚群体。她们在各自控制的场域，即修脚摊位内进行社会活动和人际交往，她们经营着各自的生意，过着“日出而作，日落而息”的个体化生活。她们也没有团结在一起，形成代表群体利益

① 刘祖云：《论社会学中的群体范畴》，《社会学研究》1986 年第 3 期。

② ［美］米尔斯：《小群体社会学》，温凤龙译，云南人民出版社 1988 年版，第 1 页。

③ ［美］伊恩 · 罗伯逊：《社会学》，黄育馥译，商务印书馆 1990 年版，第 108 页。

的正式组织，我们暂且将此类群体称为“类型群体”。“内部阶级存在多样性。很明显，每一个阶级内部都可被细分为更具有相似性的亚类或亚阶级，例如，富农和贫农、富商人和穷商人。人们在多大程度上做这种细分主要取决于研究的性质。在一个具有很窄范围的高度专门化的研究中，对这些亚阶级给予关注。”① 类型群体是由多个小群体组成的中级群体，它是一类人群的统称。构成类型群体的各个小群体之间没有沟通和交流，仅仅是因为成员之间同质性强而被归纳为一个类型。例如，“农民工”群体是一个大群体，按照工作性质分类，它可以包含环卫工人群体、建筑工人群体等诸多中层群体，而这些中层群体又是由分散在不同区域的多个小群体组成，在单个小群体之内，成员间有必要的沟通和交流，但是各个小群体之间相互区隔，具有明显的群体界限，各小群体之间没有互动与交流。

学术界对于农民工这一群体的界定一直处于抽象阶段，也就是说，当前的学术研究普遍将农民工作为一个抽象而庞大的社会范畴，较少依据地域、年龄、性别、具体面向的整体范畴来处理。② 此外，对规模较大群体的研究需要研究者具有宏观的格局和相当的全局观念，但是对于一般的研究者来说并不具备这种学术品质。为了便于学术研究，我们可以将群体进一步细化，根据群体成员所体现出的共同特性，将其“边界化”“类型化”，最终归纳为类型群体进行细化研究。对修脚工等类型群体的调查和研究，有助于我们跳出“群体”的窠臼，去关注那些我们身边的、“显而易见”却又“容易忽视”的具有特殊意义的中小群体。

通过对涪陵街头修脚工的调查和研究，本书试图解释街头修脚工这类特征群体的生存策略、身体实践与自我价值建构等问题。第一，街头修脚工是一个特点鲜明的类型群体，集历史性、地域性、特殊性和技术性为一体，具体表现为街头修脚自古有之，并一直延续到现代社会；街头修脚现象南方多、北方少，具有明显的地域文化特色；同时，街头修

① ［美］格尔哈特·伦斯基：《权力与特权：社会分层的理论》，关信平等译，社会科学文献出版社 2018 年版，第 98 页。

② 沈原：《社会转型与工人阶级的再形成》，《社会学研究》2006 年第 2 期。

脚又是一种手艺活儿，街头修脚工等同于民间工匠，技术性强。第二，街头修脚作为一个老行当，在现代化冲击的背景下依然存在必然有其独特的生存策略，街头修脚工文化水平较低，社会支持网络不足，可以借助的社会资源有限，他们通过多种手段与地方权力、同行竞争者以及修脚顾客进行互动与博弈，从而达到维持修脚生计的目的。第三，对街头修脚工的研究在一定程度上填补了学术研究空白，通过对街头修脚工服务过程与生活图景的描述，解释和回应了身体实践的概念，有助于探索和剖析底边职业群体的工作样貌以及职业困境，并结合实地调研和经验研究提出对行业进行干预和保护的途径和策略；街头修脚工作为底边职业群体的代表，他们是怎样从农村走出来从事修脚服务的？他们通过修脚服务过程与身体实践如何收获自我价值认同的？通过对修脚工群体生活图景的全景式勾勒，进而探讨底边职业群体在城市生活中自我价值建构和生产的过程。

一　研究背景

（一）市场转型对传统老行当的冲击

随着社会的不断发展，我们正处于市场转型和迈向现代化的历史阶段，社会结构和经济文化发生了翻天覆地的变化。在现代化社会，大多数的劳动者不再从事农业或制造业，而是从事服务业，服务型经济得以创立。同时，专业和技术人员得到显著的增长，专业和技术阶级在社会中处于优越地位，他们是构成现代社会的关键集团。理论知识在现代社会中处于首要位置，它是围绕着知识组织起来的，其目的是进行社会管理和指导社会变革或革新，这反过来又产生了新的社会关系和新的结构。最后，技术的作用日益显现，并且伴随着一种新的智能技术的兴起。现代社会所带来的现代化冲击着传统的政治体系、经济体系和文化体系。

在市场转型背景下，一些历史悠久的老行当、民间手艺和传统工艺正不断消失在历史的长河中。随着高楼大厦替代窄巷小院，机械流水线生产代替手工作业，那些牵系着老百姓生活点滴的手工匠人与他们的老行当，正在渐渐淡出人们的视线。文化是民族的血脉，传统工艺是历史和文化的载体。传统工艺、民间手艺凝聚着人类智慧，它们是人类精神和传统文化的重要遗存，它们所蕴含的劳动人民的智慧和心血不可能被机器所代替。在中国几千年的历史长河中，孕育了丰富多彩、星光璀璨的传统工艺，这些传统工艺，凝聚着中国劳动人民的智慧结晶，是现代机械无法替代的，是人类遗留下来的宝贵财富。传统文化中的老行当是鲜活的文化符号，承载了难以忘却的集体精神和情感记忆。但是，随着社会现代化程度不断提升，经过时间的洗礼，仍然保留到现在的传统技艺越来越少，在强大的工业化进程之下，手写春联、磨刀、补碗、修笔、手摇爆米花等传统行当受到前所未有的剧烈冲击，一些承载着历史与文化的老行当，永久地消失在这个机械流水线的现代社会里，成为难以复原的历史记忆。

（二）新形势下的稳就业与地摊经济

改革开放四十多年来，我国主要依靠出口和投资（房产+基建）来保持经济的可持续发展，国内民众消费对经济的拉动作用较弱。面临着复杂的国际形势，有些西方国家在国内经济下行的环境中对我国出口围追堵截。为了应对挑战，国家提出经济内循环的概念，通过内需来拉动中国经济发展，激活国内民众的消费需求，拉动国内经济持续发展，把中国经济由出口导向型向内需拉动型转变。2018 年以来，中美贸易摩擦加剧，国际环境发生明显变化，我国经济发展面临“百年未有之变局”，经济运行面临着沉重压力。中共中央审时度势，未雨绸缪，旗帜鲜明地提出“六稳”的经济发展策略，即稳就业、稳金融、稳外贸、稳外资、稳投资、稳预期，并把“六稳”作为实现中国经济稳中求进的基本要求。在“六稳”发力下，我国经济经受住了外部环境变化的冲击，保持了平稳健康发展。

2020 年伊始，突如其来的新冠肺炎疫情严重冲击了我国经济，生产、消费、交换等经济活动大范围停滞，从而导致投资、消费、进出口快速下行，经济呈现负增长态势。2020 年 4 月，习近平总书记在陕西考察时强调，要全面落实党中央决策部署，坚持稳中求进工作总基调，坚持新发展理念，扎实做好稳就业、稳金融、稳外贸、稳外资、稳投资、稳预期工作，全面落实保居民就业、保基本民生、保市场主体、保粮食能源安全、保产业链供应链稳定、保基层运转任务，努力克服新冠肺炎疫情带来的不利影响，确保完成决战决胜脱贫攻坚目标任务，全面建成小康社会。扎实做好“六稳”工作、全面落实“六保”任务，正是针对当前新形势提出的，是坚持稳中求进工作总基调的主要着力点。要深刻认识到，在疫情防控常态化前提下，只有稳住经济基本盘，兜住民生底线，才能在稳的基础上积极进取，全面推进复工复产达产，恢复正常经济社会秩序，培育壮大新的增长点、增长极，牢牢把握发展主动权。①

地摊经济是新形势下稳住经济基本盘，兜住民生底线，培育壮大新的增长点、增长极的重要手段。地摊经济既体现了一座城市的烟火气，也是考察城市综合治理能力与治理水平的重要刻度与窗口。地摊经济往往是沿街为市，给城市环境卫生和城市管理带来了巨大压力。过去，正是因为城市管理压力增大，各地纷纷取缔了地摊经济。诚然，无序的地摊经济影响了城市景观、交通秩序，占用了公共空间，然而它却建构了非正式经济与社会体系。

随着国家治理能力现代化水平不断提升，人们期待看到政策制定更加人性化。对街边摊的粗暴“一刀切”，切掉的是人们对城市的归属感，破坏了城市低收入人群的经济依托，影响了城市居民生活便捷。城市是人民的城市，城市是具有多元价值的。“在城市环境中，每一种谋生手段，甚至包括乞丐的行乞，都带有职业的性质。”② 地摊经济是一些低收入阶层得以在城市生存的依托。街边摊如果在一个城市中生存下来，不仅可以为城市底边人群提供就业机会和收入机会，也可以为人民群众提供廉价、便利、丰富的日常生活用品和服务。

2020 年 6 月 1 日，李克强总理在考察烟台时说：“地摊经济、小店经济是就业岗位的重要来源，是人间的烟火，和‘高大上’一样，是中国的生机。”特别是 2020 年年初新冠肺炎疫情发生以来，“地摊经济”率先

---

① 本报评论员：《做好“六稳”工作　落实“六保”任务》，《人民日报》2020 年 4 月 24 日第 2 版。

② ［美］帕克等：《城市社会学》，宋俊岭、吴建华、王登斌译，华夏出版社 1987 年版，第 13 页。

复苏，不仅满足了社会群众的日常生活需求，还拉动了就业，带回了城市的烟火气。只有让每个人的小期盼与城市的大情怀交融，让微观的民愿汇入宏观的民生，才能让每个人在城市中体会到更多的归属感，在人间烟火中拥有属于自己的“小确幸”。

不能因为地摊经济存在管理难度就搞“一刀切”，而是要注重引导规范。划定一定的范围，制定相关的标准，把地摊经济整合到一起，进行统一的集中管理，推出更多人性化的管理措施，在不影响城市管理的前提下，让地摊经济与人民群众的生活并存，这本身就是一道城市治理的大考题。倡导重启地摊经济，是为了让老百姓更有致富的方向，是为了给底边群体一个避风港。重启地摊经济建立在发展的基础之上，更符合新时代的特征。撕下“脏乱差”的标签，让“干净、安全、有序”成为地摊经济的新注脚。

（三）现代性下养生保健产业兴起

消费社会背景下的身体被重新发现，在广告、时尚、大众文化中，人们把身体“套上卫生保健学、营养学、医疗学的光环，时时萦绕心头的对青春、美貌、阳刚/阴柔之气的追求，以及附带的护理、饮食制度、健身实践”①。随着经济发展和社会进步，我们一方面面临着环境污染、生态破坏等生存风险，又面临着强大的社会竞争压力，居民亚健康、人口老龄化等现象日益突出；另一方面，在中国经济持续平稳发展下，我国居民经济收入不断增加，人民生活水平不断提高，人们对生活质量的要求日益增强，随之而来的是美容保健意识的增强。人们相比以前更加注重美丽与健康，并且有了购买和消费健康产品与美容保健服务的消费能力。随着个体主义趋势不断发展，“20 世纪 70 年代出现的所有实践活动（身体疗法、健身、慢跑）发展到极端，使个体成为其身体的产物。想要改变生活只需改变身体”②。在经济持续升级的大背景下，政策优势

---

① ［法］让·鲍德里亚：《消费社会》，刘成富、全志钢译，南京大学出版社 2014 年版，第 120 页。

② ［法］帕斯卡尔·迪雷、佩吉·鲁塞尔：《身体及其社会学》，马锐译，天津人民出版社 2017 年版，第 45 页。

和市场前景驱动养生保健行业的迅猛发展，养生保健产品和服务也愈发细化，养生保健已经成为社会发展的必然趋势，成为当之无愧的现代新兴产业。

目前流行的健康养生形式可以分为两大类，一类是动态的健康养生，例如健身、运动等；另一类是静态的健康养生，例如足疗按摩、中医保健、温泉洗浴等。美容养生产业兴起的原因主要有几个方面：首先，随着经济的发展和社会的进步，人们的经济条件有了很大的改善，除了满足日常生存需要，人们开始追求精神层面的需要。二是社会舆论和传播媒介对健康、审美铺天盖地的宣传，使人们越来越关注自己的身体健康和体型美感，减肥瘦身、健身锻炼、养生保健等已经渗透进普通人生活的方方面面；越来越多的人关注自己的身体，关注自己的健康，从而形成了巨大的市场和商机，足疗店、养生馆如雨后春笋般不断涌现；此外，健康养生呈现出年轻化的倾向，现代性下美容养颜、养生保健成为人们关注身体、改造身体的潮流，健康养生成为大众热议的话题。“我们把身体当作对象，必定要不断地消费更多的体育用品、化妆品、医疗用品和时装。”①

二　研究意义

“社会群体”是社会学研究的一个基本单位和重要内容。我们将规模比较大的群体作为社会组织来研究，而一般意义上的“社会群体”指的是“小群体”。米尔斯认为：“小群体就是由两个或更多的人组成的基本单位，这些人为了某种目的而建立某种联系，并认为这种联系具有意义。”② 它的研究内容主要包括群体角色、群体性质、群体结构、群体规范、群体规模等。通过对街头修脚工的研究，我们希望呈现一种研究方向，即在进行“宏观”群体研究时，将其细化，根据群体成员体现出的

① ［法］帕斯卡尔·迪雷、佩吉·鲁塞尔：《身体及其社会学》，马锐译，天津人民出版社2017年版，第49页。

② ［美］米尔斯：《群体社会学》，温凤龙译，云南人民出版社1988年版，第1页。

特色，再将其“边界化”“类型化”。例如我们可以将“农民工”这一笼统和规模较大的群体概念细化、类型化为中国女工研究、卡车司机研究、街角劳力研究等。对街头修脚工这一类型化群体的调查和研究，有助于我们对“大群体”进行细化和分类，去关注那些我们身边的、显而易见却又容易忽视的具有特殊意义的中小群体，并开展微观社会学研究。

街头修脚是一个带有明显区域特色和地方文化的传统老行当。当前，在南方某些现代化城市的街头巷尾依然存在着古老的街头修脚形式。街头修脚工是来自农村的农民，他们以低廉的价格，满足在城市中艰苦谋生的底边群体的修脚需求。他们将摊位设置在城市中心的公交站牌背后、商场超市门口、商业街、公园等公共区域。在经济市场化背景下，他们一定程度上获得了经营自主权，摆脱了传统社会身份的束缚和行业剥削。但是，他们依然带有卑微的职业标签，面临着来自社会的歧视和现代化专业修脚店的冲击和挤压。

在现代社会情境下，随着养生保健行业的兴起、人们个性化需求的增长以及生活水平的提升，修脚逐渐演变为修脚店、足疗店等现代化服务形式，它们相较于街头修脚更加专业、卫生、实惠且服务周到，给人带来舒适的感官体验。越来越多的人走进修脚店进行修脚，街头修脚面临着生存危机。

通过对重庆市涪陵区街头修脚工的实地调查，我们发现街头修脚工以中老年妇女为主（因此下文均以“她/她们”指代），年龄一般在45—60岁，她们大多是生活贫困者。她们主要来自偏远农村，有的是早期三峡移民，有的是扶贫搬迁和生态保护移民或者进城务工者。她们分布在城市内人流量较大的地段，艰苦的维持着自己的生计，是典型的底边职业群体。作为社会底边职业从业者，从事如此卑微的底层工作，面对城市人的异样眼光，她们如何建构自我价值？她们会根据自己所处的情境、身体特点等发展出独特的生存策略，对“现代性”进行“反规训”吗？街头修脚工的工作状况如何？她们是如何在低贱的工作中构建人生价值和自我认同的？街头修脚是否随着社会的发展而被修脚店所取代，从而成为历史记忆，永远消失在历史的长河中？

底边职业群体是市场竞争中的弱势群体、边缘群体，他们难以通过自身的努力改变自己的命运，缺少向上流动的渠道。底边职业群体是社会各个阶层中经济承受能力和心理承受能力较弱的群体，是社会治理的薄弱环节。一旦社会各种矛盾激化和社会问题产生，他们的经济承受能力和心理承受能力达到极限，影响到他们的生存，就容易爆发社会风险。生活的艰难、对前途的绝望、心理的严重失衡，使底边职业群体强烈反作用于社会。结构性的社会问题催生扭曲的社会心态，容易引发底边职业群体的厌世情绪，从而蓄意报复社会。

街头修脚工作为一个生存于社会底层的边缘群体，是底边社会的重要组成部分，她们是底边职业职业群体中的一分子。她们的生存方式、自我认同对于研究底边社会具有重要的参考价值。底边职业群体的生计和社会地位问题是一个社会和谐稳定的重要基础。对街头修脚工生活世界和生存图景进行深入描述，对其生活叙事与身体实践开展研究，有助于呈现街头修脚工的生存全貌，展示底边职业群体如何与社会进行互动与博弈，对保护传统地方文化、理解地方性知识、促进基层社会治理等具有一定的启发意义。通过对街头修脚工等底边职业群体的研究，将其生活图景和生存状态呈现出来，对提出化解基层社会治理矛盾提供可操作性的政策措施具有一定的启发意义。

三 研究工具和理论分析框架

本书所用的研究工具和理论分析框架主要是常人方法学、场域—惯习以及现代性与自我认同。首先，街头修脚与涪陵民众的生活息息相关，它是一个民众习以为常的、学者忽略的社会事实。然而，街头修脚工的街头生活方式和自我认同建构却是理性的，并且出于各种实践目的的行动是可以诉说的、可以说明的。其次，修脚摊位具有明显的人格化特征，是由修脚工按照特定的逻辑要求建构的，是修脚工个体参与社会活动和服务生产的主要场所，是权益表达和个人策略施展的重要场所。而修脚工的生存策略和自我认同建构是一种实践的知识，她们会根据工作经验而不断变化，这正体现了布迪厄“场域—惯习”的学术本质。最后，街头修脚作为一个传统老行当，在现代社会下必然会与现代化发生碰撞，而在现代化与传统行当的碰撞中，街头修脚工的自我认同必然面临着解构与再建。

（一）常人方法学

常人方法学是分析普通人处理日常社会生活互动的基本方法，它的集大成者是美国社会学家加芬克尔。“常人方法学可以被理解为社会科学中的一种视角、研究进路和思维方式，其理论旨趣在于日常生活中人们用以处理事务、建构现实及其秩序的方法和进程；通过深入观察和分析这些方法和过程，常人方法学家试图对日常社会给出社会科学的解释，这是其精髓和实质。”①

常人方法学认为，社会学本身就是一种日常活动，它将研究的对象倾向于我们日常生活中“习以为常”的社会现象。它的任务是“发现”栖息于特定实践中的无数的“丢失了什么”这样的议题，这些议题广泛分布在寻常的社会中。②“常人方法学的研究在分析日常生活活动时，将其看作是（社会）成员的方法，成员用这些方法使日常生活看起来是理性的，并且出于各种实践目的使行动是可以诉说的，也就是‘可说明的’。”常人方法学受四种社会学传统的影响，它们分别是帕森斯对于社会秩序问题的关注是常人方法学的一个经典“母题”，是理解常人方法观念的关键；“现象学和现象社会学是对常人方法学影响最大的理论传统”；维特根斯坦对“规则”问题的批判性分析和日常语言哲学；戈夫曼相关符号互动论的思想等。③ 常人社会学认为，社会学的研究内容不仅包括社会宏大方面，也包括日常生活中琐碎的方面。对社会行动的研究不能忽视日常生活社会行动复杂的组织过程和行动者（或“成员”）所从事的大量权宜的生性、创性的努力。工作稳定的、一再出现的社会行动模式是由行动者（“成员”）权宜性努力所创造出来的；规则是行动的“蓝图”

---

① 刘剑涛：《现象学与日常生活世界的社会科学》，上海三联书店 2017 年版，第 155 页。

② ［美］迈克尔·林奇：《科学实践与日常活动：常人方法论与对科学的社会研究》，邢冬梅译，苏州大学出版社 2010 年版，第 318 页。

③ 李猛：《常人方法学 40 年：1954—1994》，载李培林《社会学：理论与经验》（第二辑），社会科学文献出版社 2005 年版，第 101—105 页。

和规定，它生成于行动之后，是使行动成为“可说明的”、可描述的一种“工具”。

常人方法学是对日常生活在实践中的论述。传统社会学家对社会中一些“显而易见”的社会事实往往“视而不见”，而常人方法学将这些“视而不见”的社会事实作为社会学最基本的问题进行研究，“把理论兴趣和工作从不可靠的人造模型转移到日常生活的真正现实中来”[①]。常人方法学对日常生活的实践活动进行分析是沿着舒茨开辟的道路展开的。

1. 行动的权宜性是常人方法学关于日常生活的实践行动的第一个发现。所谓行动的权益性指的是行动并非按照事先预定的规则进行，而是行动者根据局部情况以及当下场景条件，通过自身不断努力而完成的。在日常生活中，普通人通常对于“想当然”的社会事实“视而不见”，认为是“理所当然”或见怪不怪的。要想使普遍存在于社会的“普通行动”可见，就必须依赖常人方法学。此外，日常生活的实践活动是通过行动者复杂的技术和方法来完成的，并不是遵循既定的规则来解决的。“他们在日常生活中有足够的空间来运用自身能力来生产、再生产或改变行动的结构。”[②]

2. 行动是在场景中组织而成的，是“场景特征的临时性构成体”，也称为行动的局部性，它是日常生活实践活动的一个重要特征。根据李猛的总结，常人方法学所说的行动局部性具有几个明显的特点。首先，常人方法学非常强调任何的实践活动都处在一个特定的场景之中，都是“场景性的实践”“局部性的实践”，这就是行动的空间局部性；其次，行动和场景不仅是“空间局部的”，还是“结构化局部的”，场景是行动的一部分，场景和行动都是行动者通过不断努力而取得的“成果”，所以在进行日常生活现象分析和研究时，研究对象所处的生活和工作场景也是研究的一项重要的、不可或缺的内容；最后，局部性行动具有索引性的特征，正如西考雷尔（Cicourel）所言：“一个场合的环境和特殊之处的

① 刘剑涛：《现象学与日常生活世界的社会科学》，上海三联书店 2017 年版，第 154 页。

② 李猛：《常人方法学 40 年：1954—1994》，载李培林《社会学：理论与经验》（第二辑），社会科学文献出版社 2005 年版，第 113 页。

详细确定必然面对‘同一’或‘新’环境和特殊之处的无穷无尽的再确定。”

3. 索引性非常准确地描述了日常活动的基本结构，索引性表达在常人方法学中可以说处于最核心的地位。索引性表达是一种“无尽的索引性”，“一项表达（或行动）的意义必须诉诸（即索引）其他表达（或行动）的意义才可理解，而这些被涉及的表达（或行动）本身也具有索引性，这样，从根本原则上讲，任何一个表面上孤立的‘表达’和‘行动’都是一个‘无穷无尽’的‘索引链’上的一环，永远不能到一个最终的、不受索引性问题困扰的基础，因此常人方法学从不试图为行动提供一个终结性的理论说明，将之作为日常行动遵循的模式”。① 也就是说，日常生活的索引性是“永无止境，无穷无尽”的，不要去试图“疗救”，而是要尽可能地呈现日常生活的索引性。放在具体的研究中，行动背后所蕴含的社会事实可以说是无限的，我们不可能穷尽，我们的任务是尽力地去挖掘行动和语言背后所蕴含的那些“理所应当”“容易忽视”和“想当然”的社会事实。

4. 实践行动的权宜性、局部性和索引性证明行动不可能按照既定的规则来进行，那么规则是否存在呢？常人方法学认为，行动的规则是存在的，它是行动可理解性和可说明性的源泉。实践行动是可以观察和报道的，行动的可说明性是指实践行动的参与者和观察者可以向他人描述和报道行动的某些部分，实践行动可以被看到、被谈论，所以可以被理解。但是由于行动索引性的存在，它又不可能被完全地看到、报道和理解。“局部的行动到底边界划定在哪里，取决于实践的需要，取决于你出于何种实践目的来描述、理解一个行动；其次，即使在边界内，你也只能利用大量的‘想当然’的假设为基础来描述行动的某些方面，在上面的过程中，决定哪些是用来描述的，哪些是用来被描述的，都是以实践的方式利用规则的结果。”② 同时，行动的可说明性是行动的组

① 李猛：《常人方法学 40 年：1954—1994》，载李培林《社会学：理论与经验》（第二辑），社会科学文献出版社 2005 年版，第 115－116 页。

② 李猛：《常人方法学 40 年：1954—1994》，载李培林《社会学：理论与经验》（第二辑），社会科学文献出版社 2005 年版，第 119 页。

成部分，行动和说明的“辩证法”构成了行动的反身性，行动、说明和场景构成了实践复杂的整体。“（行动）组织中所运作的说明和阐述一样，反身地与产生这些说明的，并将这些说明作为其中一部分的场景联系在一起。”①

5. 常人方法学的方法论主张“回到事情本身”，以尽可能地接近社会现象本身为原则，它具有两个重要的方法取向：一是方法的独特适当性，即根据局部场景和具体的社会现象来确定和选择“因地制宜”的研究方法，从而使研究方法和研究对象统一并结合起来；二是方法论的“描述”取向，“常人方法学家认为要描述现象，首先就要使现象成为‘可见的’，于是他们就采取使现象陌生化的方式，或者通过系统地‘破坏’日常生活中原有的‘想当然’的常识结构（破坏实验）”②。常人方法学方法论的优势和缺陷在其重要的分支谈话分析中得到了充分的体现。

社会学者往往更多关注社区治理、社会结构、社会组织等“宏大”和“更有建设意义”的主题，而对于日常生活中的小群体、边缘群体经常忽略。利用常人方法学研究和分析作为小群体的街头修脚工，有助于呈现街头修脚工职业背后所蕴含的不为人知的社会事实和人生故事。再微小的行动也是对宏观社会的一种反映，或者是在宏观社会结构的背景下进行的。街头修脚工群体虽小，但是自古有之，是一个名副其实的老行当。街头修脚工的生存变迁反映了社会变迁，特别是在新时代背景下，街头修脚工是研究社会变迁和基层治理的一块“活化石”。

（二）场域—惯习

“场域—惯习”是由法国著名社会学家和哲学家布迪厄提出来的，他认为“场域”是由社会成员按照特定的逻辑要求共同建设的，是社会个体参与社会活动的主要场所，是集中的符号竞争和个人策略的场所。“场域”就好比一个多棱镜，根据内在的结构反映外在的各种力量。“场域观

① Benson and Hughes, *The Perspective of Ethnomethodology*, London: Longman, 1983, p. 120.

② 李猛：《常人方法学 40 年：1954—1994》，载李培林《社会学：理论与经验》（第二辑），社会科学文献出版社 2005 年版，第 121 页。

念的主要价值在于促进和发扬了一种构建（对象）的方式，使学者不得不在每次研究时重新设想一番。它迫使我们提出一系列问题：所考察的世界界限在哪里？它是如何与其他场域发生‘联系的’？与哪些场域发生联系？在何种程度上发生联系等等。它提供了一套系统连贯且一再出现的问题，使我们既避免陷入实证主义经验主义的理论真空，又避免堕入唯理论主义话语的经验真空。”①

现代高度分化的社会是由大量的、具有相对自主性的社会小世界组成，这些相对独立的社会小世界都具备某种自身的运行逻辑和必然性客观关系的生存空间。一个社会小世界便是一个相对独立的场域。场域是一个充满冲突和竞争的空间，它类似于一个战场。“每一个实践的社会场域（包括作为整体的社会）都可以被理解为一种竞争性的游戏或者说‘斗争的场域’，身处其中的行动者，当他们寻求自身所处位置的最优先地位时，他们的即兴行为是策略性的。”②

场域是充满力量的，个体在场域中展开竞争，每一个场域中都有统治者和被统治者，而任何统治都隐含对抗。参与游戏的各个成员之间的力量关系状况决定某个场域的结构，游戏者自身所拥有的特定资本对应的是他在游戏中的相对力量、游戏空间中所处的位置以及对游戏所采取的策略性取向。游戏参与者所采取的每一步行动，不论是不惜冒点风险还是小心谨慎，是颠覆传统还是墨守成规，都取决于他手中所掌握的资本。“在遵守游戏的默契规则和再生产游戏及其利害关键的先决条件情况下，游戏者可以通过参与游戏来增加或维持他们的资本，即他们拥有的符号标志的数量；但他们也同样可以投身游戏之中，去部分或彻底的改变游戏的固有规则。”③ 布迪厄认为，从场域角度进行分析涉及三个必不可少并内在关联的环节：一是必须分析与权力场域相对的场域位置；二

① ［法］布迪厄、［美］华康德：《反思社会学导引》，李猛、李康译，商务印书馆 2015 年版，第 139 页。

② ［英］迈克尔·格伦菲尔：《布迪厄：关键概念》，林云柯译，重庆大学出版社 2018 年版，第 67 页。

③ ［法］布迪厄、［美］华康德：《反思社会学导引》，李猛、李康译，商务印书馆 2015 年版，第 125 页。

是必须勾勒行动者或机构所占据的位置之间的客观关系结构；三是必须分析行动者的惯习，即千差万别的性情倾向系统。①

惯习是一种非形式化的、实践的知识，而非推论的或意识层次的。人们受惯习指导进行实践时是前意识的、无知无觉的。“惯习是社会性地体现在身体中，在它所居留的那个场域里，它感到轻松自在，‘就像在自己家一样’，直接能体会到场域里充满了意义和利益。”② 客观结构的内化过程不仅是心理的过程，而且是身体的过程，体现在人们的姿势、步态和语言风格上。此外，惯习不是宿命，它是一个开放的性情倾向系统，会根据经验的不断变化而变化，同时在新经验的影响下不断地调整和强化自己的结构。③

布迪厄对于惯习的基本观念是：行动是由关于在社会世界中如何运作的“实践感”控制的，对惯习要侧重于从行为的倾向方面和实践方面去理解，惯习是一种社会化了的主观性，它关注的是“我们行动、感觉、思想与存在的方式。它是一种捕捉，我们是如何在我们自身所身处的历史中周旋，我们又是如何把这种历史带入我们当前的境遇，以及由此我们如何选择以某种特定的方式来行动而非另外一种”④。惯习确定了一个立场：一种明确地建构和理解具有特定“逻辑”的实践活动的方法。惯习既克服了主观主义与客观主义的对立，也克服了实证主义唯物论与唯智主义唯心论的对立。

场域和惯习之间是相互关联的。一方面，两者是相互制约关系：场域形塑着惯习，惯习成了某个场域固有的必然属性体现在身体上的产物；另一方面，两者又是认知建构的关系，惯习有助于“把场域建构成一个充满意义的世界，一个被赋予了感觉和价值，值得你去投入，去尽力的

---

① ［法］布迪厄、［美］华康德：《反思社会学导引》，李猛、李康译，商务印书馆 2015 年版，第 131 页。

② ［法］布迪厄、［美］华康德：《反思社会学导引》，李猛、李康译，商务印书馆 2015 年版，第 159 页。

③ ［法］布迪厄、［美］华康德：《反思社会学导引》，李猛、李康译，商务印书馆 2015 年版，第 165 页。

④ ［英］迈克尔·格伦菲尔：《布迪厄：关键概念》，林云柯译，重庆大学出版社 2018 年版，第 65 页。

世界”[①]。

（三）现代性与自我认同

“现代性的来临致使个体的外部社会环境发生了重大的社会变迁，这同时也影响了婚姻、家庭及其其他制度安排：然而人们会一如既往的继续他们的生活，并尽其所能地应对周遭的社会转型。在致力于解决个人问题的同时，个人也在积极主动地为重建其周围的社会活动领域而贡献着自己的力量。”[②] 吉登斯认为，现代性情境中的每个人都面临着诸多选择，而导致这种选择多样性的主要因素之一便是传统所设置的目标和规则在现代性的不断冲击和渗透下已然逐渐消失，面对后传统社会这一事实，我们每个人都在一个充满多样选择的世界中行动，并需要在诸多选项中进行选择。现代性给我们提供了丰富的工作机会、多样的生活方式、不同的价值选择，在现代性的多样选择中，每个人都有权利选择自己喜欢的工作以及向往的生活。在现代性的情境中，我们不断地追随自己所希望达到的生活方式，但是有的时候，因为我们的处境、能力、智力等的限制和约束，又被迫选择当前的生活和工作。工作是一个人在现代性情境中解决个人问题以及重建周围环境的重要手段。在极度复杂的现代劳动分工情境中，对工作和工作环境的选择恰恰深刻地反映了生活方式的偏好。在新的社会情境和工作环境下，人们重新获得新的认同感。

在现代社会的情境下，自我是一个“反身性”的过程，人们通过自我在实践中获得的认知重新指导实践。“对现代社会生活的反思存在于这样的事实之中，即：社会实践总是不断地受到关于这些实践本身的新认识的检验和改造，从而在结构上不断改变着自己的特征。”[③] 自我认同的建构必须将个人的变迁与社会的变迁相结合，重新发现自我，重新反思自我存在的价值与意义。自我身份认同不是给定的，即个体行动系统之

---

① ［法］布迪厄、［美］华康德：《反思社会学导引》，李猛、李康译，商务印书馆 2015 年版，第 158 页。

② ［英］安东尼·吉登斯：《现代性与自我认同：晚期现代中的自我与社会》，赵旭东译，中国人民大学出版社 2016 年版，第 12 页。

③ ［英］安东尼·吉登斯：《现代性的后果》，田禾译，译林出版社 2011 年版，第 34 页。

延续性结果，而是要在个体反思性活动中依据惯例被创造和维持的某种东西。它不是个体所拥有的一个特质或特质集合，而是对其个人经历以及社会环境变迁进行的反身性的理解而形成的自我概念，自我认同是经过行动者反身性阐释后的连续性。[①]

“在自我的层面上，日常活动的一个基本构成部分便是选择。”[②] 现代化情境下对工作与生活方式的选择是自我反身性的一个重要的领域。人们通过将自己的观念、规划、想法付诸实践，在实践中收获新的知识和经验，再反作用于自己的价值观念，并对自己的意识形态进行修正，从而更好地指导下一步的实践。对于一种工作或生活方式的选择，人们是做了充足的“自我反身性”的，从事这样的工作会给我带来什么价值？选择这样的生活方式，自己是否会感觉到幸福和快乐？虽然梦想与现实有一定的距离，在日常生活中并不一定完全契合，但是人们做选择的初衷的确是如此的。可以说，在工作和生活方式方面的选择，人们遵循的是“工具主义理性”和“自恋主义”。总之，该做些什么？如何行动？成为何种人？这些都是生活于现代性之中的人们共同面对的核心问题，而且也是我们所有人以话语形式或日常社会行为形式正在作答的问题。[③]

“身体以实践方式参与到日常生活互动之中便是维持一个连贯的自我身份认同感的重要构成部分。”[④] 吉登斯认为，身体不仅仅是我们所拥有的物理实体，它更是人的一个行动体系、一种实践模式。身体的外表体征、举止行为、身体感觉都映射人的自我身份，是自我认同的重要评价标准。在当代社会，衣着、举止、体征等并未与社会身份完全分离，他们仍然是辨识性别、阶级地位以及职业阶层的重要信号和标准。此外，现代性情境下的身体知觉要求我们对身体要特别的关心和爱护，“对身体

① ［英］安东尼·吉登斯：《现代性与自我认同：晚期现代中的自我与社会》，赵旭东译，中国人民大学出版社 2016 年版，第 49 页。

② ［英］安东尼·吉登斯：《现代性与自我认同：晚期现代中的自我与社会》，赵旭东译，中国人民大学出版社 2016 年版，第 75 页。

③ ［英］安东尼·吉登斯：《现代性与自我认同：晚期现代中的自我与社会》，赵旭东译，中国人民大学出版社 2016 年版，第 66 页。

④ ［英］安东尼·吉登斯：《现代性与自我认同：晚期现代中的自我与社会》，赵旭东译，中国人民大学出版社 2016 年版，第 91 页。

关心爱护意味着要时常‘倾听身体’，一方面可以体验到健康所带来的恩惠，另一方面也能及早发现病变之征兆。对身体的关心爱护会释放出‘身体能量’，即避免患严重疾病的能力以及无需药物便可抵御微弱病症之能力”①。

吉登斯认为：“自我认同并不是个体所拥有的特质，或是一种特质组合，它是个人依据其个人经历所形成的，作为反思性理解的自我。”② 自我认同是个体反思性的投射，自我认同是存在于个体内心的一种自我意识。它通过个体自身所经历的社会事件，不断地进行自我反思与总结，最终形成一个对于“我是谁”的总体认识。但是，吉登斯关于自我认同的认识具有明显的唯心主义倾向，因为他强调自我认同是自我反思性的结果。有的学者认为：“认同最根本的涵义是对自我的界定，即自我认同，而自我只能在社会关系当中完成自我界定。”③ 也就是说，自我价值离不开个人对自我的认知与定位，而自我的认知和定位产生于在社会中的角色位置、自身资源的多寡、社会的互动和交流等。自我认同是个体能够理智地看待并且接受自我以及自我所处的环境世界，对自己所思所做感有一种认可感。不仅精力充沛，热爱生活，不因自己的不幸而悲叹、抱怨或悔恨，而且奋发图强，积极向上，在工作和生活中体验自我价值。

四　研究方法

本书对修脚工街头生活和自我认同建构的研究是典型的质性研究，我们所采用的研究方法主要有：文献法、观察法和访谈法。我们未对研究样本进行定量分析，主要原因在于：本书的主要研究对象是街头修脚工，这是一个传统的老行当，在现代社会背景下此类群体的数量非常有

---

① ［英］安东尼·吉登斯：《现代性与自我认同：晚期现代中的自我与社会》，赵旭东译，中国人民大学出版社 2016 年版，第 94 页。

② ［英］安东尼·吉登斯：《现代性与自我认同：晚期现代中的自我与社会》，赵旭东译，中国人民大学出版社 2016 年版，第 87 页。

③ 张海波、童星：《被动城市化群体城市适应性与现代性获得中的自我认同——基于南京市 561 位失地农民的实证研究》，《社会学研究》2006 年第 2 期。

限，在对涪陵区的实地调研中，我们仅仅发现了大约56名街头修脚工，样本的数量不足以支撑做定量研究分析；此外，本书还对修脚店内的修脚工做了一定的调查，目的是与街头修脚进行对比研究，但这并不是本书研究的重点，所以仅仅调研了20名修脚店内修脚技师。

（一）文献法

文献法不是直接从研究对象那里获取资料，而是去分析现存的有关研究对象的、以文字形式为主的文献资料。修脚作为一个老行当和社会底边职业，自传统社会以来便广泛存在于街头巷尾、浴池澡堂。但是，到目前为止，对于修脚行当的学术性研究几近空白，修脚从业者的生存样貌很少出现在学术性的历史史料记载中。为了了解中国传统社会修脚行业的概况以及修脚从业者的生存样貌，借助于读秀、中国知网等学术网络平台，查阅大量的地方志、文学作品、民间故事与传说，并进行归类整理，对那些由其他人原先因其他目的收集和分析过的资料进行新的分析，从中管窥修脚的历史变迁与修脚工的生存图景。

（二）观察法

本书通过实地观察的方式，对修脚工的街头生活以及修脚店内修脚技师的工作过程进行观察。在实地观察中，我们不需要对修脚摊位或修脚店进行控制，也不需要打扰他们的日常工作。我们亲身体验修脚的过程，感受修脚工的工作环境，目睹修脚工的工作和生活细节，将正在发生的行为和事件进行全面的观察并记录下来。由于修脚工是有思想、有感情的人，所以很多研究方法不可避免地会引起她们的各种反应，从而影响研究结果的客观性和准确性。而在本书中，我们采取隐藏身份的方式进行局外观察，给修脚工呈现的不是一个研究者，而是一个对修脚文化比较感兴趣的顾客。她们意识不到她们正在被研究，在进行修脚或足底按摩的消费过程中，使观察自然展开，更有利于感受修脚工的真实工作场景和内心感受，并且所获得的访谈资料也是最具真实性的。

（三）访谈法

本书采用的是结构式访谈与非结构式访谈相结合的方法。在进行实地访谈之前，初步制定一个开放式的访谈提纲。前期进行试访谈之后，对原先的访谈提纲进行修改与完善，将无意义的访谈题目删除，添加访谈对象比较关注、容易回答、经常提到的问题。同时，在实际的访谈中，不拘泥于访谈提纲。访谈提纲仅仅是一个粗线条的问题大纲，有些问题是在访谈中自然形成、随时提出的，即有时会抛给访谈对象一个问题，针对此问题与访谈对象自由交谈，任其自由发挥，随便讲出自己的感受与经历。

值得注意的是，本书涉及一部分比较研究的内容，因此调研和访谈对象不仅仅集中在街头修脚工这一类访谈对象身上，还涉及个体修脚店修脚工、全国连锁修脚店修脚技师、街头修脚的伴生群体（如擦鞋匠等）或参照群体（如环卫工人等）。但是，对于其他类群体的访谈内容与街头修脚工的访谈内容大同小异。

本书利用滚雪球的方式，最终确定访谈对象76人，其中女性64人，男性11人，且男性修脚工全部出现在个体修脚店或全国连锁修脚店中。访谈的主要内容聚焦在三个方面：一是修脚工的人口社会学特征；二是修脚工劳动过程中的遭遇；三是修脚技能如何习得。具体包括修脚工的工作强度、成长经历、自我评价、从业感受等15个问题。在实际的访谈中，又不仅仅局限在这15个问题之内，调查对象可以随便说出自己的想法，例如街头修脚工打顾客的事件、城管与街头修脚工的日常管理默契等都是在自由访谈中展现出来的。

五　研究者身份

在此次调查和研究中，研究者的身份问题一直让我心存疑问，甚至倍感苦恼。在调研的初始阶段，我呈现给研究对象的身份是真实的，即一名博士生。在此情境下，往往会出现“反客为主”的现象，研究对象想要了解我的欲望比我想要了解他们的欲望还要强，诸如“你是学什么专业的?”“研究修脚工有什么意义?”甚至我的个人基本信息都在询问的范围之内。于是，在调研中期，我开始有意地转变身份和隐藏身份，我将自己说成是长江师范学院的学生开展毕业论文调研，因为该学校是涪陵当地的本科院校，所以对于研究对象来说更具有可信性，以这种身份进行调研比较容易与研究对象建立和谐、信任的访谈关系。

但是，在实地调研中，有的街头修脚工因为我的学生身份，没有经济来源，免费为我擦鞋、修脚，并毫无保留地倾诉她们的生活，甚至给我以真诚的鼓励，让我好好学习，将来找个好工作。这种身份的隐藏慢慢地让我心生愧疚，我用一个大学生的假身份博取了她们作为孩子家长、赚取微薄收入的自食其力者的同情和怜悯，而我却认为她们才是真正需要社会关注和扶持的对象。于是在后期，我调整了自己的研究者身份，特别是在调研修脚店修脚技师的过程中，我仅仅是以一个单纯的修脚顾客的身份展开调研，没有录音、没有访谈提纲，也没有过多的事先准备，一边修脚一边开展“聊天式访谈”。“聊天式访谈”具有一定优势，它可以让我以一种轻松自由的姿态面对研究对象，而且很容易获得最真实的信息，但是要对同一研究对象进行多次访谈，这样才能获得全面和细致的一手资料。如果冒昧地直奔主题，往往会引起研究对象对研究者真实身份的怀疑，将研究者视作“查户口”的可疑分子。

我作为研究者的身份时而是公开的，时而是隐蔽的，这种身份的“自我加工”严格意义上来说是受到质疑和需要进行讨论的。隐藏身份是为了获取更加真实的材料和信息，但是对于访谈对象来说却是一种欺骗，即故意用假身份来骗取访谈对象的真信息。如果将自己研究者的身份完全暴露在研究对象面前，她们是否会接受一个真实的我？现代社会是一个典型的风险社会，个人出于对自身权益的保护，对陌生人以及未知环境充满了警惕与敏感，他们不会将一个真实的自我暴露于未知环境和不信任的关系之中，此种境况无形中增添了实地调研与访谈的困难。

尊重研究对象是最基本的伦理要求，获取真实信息则是学术研究的基本原则，在实际操作中，两者如何实现统一与相互关照？针对本次研究过程与调研体验，我们认为现代语境下的研究者身份问题不是“非此即彼”的简单的是非命题。具体到社会科学研究中，告知身份、取得信任是一种被广泛认可的与研究对象建立信任关系的途径和方法，但是这种“开诚布公”“全景式的暴露”仅仅适用于具有行政化、公开化、非敏感性的研究主题，而隐藏身份更适合于隐蔽性、敏感性的研究主题。有时“完美的研究者身份”不可能实现，即既要公开研究者身份，尊重研究对象，又不至于信息失真。所以，针对此次修脚工生活叙事和身体实践的研究，我们认为只要不对研究对象的信息、访谈内容等进行宣传与传播，在涉及的具体案例和访谈中进行匿名的加工和处理，便是对研究对象人格的一种保护和尊重。

六　篇章结构与写作逻辑

第一章是导言部分。论述研究背景和意义，阐明研究的理论分析框架和研究方法。现代化的发展大大提升了社会生产力，许多老行当受到现代化机器大生产的冲击和挑战；此外，地摊经济是社会底边群体获得就业岗位、维持生计的重要方式，近几年，国家也在采取多种措施鼓励和引导地摊经济的发展，作为非正式经济的重要组成部分，地摊经济在国民经济、促进就业以及扶贫层面发挥着重要的作用。同时，生产力的提升也改变了人们的生活方式，环保、健康的生活理念得到众人追捧。在此背景下，对街头修脚老行当以及从业者的研究，有助于唤醒传统文化记忆，呈现底边职业群体的生存策略，更好地理解地方性知识和底边社会。本书所利用的理论解释框架是常人方法学、“场域—惯习”和现代化与自我认同，重点关注的是作为底边职业群体的街头修脚工在现代化视域下的生活叙事、身体实践、自我认同以及社会心态等问题。

第二章对国内外相关文献进行总结与梳理，并界定相关概念。目前，针对传统老行当以及从业者的记载和论述主要集中在新闻报道、市井小品中，学术研究较少。针对相关文献不足的现状，本书的文献综述部分主要从传统老行当及从业者研究、城市街头摊贩研究两方面展开。

第三章梳理修脚的历史发展脉络。修脚自古有之，是一个传统老行当。在本章中，我们将介绍修脚行当的由来、修脚技术的特点、修脚派系与分类以及修脚工在经历了历史的沉淀和现代化的冲击之后，其身份地位的深刻变化。在传统社会，修脚工的职业身份甚至影响到了其婚姻、晋升、升学等。新中国成立后，修脚工的职业身份得以平反，成为底边职业群体的典型。而在当下社会，街头修脚作为底边群体摆脱贫困的生存技能，既面临着保护地方文化和民间手艺的难得机遇，又面临着专业修脚店的市场挤压。涪陵街头修脚在此背景下生存。

第四章对涪陵区街头修脚工群体进行较为详细的介绍和描述。涪陵区作为一个小山城，特有的地域风貌与民俗文化孕育了街头修脚。作为一个地域性小群体，街头修脚工生存在一个底边社会，她们的修脚过程具有一定的神秘色彩。我们将着重对街头修脚工的工作过程进行深描，总结街头修脚工的群体特点以及入行动机。在底边职业中，她们的生存样貌如何？我们还列举了几个街头修脚的伴生行当及参照群体，为后文论述街头修脚工自我价值和自我认同的建构奠定基础。

第五章深入街头修脚工的工作世界，去体验和了解修脚工街头工作时的具体样貌。在本章中，我们将通过具体的个案、访谈、观察等，以故事或社会事件的形式，尽可能详细地呈现街头修脚工的生存环境、修脚场景、工作过程以及社会互动。主要内容包括：街头修脚工的工作过程，服务生产者与消费者关系维护，技能形成模式等进行深度描述和分析。

第六章主要描述以街头修脚工为代表的底边职业群体在现代性大背景下的身体实践与自我认同建构。修脚具有明显的地域特色。街头修脚工作为一个典型的小群体，具有自己独特的存在逻辑。本章与第五章街头修脚工的生活叙事相呼应，街头修脚工面对来自社会的压力和挑战，她们将自己“弱者”的身体发挥到极致，探索出一系列回应社会挑战的生存策略与身体实践，并在此过程中不断地建构着自我认同与自我价值。

第七章关注在现代化视域下街头修脚的未来前景以及街头修脚工的人生命运。街头修脚作为一个老行当，在现代社会依然存在，但是在人们日益注重生活质量，健身养生常态化的风潮兴起之后，诸多养生保健机构如雨后春笋般涌现。专业修脚店是发展趋势，专业修脚店内不仅修脚，还衍生出一些诸如按摩、泡脚等服务项目，以满足现代人对感官体验和身体享受的追求；他们提供的修脚服务专业、卫生、价格实惠且服务周到，冲击和侵蚀着街头修脚的生存空间。面对专业修脚店的市场挤压，街头修脚的价格优势日渐不明显，越来越多的普通百姓走进修脚店。专业修脚店内的修脚工与街头修脚工的生存逻辑有何不同？各自的优势是什么？街头修脚是否会消失？是本章关注的几个重要问题。

第八章是总结与反思。从街头修脚工的群体特征和身体实践来看，她们属于“类型群体”。此外，修脚是理解地方文化的一个文本，是一种典型的地方性知识，从街头修脚工的生存图景中可以管窥地方社会。在本章中，我们将聚焦本书的本质和核心问题：生活在底边社会的街头修脚工为何会有较高的自我认同？较高自我认同背后蕴含着怎样的社会价值再生产？底边群体的自我认同与其社会情绪、基层社会治理如何关联？等等。

本书的写作逻辑是：首先对修脚的历史进行梳理，从“传统—现代”的历史维度来考察修脚的行业变迁与修脚工身份地位，及其生活图景在不同历史时期和政治体制下的变化。然后，将研究的对象和背景聚焦于重庆涪陵，在涪陵的地方社会中，存在着三种修脚形式，分别是街头修脚、个体修脚店以及全国连锁修脚房，其中街头修脚是一种比较传统和古老的修脚形式，是个体修脚和全国连锁修脚的“起源”，而个体修脚店，特别是全国连锁修脚店，是街头修脚的现代化转型。不同修脚形式中的修脚从业者的生存策略和身体实践是不同的。通过描述和比较三种修脚形式中修脚工生活和工作方式的不同，来展现街头修脚工作为底边职业群体所呈现出来的身体实践、生存策略和身份认同。

第二章　传统老行当与街头从业者

底边职业群体是社会分层的重要组成部分，他们的生存状况与社会心态是社会稳定的映射，是学术界历来深耕的学术场域。放眼国内外，学术界对于底边职业群体的研究可谓汗牛充栋，成果丰硕。在本书中，为了缩小文献梳理的范围，更精准地站在前人相关学术成果的基础上开展研究，我们将相关文献梳理集中在中国传统民间老行当从业者、城市街头从业者方面。如此安排主要基于以下两方面的考虑：首先，从历史的维度看，街头修脚属于典型的民间传统老行当；其次，回到现代社会，街头修脚的从业者又是城市街头摊贩群体的组成部分。

一　中国传统民间老行当

传统民间手艺和老行当是中国乡土社会的重要组成部分，是民间文化瑰宝。学术界对于民间手艺和老行当并没有一个统一的界定和学术概念。有学者认为，民间手艺和老行当主要是与民众生活息息相关的传统手工技艺劳动或传统服务职业；老行当蕴含着悠久的历史文化，反映了独特的地域性生态特征，体现了人与自然和谐相处的中国哲学。[①] 还有学者认为，老行当一般是指那些诸如锔碗、绣荷包、皮影戏、修钢笔等在生活中已经消失或逐渐消失的、现代人难以见到的职业或行业类别，它

① 陆志国等：《泰州特色老行当保护与发展研究》，《金华职业技术学院学报》2013 年第 2 期。

的没落不仅是市场经济快速发展的结果，也是可替代行业之间竞争的结果。[①] 也有学者认为，民间手艺是指人们为了方便生产劳作、适应生活需求或礼仪审美需要，在长期的生活、劳作和生产实践中，依据中国传统礼俗文化、族群特色创作产生的，并在一定区域内代代相传的人工技能和手工技艺。[②]

综上所述，中国传统民间手艺和行当广泛散布于城镇乡村，与民众的日常生活息息相关，它凝聚着民众智慧，具有一定的历史文化积淀，是经济和文化的双重载体。但是，在机器化大生产以及现代化生活方式转变的情形下，它们面临着转型、传承和发展的时代问题。根据民间手艺的性质与特点，可以将其划分为不同的业种类型，例如匠作手艺（木匠、染匠、裁缝、铁匠等）、加工手艺（爆米花、打白糖等）、服务手艺（修钢笔、修伞补鞋、算命看风水等）、文娱手艺（杂耍、刻印等）等。[③] 民间手艺与传统老行当有着密切的联系，大多数情况下传统老行当孕育了民间手艺，民间手艺促进了老行当的发展。

然而，“日新月异的工业文明把社会生活的领地分割的不留余地，科学技术以精密的工艺和惊人的功效，肆意超越手工的经验拿捏和体力消耗，与工业文明相适应的生活方式更是无情的淘汰旧有的消费观念”[④]。在讲求效率优先的现代社会里，机器批量生产催生了“便利化消费”和“一次性消费”的价值理念，选择补修远不如重新购买更便利、更省钱，很多生活用品用完就扔，传统社会中修修补补、反复使用的生活理念不复存在，由民间行当所产生的人情和礼数，以及由此孕育的缓慢而诗意的生活方式遭遇现代化的强烈渗透和冲击，匠人们依靠勤劳双手和劳动智慧世代传承的民间手艺和集体记忆也终将无处安放。从传统到现代、从短缺到富足、从传统乡土社会到现代都市生活的时代变迁中，对中国传统民间手艺和老行当的研究有助于唤醒和留存地方乡土文化记忆，增

① 范晓萌、姜自立：《沂蒙山区“老行当”在城市化进程中的传承与创新研究》，《视听》2018 年第 3 期。

② 安柳洁：《论四川省民间传统手工技艺的知识产权保护》，《文史杂志》2015 年第 4 期。

③ 王向阳：《手艺：渐行渐远的江南老行当》，广西师范大学出版社 2017 年版，第 65 页。

④ 梁平：《生存恐慌：最后的老手艺》，南海出版社 2007 年版，第 12 页。

强社会大众抢救民间文化的责任感和使命感，弘扬和发展中国优秀传统民间文化。

（一）作为社会底层的民间行当从业者

民间行当从业者是一个个为生计奔波的小人物。“学会一门手艺，抵过三亩田地”，老行当从业者凭自身手艺过活，虽生活艰难却可以勉强果腹。但是，中国传统社会重农抑商的观念根深蒂固，又加之有些民间手艺和老行当多为“伺候人”的，所以其在传统社会的职业分类中属于“下九流”，从业者社会地位卑微。民间手艺人和老行当从业者社会地位卑微的呈现是多方面的：首先，职业声望低下，人格备受贬低，其职业“下九流”的污名化标签甚至导致从业者死后不能入祖坟，以免祖宗沾染晦气；其次，社会地位卑微，行业内外歧视严重，经济收入微薄，在其开张营业过程中经常受到传统社会官僚、警察、特务、宪兵的欺侮；最后，上升渠道堵塞，身份地位固化，他们无法通过科举考试或嫁娶富贵来改变自己的人生命运，其内在发生逻辑不仅是因为科举考试注重报考者的身家清白，还与联姻时注重门第的观念息息相关。[①]

秦洁认为，底层涵盖的群体范围较广泛，而且边界并不清晰，所以在不同场合、不同时代、不同理论体系中，“底层”的含义和所指存在些许的差异。[②] 但是，民间手艺人作为“社会底边”的群体特征自古以来便具有特别的稳固性，这与其自身条件、政治环境、文化传统、社会心态等深刻相关。他们很难通过自身努力和社会支持打破阶级固化，实现身份地位的转变和提升。虽然民间手艺人身份地位卑微、受社会所不齿，但是他们所提供的服务和劳动产品却与民众的日常生活息息相关，是基层社会顺利运行的保障。乔健把在传统社会中从事卑微行当的手艺人统称为“底边阶级”。他认为“底边阶级”是独立于中国传统社会“士农工商”的一类群体，他们虽然游离在主流社会之外，却是整个中

① 王文涛：《“脚下”的人生：修脚工身份地位变迁的社会史考察》，《青海民族研究》2019年第3期。

② 秦洁：《关于“底层”研究的相关概念分析》，《华南理工大学学报》（社会科学版）2010年第6期。

国传统社会阶级体系的构成根基。[①] 中国传统民间行当从业者属于典型的底边职业群体，对其开展田野调查和学术研究，有助于呈现社会底层民众的生活样貌，窥视社会不同阶级间的互动和博弈，探究整个社会的运作机制。

（二）老行当从业者的行业神崇拜

行业神是老行当从业者“视为能够保护其个人及该行业，为之降福弭灾、排忧解难、增添智慧，且与该行业的行业特征有所关联，因而虔诚供奉与崇拜的神祇”[②]。民间手艺与老行当的行业神的对象有以下几种类型：一是将该手艺或行当里卓有成就的人物神化，例如木瓦石匠的祖师鲁班；二是将因造物而殉身的匠人奉为行业神，例如瓷器手工艺中的窑神童宾；三是将传说中的神作为行业崇拜和祭祀的对象，例如玉器业的行业神太上老君。行业神具体到行当和业种，有工商业行神、艺术业行神、服务业行神、建筑及木器业行神、文化教育业行神、官衙行神、自由职业行神等。[③] 不论是何种类型的行业神，都是中国传统民间老行当从业者的精神寄托，对确立中国传统民间行当的精神核心、维系民间技艺的师道传承、奠定传统民间文化传承与发展的社会根基具有十分重要的作用。[④]

从文献梳理中不难看出，生活在底边社会的民间手艺人和老行当从业者选择社会地位高、社会大众普遍认知的人物或神仙作为行业神崇拜，其内在的逻辑是：第一，行业神是他们艰苦营生的精神寄托，是一种精神信仰；第二，将社会地位卑微的行当与行业神相关联，有助于提升其行业在社会民众中的社会地位，从而改变他们的生活境遇；第三，多个行当或业种侍奉同一位行业神，有助于形成一个行业集体，联结同业人士共同抵御社会风险和民间暴力。

---

① 乔健：《底边阶级与底边社会：一些概念、方法与理论的说明》，载《石璋如院士百岁祝寿论文集》，（台北）南天书局有限公司 2002 年版，第 430 页。

② 李乔、姜戴：《〈中国行业神崇拜〉简介》，《中国社会科学》1991 年第 1 期。

③ 李乔：《中国行业神崇拜：中国民众造神史研究》，北京出版社 2013 年版。

④ 郭艺：《我国手工艺的行业神崇拜》，《中国美术馆》2011 年第 1 期。

（三）地方性知识与区域性特色文化

民间老行当是一种具有鲜明地方性和区域性的特色文化形态，是地方性知识的典型代表，相较于宏大的文化叙事，民间行当里夹杂的是一部朴实乡土气息的乡野“史记”。民间行当蕴含着独特且浓厚的地方性、民族性的传统文化，它们通过手艺人和从业者的口口相传、手手相教的方式得以留传，是地方文化和民族历史的积淀。我们可以从三个方面来理解民间行当的地方性。首先，民间行当具有特定的情境性，只有基于共同的知识体系和文化背景才能够理解其特有的文化内涵和隐喻，由民间行当所反映的特定区域和特定历史背景的情境性，具有历史追溯功能，是我们在当下情境下理解和研究传统文化的活化石。其次，民间行当的特定情境性造就了其业种和门类的多样性和异质性，这种多样性和异质性是在特定的历史、社会、政治、文化等背景下所形成的亚文化群体价值观、不同的文化共同体。① 最后，民间行当作为一种地方性的知识与文化具有鲜明的个性化特点，民间手艺人在表演、制作和服务中展现的是一种活生生的状态，具有显著的人格化特征。

“传统手工业是工匠精神得以形成的基石。”② 民间行当所呈现出的地方性知识和区域性文化还体现在手艺持有者或匠人自身所展现和散发出来的精神品质和价值理念，即工匠精神。史俊认为，工匠精神包含两层要旨：一是劳动是神圣的，人们通过劳动创造价值；二是精益求精、心无旁骛地专注于某一项工作。③ 例如，宫殿木匠为了选择上好的建材，“不买木料买座山”，亲自到山上挑选木材便是工匠精神的集中体现。在众多关于民间手艺和老行当的社会纪实、口述史作品中，除了展现精湛的民间技艺之外，更多的是体现和赞扬手艺人对产品的精益求精、对职业的坚守。而这种匠人品质对处于市场经济大潮下的现代工人与劳动者是难能可贵和值得传承的。

---

① 董晓培、卫郭敏：《“地方性知识”视域下民俗类非物质文化遗产的保护和传承研究》，《淮南师范学院学报》2018 年第 3 期。

② 张迪：《中国的工匠精神及其历史演变》，《思想教育研究》2016 年第 10 期。

③ 史俊：《工匠・工匠精神・工匠文化》，《思想政治课研究》2016 年第 4 期。

（四）现代性视域下的手艺传承

当前，基于现代性话语下民间传统文化的传承与发展是研究的主流，其学术成果相当丰富。民间手艺和老行当的形成与发展深深植根于民间社会，“民间传承能够赋予中国传统文化的活态传承生命力，中国民间文化的存在形态和传承发展离不开民众的生活实践”①。

首先，民间手艺传承在乡土生成环境中具有特殊的内生机制，主要表现在三个层面：一是以“姓氏”为单位的家族传承；二是以邻里关系为纽带的“街坊”传承；三是以拟父子关系为主的师徒传承。② 所以，民间手艺的继承和发展要从家庭族群、邻里乡亲和拜师学徒入手，立足于民间手艺的生成环境。

其次，具有地域性和民族性的民间文化是在手艺人与地方社会互动和交流中逐渐形成的。在此过程中，民间手艺流传播布，并由此产生了一种具有凝聚乡土社会的文化力，这种文化力是产生地域文化认同、形成强大地域文化凝聚力的重要基础和强大推动力。③ 所以，民间手艺的传承不是静态的陈列，而是动态的交流。民众、地方以及国家需要对民间手艺进行重新塑形和打造，走出地域、走出国家，在交流沟通和动态展示中传承。正如黄胜进所言，作为地方性知识的民间文化要不断超越自身的局限，加强与其他族群的文化以及全球性知识的对话与交流，并且在此过程中，两者必须都是相互平等和相互尊重的主体性角色。④

最后，在传承人的选择方面，因为民间手艺和老行当的留存情况各异，现有的传承人分为以下几种类型：一是手艺门类已经消失，但尚有手艺人在世；二是濒临灭绝，仅有极少数的手艺人仍在从事此行当；三是有的行当手艺人在劳作生产服务和产品，但是无学徒，后继无人；四

---

① 张士闪等：《中国民俗文化发展报告 2015》，山东大学出版社 2016 年版，第 3 页。

② 杨帆：《村落语境下民间手艺传承的内生机制初探——以山东菏泽穆李村面塑手艺为例》，《民间文化论坛》2010 年第 5 期。

③ 杨帆、沈岩：《流动的手艺民间面塑与鲁西南地域社会的关系》，《文化学刊》2012 年第 5 期。

④ 黄胜进：《作为“地方性知识”的非物质文化遗产之文化价值探微》，《天府新论》2006 年第 6 期。

是有个体单位经营的业种门类，新老手艺人共同制作产品，但无师徒关系，也就没有传承而言。所以，民间手艺和老行当传承人的产生不能遵循同一模式，各业种和门类具有其特殊性。①

此外，杨永娇认为，返乡农民工面临着巨大的就业压力和创业压力，而农民工回归乡土对于民间手艺和老行当的传承具有得天独厚的优势，政府可以发挥“催化剂”作用，将民间手艺和老行当的传承、发展与返乡农民工的就业创业相结合，这是实现农民工自身发展和民间手艺传承的有效方式，且对推进新农村建设、促进乡村振兴具有重要的作用和意义。②

民间手艺的传承和发展是一个系统工程，需要多方主体参与。要努力构建基于老行当本体、载体和发展环境在内的老行当保护机制，在政府的积极参与和支持下，通过老行当的调整创新和现代转型、建立行业协会和组织、培育老行当产业集群等措施，突破民间手艺和老行当的传承和发展困境。③ 需要着重强调的是，民间手艺的保护与传承不仅仅是在时代变迁大潮中简简单单地“补漏拾遗”，而是要用鲜活的生活姿态和发展的眼光去理解、接纳和发展它，让民间文化以“活态”的形式得到继承和发展。

二 中国城市街头从业者

城市街头孕育了众多的社会底层职业，是底层职业群体重要的生存空间。社会底层职业指的是处于社会职业分层的末端，对科学技术、从业者的文化素质要求不高的职业岗位。社会底层职业一般存在于劳动密集型产业，其工作环境较差、工作强度大且薪酬相对较低。通过文献搜集与梳理，我们发现具有一定学术影响的城市街头底层职业群体研究成

---

① 潘君明：《苏州民间采风集》（下），苏州大学出版社 2014 年版，第 550 页。

② 杨永娇：《论中国民间手艺断代对返乡农民工创业及培训的启示》，《赤峰学院学报》（汉文哲学社会科学版）2009 年第 7 期。

③ 张红阳：《老行当的生存现状及发展路径——基于苏州地区的调查与分析》，《理论导刊》2012 年第 2 期。

果主要集中在街角劳力和街头摊贩等群体方面。

（一）街角劳力

王华对城市劳务市场中的底边人群进行研究，将处在社会底层的劳动力群体遭遇到的社会苦楚放到政治经济中去分析，考察政治经济的发展转型是如何影响和行塑他们的命运。他从国家、社会和个人层面去关注劳务市场上农民工的生存状态，借此展现在追求现代化征途中的混乱与危机。同时，从上而下的考察国家政策、制度等对这群农民工的影响，从而揭示国家所采取的发展理念在地方治理过程中所带来的问题。①

三和青年是一群流散于深圳三和人才市场、寻求“日结”工作、低文化且无技术的街角劳力群体。田丰、林凯玄深入三和青年群体中，透视和理解他们对生活、工作的选择，以及通过这一选择而聚集在三和青年背后的逻辑和意义。三和青年脱离家乡社会网络和家庭支持，来到城市打拼，面对城市社会的压力，他们形成了与主流文化相异的工作生活状态、社会交往形式和人生态度。他们对工作充满倦怠和厌倦情绪，为避免被持续“剥削”，他们纷纷逃离工厂，出现了“干一天玩三天”、做日结、跑路的“反工厂文化”。②

街角劳力群体在进入都市以后，其所经历的城市景观、人文生态、生计方式和价值观念与其乡土本性存在着巨大差别，由此容易引发街角劳力群体在生活认知、情感体验和社会心态等多方面变化。秦洁通过“都市感知”对重庆“棒棒”开展民族志研究，专注于城市融入过程中“乡土性”的主题，探讨了以“棒棒”为代表的城市流散农民工在城市化过程中如何选择性地坚守“乡土性”、选择性地适应“都市性”的问题。③“棒棒”作为山城重庆的民间文化符号，具有很强的地域特色，他们来自农村，在他们进入城市决定从事“棒棒”行当之前，个体充满了基于乡土生活经验和文化观念的都市生活想象。他们认为，虽然城市人

---

① 王华：《门槛之外——城市劳务市场中的底边人群》，知识产权出版社 2016 年版。

② 田丰、林凯玄：《岂不怀归：三和青年调查》，海豚出版社 2020 年版。

③ 秦洁：《重庆“棒棒”：都市感知与乡土性》，生活 · 读书 · 新知三联书店 2015 年版。

狡猾，但是在城市谋生容易赚钱、机会多、生活丰富多彩，而此种对城市生活的想象正是他们的入行动机。[①] 此外，从农村到城市的空间置换过程中，“棒棒”的乡土社会文化特质在他们的城市生活中得到了一定延续，他们“自由”的生活方式最大可能地避免受到现代生活节奏的影响和制度束缚。[②] 面对城市的排斥和不公正待遇，他们以“忍”的方式来应对与城市人的对立和差异所造成的人际冲突，从而重新建立起自我身份认同。[③]

城市街头从业者是底边群体，他们是基层边缘社会中的弱者，但是他们却并不甘当弱者，他们善用弱者的武器，将自身劣势转化为“优势”，发展出一套特有的生存逻辑，艰难却有效地维持着生计。“贯穿于大部分历史过程的大多数从属阶级极少能从事公开的、有组织的政治行动，那对他们来说过于奢侈。”[④] 斯科特认为，以农民为代表的社会弱势群体在日常反抗“剥削者”和“欺凌者”过程中，并不会冒险选择激烈的集体反抗，而是理性选择隐蔽性、持续性的斗争形式，这种隐蔽性的斗争形式包括：诽谤、盗窃、纵火、磨洋工、开小差、装糊涂、假装顺从、暗中破坏、装傻卖呆等。隐蔽性斗争的背后既是弱者对实力悬殊的强势力的生存违抗，也间接体现了作为弱势群体的消极无奈、被迫忍受甚至是妥协的社会心态。

由此可见，底边职业群体忍受御气具有明显的工具性和策略性，它是在其遭受社会侮辱和排斥时发展出的一种自我安慰或是“精神胜利法”。他们通过自我抑制来避免人际冲突，维护自己的营生环境和生存权利。“忍”的生存策略具有明显的工具主义理性特色，是自我保护性顺从，它是底边职业群体在城市求生、与社会互动的一条基本准则。

---

① 秦洁：《“棒棒”的生计方式与就业空间研究》，《社会工作与管理》2015 年第 4 期。

② 秦洁：《农民工的都市想象——基于对重庆“棒棒”入城动机的人类学考察》，《湖北民族学院学报》（哲学社会科学版）2013 年第 3 期。

③ 秦洁：《“忍”与农民工身份认同研究——基于对重庆“棒棒”城市生活心态的深度访谈》，《开放时代》2013 年第 3 期。

④ ［美］詹姆斯 · C. 斯科特：《弱者的武器》，郑广怀、张敏、何江穗译，译林出版社 2013 年版，第 2 页。

（二）街头摊贩

街头流动摊贩自古有之，在近代乡村灾害匪患频发、难以维生的大背景下，背井离乡的四周乡民是城市流动摊贩的主要来源。流动摊贩的家庭生活十分凄惨。他们生活在城市边缘的棚户区，衣唯蔽体，只求一饱，时常遭受卫生疾病的威胁。他们想举家进城，但压力重重；即使举家进城之后，小贩之家由于受教育程度低下和社会资源匮乏，也无法供给子女读书，靠知识改变家庭命运。是而，家庭成员必须自给自足，往往做着小贩、帮工、苦力的卑微活计，出现贫困的代际相传。①

时至今日，街头流动商贩仍然是城市非正式经济的重要组成部分，为城市民众的日常生活提供了极大的便利。现有学术研究主要集中在街头摊贩的空间生存状态。高芙蓉、李和平认为，我国城市街头摊贩的形成与我国改革开放和社会变革等重大历史背景密切相关：改革开放为街头摊贩提供了迅速扩张的土壤，国企改革下岗职工是街头摊贩的重要组成部分，城乡二元体制松动下，大量进城务工人员从事起街头贩卖工作，分税制改革使街头摊贩所占据的城市公共空间成为重要的管控对象等。②他们大多来自社会底层，文化水平较低，劳动技能较弱，是社会中比较典型的弱势群体。所以，要对城市街头摊贩空间进行弹性的规划控制，保证他们的生活基础。

吴传龙等认为，街头流动摊贩在正式制度层面“不得其所”，街道混乱拥挤和垃圾遍地问题较为突出；而在非制度层面却“安适其位”，得到其他空间使用者的支持与帮助。街头流动摊贩的空间生存状态受正式制度和非正式制度双重社会期许的影响，其生存空间的政治性本质背后隐藏着深刻的权力关系与社会结构。③

城市街头摊贩容易引起交通拥堵、卫生治安以及强买强卖等欺骗行为，所以，中国大城市对摊贩经济的治理往往呈现出一种街头官僚运动

---

① 胡俊修：《流动摊贩与中国近代城市社会》，中国社会科学出版社 2019 年版，第 53 页。

② 高芙蓉、李和平：《城市街头摊贩空间的弹性规划控制》，《城市问题》2019 年第 6 期。

③ 吴传龙、孙九霞、邓家霖：《旅游地流动摊贩的空间生存状态及其影响机制》，《人文地理》2020 年第 4 期。

式执法[①]、“以堵为主”的排斥型摊贩治理模式[②]。然而不可否认的是，流动摊贩在市民日常生活、失业人口再就业、商品终端流通中发挥着无可替代的作用。他们增添了城市的草根色彩，潜移默化地影响着市民性格，丰富传扬了街头文化和城市记忆，早已成为美妙的“城市之声”和都市社会有机体的一部分。[③]

城市流动摊贩治理存在一定的困境，经营主体的敏感性对治理提出了公平性考验，经营类型的多样性对治理提出了包容性考验，时空分布的复杂性对治理提出了精细化考验。[④] 街头摊贩增加了底层群体的就业机会，增强了城市活力，补充了城市生活服务设施，所以应该对城市街头摊贩进行包容性治理，明确摊贩设摊权利，立法引导疏导区规范建设，鼓励流动摊贩自治。[⑤]

（三）其他街角群体

“中国性学第一人”潘绥铭教授是国内“红灯区”研究的权威学者，其对“红灯区”妓女的研究颇有建树。早在 1997 年，潘教授团队对珠江三角洲的 B 镇、中南腹地某工业城市旁边的开发区以及湘黔交界处的某个私人开采的小金矿三个地区的地下“红灯区”进行社区考察。[⑥] 经过研究他们发现，后两个地区的“红灯区”性服务的形式比较单一，发展阶段比较落后，而 B 镇的“性产业”层次多、发展成熟、形式多样，已经发展到了市场经济的自由雇佣制度，于是他们集中对 B 镇进行了深入的

---

① 吴克昌、关飞洲：《街头官僚运动式执法的动员机制——基于广州市 A 街道流动摊贩治理问题的探讨》，《湘潭大学学报》（哲学社会科学版）2018 年第 2 期。

② 叶敏、王佳璐：《赶超国家、发展政治与排斥型摊贩治理——以 S 市的摊贩监管政策实践为例》，《甘肃行政学院学报》2019 年第 5 期。

③ 胡俊修：《流动摊贩：近代中国的“城市之声”》，《中国社会科学报》2012 年 7 月 4 日第 2 版。

④ 王鹏、陈培阳、雷诚：《供给型疏导理念下城市流动摊贩治理与规划研究——以泗阳县城区疏导规划为例》，《城市发展研究》2019 年第 2 期。

⑤ 周晓穗、吴晓：《流动摊贩的时空分布特征研究——兼议流动摊贩包容性治理策略》，《现代城市研究》2020 年第 1 期。

⑥ 潘绥铭：《存在与荒谬——中国地下性产业考察》，群言出版社 1999 年版。

研究考察。[①] 潘教授的研究调查主要集中在“红灯区”的发展脉络、形成原因、运作机制与社会环境的关系问题，并收集尽量多的个案，更多地呈现那些参与或者涉及“性产业”的个人，用具体的个案来说明和解释具体的问题。潘绥铭的学生黄盈盈等人，用一篇研究手记全景化展示了“红灯区”现场，让“红灯区”和“小姐”不再是空洞和遥远的概念，而是化作一个个具体的、有感情、有念想的人。他们的研究不同于力求客观的研究报告，而是带有很重的“我”的痕迹，即除了关心“小姐”们如何看待这个世界以外，也在一句句真情实感的文字里袒露调查过程中自己的成长和变化。[②]

人力车夫是近代出现的、现代社会已经不复存在的一个典型的街头从业者群体。老舍先生的文学名著《骆驼祥子》生动深刻地描绘了人力车夫祥子的拉车生活和悲惨命运。在经过多次挫折以后，祥子吹熄了心中最后一朵希望的火花，他丧失了生活的信心，从上进好强沦为自甘堕落。[③] 卢汉超描述了20世纪初上海日常生活中人力车夫的工作场景和生存逻辑。人力车夫是一个几乎全是文盲或半文盲的群体，累断筋骨的群体、粗劣的饭食、疾病甚至短寿都不足以阻止他们涌入这一早已劳力过剩的行业。在都市各个阶级眼中，人力车夫是地位低下、收入微薄的群体，但是这种工作毕竟为城市底边人群提供了生存机会，而这正是都市魅力的核心所在。都市不仅让人感到没有文化的深深痛苦，也提供了不少农村没有的学习机会。为了报团取暖，更好地应对城市社会施加在他们身上的歧视与不公正待遇，他们成立了人力车夫互助会，为车夫谋取福利。[④]

三　国外城市街头摊贩

2019年年末到2020年年初暴发的新冠肺炎（COVID－19）疫情是一

① 潘绥铭：《生存与体验——对一个地下性“红灯区”的追踪考察》，中国社会科学出版社2000年版。

② 黄盈盈等：《我在现场：性社会学田野调查笔记》，陕西人民出版社2017年版。

③ 老舍：《骆驼祥子》，南海出版社2010年版。

④ ［美］卢汉超：《霓虹灯外：20世纪初日常生活中的上海》，段炼、吴敏、子羽译，山西人民出版社2018年版，第66—105页。

个全球性的挑战，其结果是显著的社会经济和心理影响。虽然全世界都在赞赏卫生保健人员每天所做的伟大工作，但人们即使在严格的封锁期间，也很少关注那些参与供应、运送和零售食品商品的人。在这个关键时期，街头小贩冒着很大的风险向社区供应食物，并为家庭福利（提供基本需求）而奋斗，他们在这一流行病期间为满足其家庭的基本需要做出了巨大的努力。[①] 我们查阅了最近 3 年（2018—2020 年）SSCI 文章，通过文献梳理发现，国外关于街头摊贩的研究成果主要集中在以下几个方面。

（一）街头摊贩的生存境况

近年来，在许多发展中世界经济体中，国家一直鼓励新自由主义经济扩张政策。这既涉及大型外国公司，也涉及大型国内公司。许多研究都讨论了经济困难的新情况以及对小企业的影响，而 Nabati Ray 等人的目的在于论证，对小商人的影响实际上比文献中通常出现的更为复杂和多样。他们的研究是在印度西孟加拉邦巴德哈曼区的工业城市杜尔加普尔进行的。一方面有人认为，影响最大的是“基拉那”业主，他们经营着合法的且有固定场所的小型便利店。另一方面，街头小贩（通常没有执照也没有固定的经营场所）似乎没有受到顾客流失的影响，而且在新自由主义扩张的背景下，确实可以看到他们做得很好。事实上，街头摊贩数量的增长对基拉那传统业主未来生计的威胁与大公司自身的增长一样大。[②]

Alexis 认为，对坦桑尼亚达累斯萨拉姆的瓦窑街头小贩群体来说，亲属关系既是优势也是障碍。他们迁移到城市，当他们意识到城市的社会异质性环境可能为他们提供与来自不同社会或种族背景的人合作的机会

① Arsene Mushagalusa Balasha, Lebon Hwali Masheka, Maurice Kesonga Nsele, “Understanding the roles of street vendors of agricultural commodities during the COVID – 19 outbreak in the informal economy”, *Open Journal of Social Sciences*, August 2020, pp. 115 – 129.

② Nabati Ray, et al., “The rise of corporate retailing and the impacts on small-scale retailing: the survival strategies of Kirana stores and informal street vendors in Durgapur, India”, *Singapore Journal of Tropical Geography*, Vol. 41, No. 2, 2020.

时，他们便认为对亲属的持续依赖是一种“监禁”。[①] 在拉丁美洲，大约45%的工作人口在非正规经济部门工作；在哥伦比亚，这几乎是占比一半。非正规经济由多种不同的工作组成，其中一种是街头小贩。Lina 等人的研究通过比较两组街头摊贩，来探讨街头贩卖的异质性。在这项分析中，使用了社会人口特征、收入、愿望和对他们工作的看法的详细信息，显示了这一部门与正规经济之间的联系。这项研究显示，街头摊贩确实有不同的组成部分，政策制定者在制定公共政策时应考虑到这一点。[②] 哥伦比亚的波哥大是美洲最大的移民接收城市之一，在过去 20 年里，该市接收了因国内暴力政治冲突而流离失所的100 多万人。波哥大的非正式贩卖主要是农村或国内流离失所的移民，包括非洲裔哥伦比亚人和土著居民，他们前往大城市中心寻求更好的教育和收入机会，以及更高的生活质量。Munoz 认为非裔哥伦比亚人作为街头小贩比自认是混血儿的人更容易受到边缘化和歧视。此外，波哥大的街头贩卖被城市学者以及当地政府理解为一种阶级斗争。[③]

此外，城市道路两旁的树木为人们提供了重要的生态系统服务（如树荫等），有助于城市居民的健康和福祉，尤其是那些一天中的大部分时间都在户外活动的人。街头摊贩作为城市中最脆弱的群体之一，他们大部分时间都在街上。大多数当代的绿色城市愿景忽视了街头小贩，没有考虑到他们对公共绿地的使用和期望。Sukanya 等人通过对印度炎热城市海得拉巴的 11 条市场街道上 75 名街头摊贩的深入访谈，讨论了树木对其日常工作和生计的重要性，并描述了街头摊贩在炎热城市获得荫凉环境时面临的挑战。在一些情况下，城市地区的“发展”导致了贵族化，砍伐树木和街头小贩流离失所，使他们的“城市权利”受到质疑。尽管街头摊贩是最受城市中树木繁茂街道影响的群体之一，但他们却在很大程

---

① Alexis Malefakis, “Gridlocked in the city: kinship and witchcraft among Wayao street vendors in Dar es Salaam, Tanzania”, *Africa*, Vol. 88, No. 5, 2018 (S1), pp. 51 – 71.

② Lina Martínez, et al., “The diversity of the street vending: A case study of street vending in Cali”, *Cities*, Vol. 79, February 2018, pp. 18 – 25.

③ Munoz L., “ ‘Recovering’ public space and race: Afro-Colombian street vendors in Bogotá, Colombia”, *Environment and Planning C: Politics and Space*, Vol. 36, No. 4, 2018, pp. 573 – 588.

度上被排除在城市生态规划之外。生态学家、城市研究人员、规划师和景观设计师必须从街头摊贩的角度明确考虑绿化策略，以实现包容性、可持续的城市发展。①

（二）街头摊贩的生存策略

首先，街头贩卖的文献倾向于在两个分析领域发展，一是社会空间调节；二是社会空间占有。在过去20年中，全球南方各城市的街头摊贩通过组织维护摊贩权利、抗议和建立与当地政府灵活关系的街头贩卖成员组织，抵制国家批准的侵略性的搬迁战略。通过这些手段，街头摊贩声称其“在城市中的权利”。②

Adama探讨了尼日利亚阿布贾街头摊贩如何经历和回应限制他们进入公共场所的企图。现代主义的规划和公共空间私有化日益增长的趋势限制了街头摊贩可利用的公共空间的数量和类型。街头小贩们采取了一系列空间、关系和时间策略。具体来说，他们引用了“随时准备”的策略，即转移到相对安全的站点、非正式关系和网络，并在一天中的特定时间运行。街道通道和流动性是决定其采用策略类型的关键因素。性别和年龄影响摊贩的经验和所采取的策略。③ Ojeda等人的研究以智利瓦尔帕莱索市街头摊贩的社会空间占有率分析为中心，揭示了在公共空间使用上的社会和空间争议。通过对街头摊贩的社会空间使用的定性和深度分析，揭示了街头摊贩的空间利用问题，并指出在城市公共空间的设计和管理中，需要纳入街道自动售货的社会空间逻辑和动态。④

Sekhani等人捕捉了在德里（印度）和金边（柬埔寨）市场工作的街头小贩的故事，并分析了他们销售产品的库存和物流，从而反映出相互

---

① Sukanya Basu, Harini Nagendra, “The street as workspace: Assessing street vendors’ rights to trees in Hyderabad, India”, *Landscape and Urban Planning*, Vol. 199, No. C, 2020.

② Munoz L., “Tianguis as a possibility of autogestion: street vendors claim rights to the city in Cancún, Mexico”, *Space and Culture*, Vol. 21, No. 3, 2018, pp. 306-321.

③ Onyanta Adama, “Abuja is not for the poor: Street vending and the politics of public space”, *Geoforum*, Vol. 109, No. C, 2020, pp. 14-23.

④ Ojeda L., Pino A., “Spatiality of street vendors and sociospatial disputes over public space: The case of Valparaíso, Chile”, *Cities*, Vol. 95, 2019.

缠绕的复杂性以及城市经济中“非正式”和“正式”之间的存在关系。在经济交流的管理动态中所看到的相互依存关系表明，有必要对城市生态系统进行包容性研究，同时满足街头小贩的需求。他们通过将人种学方法与特定的街道贩卖结合起来，同时强调一种认识上的需要，即跨社会科学学科交叉融合思想和方法，以产生更多这样的城市叙事，来探索城市生态系统的“非正式”和“正式”方面之间的相互缠绕关系。[①] 在公共场所销售商品和提供服务是许多城市贫民最容易获得的职业之一，然而，地方法规往往禁止使用公共空间从事此类职业，排除了街头小贩合法利用这一空间生存的可能性。虽然大量的研究致力于国家控制非正规行为的努力，但对街头小贩的日常管理却知之甚少。Falla 等人基于对哥伦比亚波哥大街头摊贩的研究，探讨了无组织的街头摊贩是如何相互调节进入公共空间的。他们还分析了州政府和街头摊贩之间的竞争和谈判。他们认为，非正式的街头小贩并不是在混乱中运作，而是由非等级的非正式社会控制机制来控制对公共空间的“悄无声息的侵犯”。他们的研究结果要求重新考虑有关城市非正式活动和公共空间的规定。[②]

其次，关于街头小贩的文献一直把“普通的谈判空间”作为一个异质的、矛盾的和行为化的领域，在街头摊贩和国家官僚机构之间争夺公共空间。Tafti 采用兰契尔对政治和警察的概念来考察这一领域，将城市当局和街头小贩之外的其他行动者也纳入调查。对德黑兰三个商业区的研究表明，无论何时，当国家参与遏制（而不是清除）街头小贩时，店主、国家工作人员和街头小贩之间的纠结关系在人行道上形成了新的动态秩序，从而允许交易，尽管形式和强度被国家所容忍。这种人行道上的新秩序将一些供应商转变为警察的代理人，反过来又产生了新的边缘

① Richa Sekhani, et al.,“Street vending in urban ‘informal’ markets: Reflections from case - studies of street vendors in Delhi (India) and Phnom Penh City (Cambodia)”, *Cities*, Vol. 89, 2019, pp. 120 - 129.

② Falla A. M. V., Valencia S. C.,“Beyond state regulation of informality: understanding access to public space by street vendors in Bogotá”, *International Development Planning Review*, Vol. 41, No. 1, 2019, pp. 85 - 106.

化群体。[①] Lata 等人在对大城市达卡的案例研究中发现，由于来自一个胁迫性国家的压倒性威胁，集体抵抗是不可能的，非正规商贩必须采取其他策略，以适当的公共空间来维持他们的生计。这是通过街头小贩与非正式工作的国家代理人建立当地根深蒂固的社会和经济关系来实现的，他们通过敲诈定期付款来换取进入公共空间的机会。这些地方关系与政府清理和净化公共空间的新自由化野心背道而驰，小贩们把生计保障寄托在当地警察和小罪犯身上，而不是彼此。这种原子化，再加上猜疑和亲属隔离的文化，阻止了供应商组织跨越地方边界，向政府提出更大的保护要求。他们认为，在正式权力采取非正式行动的情况下，需要考虑到这一点，以了解非正规贸易的社会和经济现实，以及随后在达卡等城市阻碍穷人集体行动的因素。[②]

Malasan 认为，现有的关于街头摊贩的文献在很大程度上考察了在城市快速发展过程中非正规企业被边缘化的过程。同时，此类文献还广泛探索了街头摊贩对抗城市发展约束的方法。然而，这些研究往往侧重于非正式与正式的二元对立，以及销售商与国家之间的公开对抗和冲突，这就有可能简化街头摊贩日常实践中的利益异质性。他以万隆市街头摊贩的日常工作为研究对象，探讨了商贩的日常行为，以期找出他们抵制搬家的微妙形式，以及对他们的负面看法。[③]

此外，国际大型活动为主办国的经济注入了数百万美元，然而很少有研究评估哪些公民从活动中受益，哪些公民则没有。政府认为，基础设施项目、与活动相关的就业机会和旅游支出使许多公民受益，从而为他们申办大型活动作辩护。然而，研究人员发现对东道国经济体和普通公民的影响是复杂的。学者和活动家认为，少数企业从中受益，而高价格和针对具体事件的法律将穷人排除在外。在什么情况下，贫困公民能

① Mojgan Taheri Tafti, "Negotiating the order: the politics and policing of street vending in Tehran", *International Development Planning Review*, Vol. 41, No. 2, 2019, pp. 173 – 192.

② Lata L., Walters P., Roitman S., "A marriage of convenience: Street vendors' everyday accommodation of power in Dhaka, Bangladesh", *Cities*, Vol. 84, 2019, pp. 143 – 150.

③ Prananda Luffiansyah Malasan, "The untold flavour of street food: social infrastructure as a means of everyday politics for street vendors in Bandung, Indonesia", *Asia Pacific Viewpoint*, Vol. 60, No. 1, 2019, pp. 51 – 64.

从大型活动中获益？Hummel 分析了 2014 年世界杯期间巴西圣保罗街头摊贩的原始访谈、调查和参与者观察数据。该项目发现，大多数街头摊贩赔钱，而与此同时，有少数人的利润创了纪录，那些从这次活动中获益的人利用经纪人、贿赂和隐忍来规避国际足联的排除规则。①

四　文献述评

当前对民间手艺与老行当的学术研究成果淡薄乃至粗疏，多为针对琐碎问题的零碎稿件，系统性的研究较少，其历史回顾和学术关注具有鲜明的特点。一是对某一民间手艺与老行当的学术研究凤毛麟角且比较分散，其研究领域主要集中在极少数的工种和手艺，特别是针对传统老行当方面没有形成广泛的、丰富的和系统的学术研究成果；二是研究具有明显的地域性和民族性特色；三是民间手艺与老行当研究较少涉及人类学、社会学等学科领域，研究的内容主要集中在设计民艺、文化乡土等方面，其描述和记载多以社会纪实的方式来展现手艺人的生活和工作样貌、精湛的手工技艺等。民间老行当从业者是自己生活的缔造者，一种手艺就是一种生活方式。在现有研究的基础上，我们应该跳出固有的研究套路和窠臼，回归民间手艺和老行当的本质——民间手艺和文化的缔造者，即手艺人、工匠，开展补充性、创造性、挖掘性的学术研究。

此外，不论是西方对街头从业者的研究，还是国内对于传统老行当从业者、街头劳力、街头摊贩等群体的研究，都没有形成一个统一的概念和定义。目前对城市街头从业者群体的界定大多是基于个人的观点、立场、经验阅历、分析视角等提出服务于研究内容的定义和概念。通过对现有研究的综述，我们发现目前对城市街头从业者的定义有许多共同之处，它们主要表现为：此类群体在经济上是贫困的；他们具有与主流社会不同的生存逻辑和生活方式；他们的生活依赖福利救济，甚至连福

① Calla Hummel, "Do poor citizens benefit from mega-events? São Paulo's Street vendors and the 2014 FIFA World Cup", *Latin American Politics and Society*, Vol. 60, No. 4, 2018, pp. 26 – 48.

利救济都享受不到；具有不同于主流社会的价值观念；少数民族、有色人种或者移民是他们的重要构成群体等。

底边职业群体的形成和塑造与社会分层、社会流动以及社会结构性改革密切相关，在中国特色社会主义语境下，当前学术界对于底边职业群体的研究具有鲜明的特点。

（一）“社会转型”的研究视域

底边职业群体随着社会转型、结构调整而不断流变，他们承担了社会改革与经济发展的“风险”与“牺牲”。对底边职业群体而言，城市融入失败和社会排斥强化形成的社会歧视和不公正待遇挤压了他们的生存空间，导致个体尊严的缺失、意义感和价值感的匮乏，从而催生扭曲的社会心态，引发底边职业群体的厌世情绪，从而蓄意报复社会。这种怨恨经常以恶意犯罪的形式表现出来。[①] “结构性怨恨”的突然释放深深触动着社会稳定的敏感神经，从而引发复仇社会与伤人事件。因此，由他们所构成的底边社会是社会治理的薄弱环节，其社会情绪疏导、社会心态表达攸关社会秩序稳定。

当前，对底边职业群体的研究都是在社会转型、市场结构调整的大背景下展开的，因此带有明显的时代特色与社会问题导向。将处在社会底层和边缘的劳动群体遭遇到的社会苦楚放到政治经济中去考量和分析，考察政治经济的发展转型是如何影响和行塑他们命运的；将社会各阶层普遍存在的自我缺失和焦虑心理放置于当代中国特殊情境下予以解读，从而反思底边职业群体的自我认同、社会心态以及对社会秩序、社会基层治理的影响。个人的生活遭遇与我们所处的时代息息相关，将底边职业群体的现实案例纳入历史变迁、制度矛盾和社会转型的大背景下进行考量，探究其生存处境、生存策略以及社会心态，引发和培育社会对底边职业群体的人文关照，这应该是底边职业群体研究的学术关怀。

① 成伯清：《怨恨与承认——一种社会学的探索》，《江苏行政学院学报》2009 年第 5 期。

（二）“深度在场”的研究者身份

虽然社会底边职业多种多样，五花八门，从业者群体范围异常广泛，然而对底边职业群体的学术研究却遵循近似一致的研究“套路”，即“深度在场”的参与或非参与式观察。研究者往往来源于学术研究机构、高校以及政府部门，社会分层和职业分层导致研究者对底边职业群体的世界并不熟悉了解，难免在“入场”前带有刻板印象、偏见甚至是歧视的心理定式。所以，“深度在场”是研究底边职业群体的基础，只有与他们同吃同住，才能真正打破阶层、职业和心理的界限，感悟和体会他们的生活世界和劳动过程。

另外，在田野调查过程中，要放低自己的身段，切忌因为自己较高的社会身份而贬低社会底边人群。如果试图以救世主的心态，以高高在上的姿态来看待底边职业群体研究，满足研究者的道德优越感，便失去了研究底边职业群体的学术心态。[①] 此外，在研究过程中，是否向研究对象暴露自己真实的研究者身份是一个学术伦理问题。隐藏身份是为了获取更加真实的材料和信息，但是对于访谈对象来说却是一种“欺骗”。然而，如果将研究者的身份完全暴露在研究对象面前，他们是否会接受一个“真实的我”？现代社会是一个典型的风险社会，个人出于对自身权益的保护，对“陌生人”以及未知环境充满了警惕与敏感，他们不会将一个真实的“自我”暴露于未知环境和不信任的关系之中，此种境况无形中增添了实地调研与访谈的困难。综合现有关于底边职业群体的研究，我建议：先隐藏身份取得信任，在获得充分信任的基础上，暴露身份进行参与式观察或深度访谈。

（三）“自成一格”的生存逻辑诉说

常人方法学认为，社会是一种日常生活实践，它的研究对象是我们生活中“习以为常”却容易忽视的社会现象，它的研究议题广泛存在于寻常社会中。社会生活是理性的，出于各种实践目的的行动是可诉说的、

---

① 黄盈盈等：《我在现场：性社会学田野调查笔记》，陕西人民出版社 2017 年版，第 24 页。

可说明的。[①] 随着社会劳动分工的不断细化，职业人越来越走向专门化，对自己职业之外的工作世界漠不关心或知之甚少。此外，不同阶层间的区隔与断裂仍然存在，人们固守在自己所属的职业场域内，共享着群体内的共同价值和道德。底边职业群体更是因为远离社会精英和主流价值而被民众边缘化。底边职业群体是一个自成一格的社会化世界，他们有自己的人格特质、阶层关系、约定俗成的习惯以及共同的价值标准，他们是我们日常生活中难以离开却又缺乏了解的职业群体。

当前，对底边职业群体的学术关照主要体现在对其生存境况、职业生活的详细描绘，其学术研究的显著特点是通过展示他们的生活世界与身体实践来揭示其生存逻辑和行为习惯。底边职业群体生存境况的研究旨在搭建社会中上阶层与底边社会的对话桥梁，通过对某一底边职业群体的案例研究，来展示群体的社会结构、成员互动、行动模式、文化形态以及与不同群体、国家之间的关系。

底边职业群体是社会分层和职业分层的重要组成部分。底边职业群体与我们常说的“弱势群体”“边缘群体”既相互联系，又有所不同。弱势群体是指在社会生产生活中由于群体力量、群体权利相对薄弱，社会财富获取较少的社会群体。边缘群体是游离于主流社会之外，或者是受到主流社会排斥，也包括那些生活困难、能力不足或被社会边缘化的人群。造成一个人群被边缘化的原因是多方面的，不仅有经济、政治原因，还有宗教文化、风俗习惯等多方面因素。底边职业群体兼具“弱势群体”“边缘群体”两者的部分含义，“底”是指生活在社会底层，并且通过自身的努力很难实现社会阶层的上升；或者是处于社会边缘，其生存样貌和生活困境容易被主流社会所忽视。所以，生活在社会底层的人群往往也是“弱势群体”和“贫困群体”。进城农民工构成了底边职业群体的主体，他们离开了乡村却又不属于城市，过着“流而不迁”的“钟摆”生活。[②] 底边职业群体在城乡空间置换中面临着城市适应和角色转换困境，

---

① ［美］迈克尔·林奇：《科学实践与日常活动：常人方法论与对科学的社会研究》，邢冬梅译，苏州大学出版社 2010 年版，第 318 页。

② 周大鸣：《渴望生存：农民工流动的人类学考察》，中山大学出版社 2005 年版。

容易引发身份认同危机。在学术研究和田野调查中，我们往往专注于社会结构与社会变迁带来的社会不公，忧心于底边职业群体的生活境况与艰难生计，却较少挖掘他们艰难处境下积极主动面对生活的社会心态。

街头修脚工是典型的底边职业群体，她们面对现代化的冲击，职业前景迷茫；她们在社会的最底层，为了生计而挣扎，主流社会对其生存样貌和生活困境视而不见。修脚从业者的称谓因时代变迁和从业形式的不同而有所差异。在本书中，对于修脚从业者的称谓一共涉及四个：修脚匠（或修脚的）、修脚工人、修脚技师、修脚工。“修脚匠（或修脚的）”是传统社会对修脚从业者的称谓，此称谓是在封建等级制度下萌生的，带有一定的“污名化”色彩，修脚在传统社会的行业划分中属于“下九流”行业，因此从事修脚行当的从业者身份地位极其卑微，不仅受到行业老板的剥削，还经常遭受社会民众的讽刺与辱骂。修脚工人的出现有其特殊的历史背景，新中国成立初期，我国实行社会主义三大改造，将各行业纳入国家社会主义制度体制下。通过三大改造，我国经济结构、阶级关系发生了根本性变化。个体经济被改造成社会主义公有制经济，城市个体被纳入国家公有制的范围内，成为国家工人。在此阶段，个体澡堂被改造成公有企业，修脚从业者被纳入国营澡堂，成为修脚工人，为社会主义建设贡献力量。修脚技师特指个体修脚店，特别是全国连锁修脚店内的修脚工作人员，他们的修脚手艺经过统一的、专门化的培训；同时，为了给顾客呈现一种专业、卫生、服务周到的印象，他们被要求统一着装，接受公司的统一管理与分派。“修脚技师”是在现代社会养生保健兴起思潮的推动下，为了提高服务质量与构建良好市场形象而发展起来的。“修脚工”是一个广义的称谓，它泛指一切从事修脚行当的从业人员，它不受修脚从业形式以及历史阶段的影响，是对从事修脚行当从业者的统称。同时，将其加上一个名词前缀，便可以指称具体形式的修脚从业人员，例如：街头修脚工、修脚店修脚工、浴池修脚工等。“修脚工”与“修脚工人”容易造成概念的混淆，“修脚工”并不是“修脚工人”的简称。“修脚工”中“工”表达的是“labor”，即劳工的含义；而“修脚工人”中“工”的含义是“worker”，即“工人”的意思。

在本书中，我们的调查对象主要是街头修脚工。此外，为了突出街头修脚工的工作样貌与生存状况，我们还将修脚店的修脚技师作为比较性研究对象。确定此研究对象的原因和初衷是：街头流动修脚工作为时代的产物已经消失在历史的长河中，成为人们永久的记忆，在现实生活中已经很难找到，只存在于历史文献或历史记录中；同时，调查地点是山城重庆涪陵，属于中国西南地区，在其文化传统和日常生活惯习方面，像北方地区的大众浴池和搓澡服务几乎没有，在调研中，有的修脚工甚至告诉我们，重庆大部分的浴池洗浴多少有点“不正规”，所以浴池修脚难以萌发；最后，街头修脚是一个老行当，随着社会的发展与民众需求的变化，修脚店开始慢慢兴起，两者是一脉相承的关系，可以说修脚店是街头修脚现代化的表现形式。

街头修脚是一个历史悠久的老行当，其从业者属于典型的底边职业群体，她们的人员构成几乎都为中老年女性。一部分是移民（早期三峡移民、生态移民、异地搬迁扶贫移民等），另一部分是进城农民工；她们文化水平低，经济贫困，社会支持网络薄弱，有的甚至身患残疾；她们流落于城市的街头巷尾，生活在自己的底层小世界，有一套与主流社会不同的价值观念与生存方式；她们离开了乡村却又不属于城市，既不在农村的扶贫之列，又未纳入城市贫困救助体系，她们仅仅依靠微薄的农村医保和农村养老保险生活。

通过查阅文献资料我们发现，对于修脚的学术研究成果几近空白，有关街头修脚的学术研究更是凤毛麟角。目前可查的有关修脚的记载大多是以历史画册、传统商业百科、新闻报道和叙事、文学诗歌作品、修脚技术的教育和培训等形式出现，对修脚从业者的生存逻辑、社会互动等描述多、研究少。通过以上的文献梳理和综述，我们发现对城市街头从业者群体研究的关注点主要集中在两个方面：一是向我们展示了一个主群体之外的亚群体，即“特殊群体”的生活图景，让我们了解了城市街头从业者的生活状况和工作过程；二是阐述了城市街头从业者面对现代性的冲击和渗透下的自我建构和自我身份认同问题。现代性给我们带来了很多红利，当然也带来了不少风险和挑战。在现代性的视域下，每一个社会制度下的街头从业者都在探索一种适应社会的生存策略，从而不断收获维持生计的经济资源和社会支持资源。

本书并不是对底边职业群体生存处境的“诉苦式”描述和“情景式”展现，谴责社会不公以博取社会同情，而是以街头修脚工为主体，关注其在艰难处境中所呈现的积极主动的、自我调适的社会心态与生存逻辑。对街头修脚工生存逻辑的研究可以窥视当代中国底边职业群体的社会心态，理解其日常生活与身体实践，提供一个具体的、微观的底边职业群体研究与反思的文本。

第三章　修脚：一个历史悠久的街头老行当

“任何一位经济学家、政治学家或社会学家，一旦丢开自己所在的发达工业社会，去考察某种不同的社会结构里的制度，都会非常清楚一点：要理解一个社会，了解有关它的历史的知识往往不可或缺。”① 修脚在封建社会被称为“下九流”，从事修脚工作的修脚工一般是一些破产的农民和城市贫民群体，他们社会地位低下，受人剥削严重，经济收入微薄，在社会中属于典型的底边职业群体。

修脚工身份地位的变化是时代变迁的缩影。在本章中，我们将对修脚的历史进行简单的梳理，同时对不同时期和政治制度下修脚工身份地位的变迁进行考察，旨在展示修脚工的生活样貌与修脚行当的社会变迁。修脚工社会地位变迁是大社会变迁的一部分，其作为底层群体深深嵌入社会结构中，从修脚工身份地位的社会变迁中，我们可以窥视修脚作为一个老行当的历史发展轨迹，展示时代变迁过程中底边职业群体的生存图景与自我价值调适，了解底边职业群体的生存样貌以及现代化对底边社会的渗透与冲击，从而提供一个具体的、微观的底边职业群体研究与反思的文本。

一　修脚行当的由来与技术特点

修脚在我国有着久远的历史，早在商朝甲骨文中就有关于足病的记载；到了隋朝，《诸病源候论》中出现了胼胝和肉刺（鸡眼）的描述；元代东轩居所著的《卫济宝书》一书中对灸板、炼刀、竹刀等刀具的介绍，

① ［美］米尔斯：《社会学的想象力》，李康译，北京师范大学出版社 2017 年版，第 209 页。

为发展生产和防治疾病提供了物质条件。修脚人的记载最早出现在明代《外科启玄》卷七中。而到了清朝，修脚业开始繁荣，清光绪年间，李廷华在《五言杂字》一书中记载了“修脚剜鸡眼”的说法，证明了修脚技术已经广泛为脚病患者服务。入清以后，随着民间澡堂子的日益增多，修脚发展成为一个专门的行业，清末民初时，修脚逐渐发展成为河北、山东、江苏三大派系。

“千里之行始于足，三刀祛疾药谁服。树根竭衰败其叶，脚底虚弱精气枯。”[①] 从古至今，修脚在社会上都有很大的消费需求。第一，中国深受儒、释、道“三教合一”传统思想的影响，特别是受道家寻求仙道、长生不老、延年益寿理想的影响，养生文化在中国具有非常悠久的历史。俗话说，“树枯根先竭，人老脚先衰”，人体的老化首先是从脚开始的。所以传统中医讲求“鼻为苗窍之根，耳为神机之根，乳为宗气之根，脚为精气之根”。总而言之，鼻、耳、乳是人体的根本，而脚则是人体总的精气之源。古人云“千里之行，始于足下”“举足轻重”，脚在人们日常生活和身体保健方面具有重要的作用。中医基础理论认为：“肾为先天之本”，“脾为后天之本”，“本”就是生命的根本所在，这也明确指出了脾肾在脏腑中的作用特别重要。而“足太阴脾经、足少阴肾经”皆起源于脚部，脚部在生命活动中是非常重要的人体组织。中医认为，气血以动为贵，经络以通为要，只有这样才能维持正常的生命活动。一旦气滞血瘀，经络闭阻，脏腑、组织、器官就会发生病变；而只要我们迈开双脚，就能推动气血的运行，气血流通就保证了全身各组织器官营养物质供应，为身体健康打下了坚实的基础。第二，传统封建思想在中国社会根深蒂固。在过去，“城市商人和读书人都要裹脚，而妇女需要缠足。紧紧箍住脚的小鞋，加之道路的崎岖不平，经过长时间的挤、压、磨、硌，难免脚部出现各种疾病，导致人们生活不便，甚至给人带来痛苦。一旦出现此类脚病，人们便找来修脚工为其治疗足疾。”[②]

---

① 刘辉、王永潮：《老北京那些事儿》，当代中国出版社2011年版，第139页。

② 王文涛：《“脚下”的人生：修脚工身份地位变迁的社会史考察》，《青海民族研究》2019年第3期。

传统的修脚从业者大致分为三类：浴池修脚工、街头流动修脚匠和摊位修脚匠。在浴池服务的修脚工，行话称其为“画皮的”。浴池修脚工修脚技术一般，只能到浴池去找活儿干。他们以澡客为主要的服务对象，依托大众浴池，按照规矩给顾客修脚。修脚的薪酬以修脚手艺的优劣来定，一般比较低廉。他们受雇于浴池并听从浴池老板的差遣，有时还会受一些“澡客”的气。浴池修脚工每次为顾客修完脚之后，将酬金与洗浴的消费一并交给浴池，然后浴池老板发放一点酬劳给修脚工，美其名曰“工钱”。此外，浴池修脚工每天还会得到浴池为其提供的两顿粗茶淡饭，由此有很多贫困的底层劳工为了能够吃饱饭而不得不从事修脚行业。

早年间修脚有的在街头（包括庙会、集市）路边行艺的，行话叫“剜窝的”。他们和江湖郎中混在一起，一般搭一白布棚子，地上铺一块红布，叫“靠地布”，上面摆放修下来的脚料、脚垫等皮肉，墙上挂着一幅画着各种脚病图样的白布，行话称“点张子”，按图指画讲说以招揽生意。常在一处摆摊的，行话叫“常靠地”，都得能做“尖活儿”，即手艺好不骗人。那些赶集上的，行话叫“走马穴”，就难免做“腥活儿”了，即糊弄人骗人钱。街头流动修脚匠已经有点修脚手艺，他们凭借自己的手艺不再去浴池揽活儿，而是走街串巷为路人修脚。他们身带修脚刀具，手敲乍板儿，乍板儿的构造比较简单，两块小木板儿或两块小竹片，各安有一短柄，把二短柄固定在一起就像是一个“夹子”形状。修脚工用手来回捏动，便会发出“梆儿梆儿”的声音，路人一听便知是修脚的来了。修脚工边走边吆喝：“修脚啊！捉猴儿啊！”“捉猴儿”就是医治脚上长的“瘊子”。①

“走街串巷的流动修脚匠的打扮十分有趣，他们腰中掖上刀包子，手持竹板，一边走一边敲，竹板发出清脆的梆梆声。如果有人需要他修脚，听到竹板的敲打声就可叫他进屋操作。通常情况下，流动修脚匠每次修脚收费二三十枚铜钱。”② 但是，那些走街串巷的流动修脚匠以及赶集上庙会“走穴”的修脚摊位，因为流动性强，难免会见风使舵，糊弄人骗钱。如果看到修脚的人可欺，他们就会谎称顾客有鸡眼、患脚垫，如果

① 王文宝：《吆喝与招幌》，同心出版社 2002 年版，第 97 页。

② 范春三、袁东旭：《旧中国三教九流揭秘》（下），中国社会出版社 1997 年版，第 552 页。

不及时治疗就会惹出大麻烦。此外，大多数的修脚匠都懂得脚上的穴位，他们有时会故意按顾客脚部穴位，使其疼痛难忍，于是就谎称顾客有脚病必须救治，或者通过脚上的穴位来让顾客确信自己的“病情”。

摊位修脚匠在所有修脚从业者类别中手艺最高超，所以他们不必去澡堂，也不必走街串巷招揽顾客，而是在街头固定地点设立一个固定的摊位，靠自己高超的修脚手艺立足。顾客一般是慕名而来或者是经常修脚的“回头客”。他们除了修脚外，还会制作一些脚部穴位以及各种脚疾图样，并当众讲解一些脚疾的致病原因以及足部保健知识，很多人受到吸引，将摊位团团围住，耐心地听修脚匠讲解。此外，修脚师傅还会兜售一些自制的脚病良药，以此来增加收入。老百姓称此类修脚匠为“靠地”的，因为找他们修脚的一般都是老顾客，所以他们特别注重信誉，绝对不会欺骗顾客而砸了自己的招牌。有很多有钱人还会在固定时间请修脚师傅去进行足底按摩和保健，以满足他们舒适的愿望。

修脚使用的刀具是很讲究的。修脚工随身携带一个工具箱，工具箱里放满了各式各样的修脚刀具，例如板刀、削刀、斜口刀、平口刀、锉刀等；此外，还有一些修脚用到的辅助工具，例如止血钳、有齿镊、足底刮痧板、磨刀石等。对于修脚工具的消毒是非常有必要的，但是传统社会没有正规的消毒方法，也没有碘酒、酒精等医疗用品，在此情况下，修脚师傅一般在修脚工具表面喷洒酒并用冥火灼烧，以达到消毒的目的。

修脚的技术一般有以下特点：第一，修脚的设备和工具简单，特别是街头修脚，不过随着人们生活水平和健康意识的提高，一些修脚店已经可以为顾客提供个人专属修脚工具；第二，操作简便，随到随治，不需要太多修脚前的准备工作，随时随地都可以修治；第三，修脚过程中，患者没有痛感或痛感较小，一旦修脚完成，脚病可以快速地消除或缓解。修脚的水平主要取决于修脚刀法的运用，修脚工一般运用片、挖、劈等刀法去除脚上的顽疾。修脚要以不伤好肉、不出血为前提，不能在病变范围以外用刀，即不能越出病变界线（行话称“青线”①）。修脚过程中

---

① 所谓的“青线”是指脚部病变组织与正常组织之间的交界线。因为病变组织与非病变组织会出现颜色差异，两者之间的分界线一般呈现青灰色，故称“青线”。

导致顾客脚部受伤、流血是修脚最大的忌讳。一个好的修脚工不仅修脚的技术要过硬，还要懂得脚上的一些经络、穴位。足底的穴位有很多，哪里主肾、哪里主肝、哪里主胃，如果修脚师傅找准了，加之用力得当、方法合理，疗效就会更加显著。

传统社会的修脚“重修轻治”。传统社会对治疗脚病这一服务项目一般都不开展，这是因为当时修脚的主要服务对象是官僚、地主、资本家等，他们生活优越、不是出卖劳动力来维持生计，因此脚部的保养比较好，他们一般都不患脚病。他们修脚大多不是为了治脚疾，而是为了图美观、讲享受。所以，修脚工为了适应达官贵人的需要，只好在“修”字上下功夫。此外，修脚作为传统社会历来的“下贱”职业，浴池内的修脚工受到资本家的残酷剥削和压迫，经济收入和职业前景没有保障。一个修脚工如果长时间拉不来客人，随时都会面临着被资本家踢开、丢掉工作的危险。这就迫使修脚从业人员既要在技术上有一手，又要在做活上留一手，就是既要修得让客人感到舒适满意，又不能将脚部疾病除根，要让客人过一段时间回来再修，即所谓的“拉座”。

修脚技能的获得以师傅对徒弟的言传身教为主。修脚工来自贫苦的农民或者是城市贫民，一方面由于家境贫困等原因他们不具备学习文化的经济条件；另一方面由于社会教育普及率低，他们被剥夺了受教育、学文化的权利，于是他们没有机会接触和学习现代医疗理论技术的机会，修脚技艺只能依靠师傅的口传心授和长期自我实践习得。这样，技艺高超的修脚工虽然能治疗某些脚病，但是因为不了解生理解剖、病因病理等知识，就不能根据脚病发生、发展的规律来提高修脚技术，进一步减轻患者的痛苦，也限制了修治脚病技术的发展。例如，修脚工运用“刀术”修脚，但没有麻醉止痛、敷药消炎、包扎止血等知识，限制了“刀术”的作用，也限制了“刀术”的发展。

“三三两两，监生家眷，吏典儿郎。真皮袋子盛刀仗，惯走营坊。贫穷汉皴皮快长，粗坌人指爪偏长。搂抱在屈膝上，刮削了半晌，熏不死也难当。”① 社会底层群体因为贫困不得已而从事修脚行业。底层群体之

① 陈铎：《陈铎散曲》，上海古籍出版社 1988 年版，第 98 页。

图 3－1　古代街头修脚工的修脚场景[①]

所以会选择社会地位低下、容易受剥削、经济收入又低的修脚行当，是因为“一些贫困破产的农民和城市贫民不得已而为之。传统社会由于生产力低下，人们经常食不果腹，又加之政局不稳与常年战乱，人们的生活水平每况愈下，对于文化程度不高、生活技能不强的底层农民或城市贫民来说，只能通过修脚等下贱职业来维持生计。面对剥削、压迫以及旁人鄙视的眼光，修脚从业者只能忍气吞声，敢怒而不敢言”[②]。即便有个别修脚工奋起反抗，争取自己的平等权利，最后也是无果而终，继续从事修脚行业。

二　修脚派系与分类

旧时，修脚师傅又称“剔脚匠”或“画皮匠”，以为人治疗脚疾为

① 首都博物馆：《华梦遗珍老北京：三百六十行绘本》（上），北京出版社 2007 年版，第 81 页。

② 王文涛：《“脚下”的人生：修脚工身份地位变迁的社会史考察》，《青海民族研究》2019 年第 3 期。

生，清末民初逐渐形成了三大派系。“一是以北京为中心的河北派；二是以济南为中心的山东派；三是以扬州为中心的江苏派。”① 修脚流派之间相互不交流，技术封闭，且修脚工地位低下，平均文化水平偏低。尽管他们积累了丰富的实践经验，为人类文明做出了巨大贡献，但因缺乏系统全面的整理和总结，未能把实践经验升华为理论，导致后继乏人，有的技术甚至失传。在三个派系中，尤以扬州修脚为代表的江苏派最著名，它以技艺精湛、健身除病而驰名海内外，至今仍然保持着强大的生命力。山东派以济南为中心，技术全面，用刀豪爽，技术内容广泛，除修脚外，还掌握推拿等技艺，例如刮脚、搓澡、按摩、理发等。下面，我们将详细介绍这三大派。

（一）河北派

河北派以北京为中心，全部技术包括修脚、刮脚、搓澡等。手法灵巧，技艺细腻，修脚技术高，整修质量好，并能治疗多种脚病。这一“路”包括华北、东北地区。北京作为我国五朝帝都（辽、金、元、明、清），修脚历史悠久，修脚是北京一个历史悠久的老行当。“修脚的”实际上是旧京的脚医。北京的修脚可以分为两种，一种是澡堂中的配套服务；另一种是利用庙会人流量大的时候在街头设摊的修脚匠。在韩忆萍、崔墨卿所著《新风旧俗话北京》中有对街头修脚场景的详细描述：

> 庙会上又有修脚摊儿，修脚的在墙上或借两树之间，或插两根竹竿儿，扯起一块上面画有各类脚病图形的挂画。在画前摞地或用一桌陈列着治脚的工具如小刀子、小剪子、小镊子，以及瓶瓶罐罐装着的各色药粉等。挂画楣上大字书写“专治脚病”四个大字，并信誓旦旦：“一治就好”、“疼了不要钱”等。有修脚的往板凳上一坐，修脚的把病脚往自己的膝头上一放，立刻修脚，当众表演。挖一个鸡眼，或起个脚垫不过数分钟，收费也很低廉。手术后，用瓶里的黄色药粉调好一糊完事。②

① 掩卷：《时光是一纸流砂》（行当版），中国物资出版社 2013 年版，第 107 页。

② 韩忆萍、崔墨卿：《新风旧俗话北京》，光明时报出版社 2007 年版，第 299 页。

澡堂业与修脚业是两个联系非常密切的行业。从工种来说，澡堂业与修脚业是两个行当；从业务方面来说，修脚业附属于澡堂业。北京的澡堂业是由修脚匠所创，据《就读文物略》记载：“澡堂，在距今二百年前，一修脚匠创始营业。……澡堂公会，在后门桥‘西胜堂’之后院，所祀之神为智公禅师。每年三月，同行皆往公祭一次，籍议行规。”随着时代的变迁，从 1950 年代起，北京的庙会陆续的被取缔，街头摆摊的修脚匠逐渐没落，只剩下澡堂中的修脚工。修脚的除了在街头摆摊儿和澡堂外，在一些大的市场和民众娱乐休闲场所也会带有“点痦子”工作，相当于近代整容术。

天津修脚与北京修脚一样，起源于河北，属于河北派，其特点是活茬精细，整修质量好，并以善治多种脚病著称。据《天津通志 二商志》记载：“天津解放以前，修脚技术主要服务对象是权势、富贾阶层，治病者少，享受者多，因而在很长时期中，重‘修’轻‘治’，修脚技术发展缓慢，尤其是从事修脚工作者，多是子承父业，限于文化水平，缺少医学知识和专业技术理论的研究，所以修治脚病的范围很小。1956 年公私合营以后，修治脚技艺受到重视，1958 年以后浴池业组织修脚工学习医学知识、把传统的刀技与医学科学结合起来，并在浴池中专设修治脚室，修治脚走上医疗化。修脚工历来都是男性职工，修脚个体专业户更是技术单传，传男不传女，在修脚技艺上蒙上一层神秘色彩。1975 年天津浴池业打破传统惯例，培训出 5 名女修脚工。”① 传统社会生产力不发达，人穷，被生活所迫，只能从事像修脚此类的职业。修脚一般是子承父业，也有拜师学徒之说。“修脚工要拜师学徒，一般要学一年。学徒期间，柜上（即资本家）只管饭吃，分少量小费钱，但干活却不少。一般是先学搓澡，看着师傅修脚。师傅看徒弟心诚与否、勤快与否才决定教不教修脚。修脚技术可是硬功夫，过去一般治脚病主要靠刀子切除，后来辅助以药物治疗。”②

① 天津市地方志编修委员会办公室：《天津通志 二商志》，天津社会科学出版社 2005 年版，第 656 页。

② 河北省政协文史资料委员会：《河北文史集萃》（经济卷），河北人民出版社 1992 年版，第 173 页。

（二）山东派

山东的修脚业起源于宋朝以前，时至宋代济南出现了澡堂，当时的澡堂门前门头上挂着一个大水壶示为幌子，以证明温热之水可冲可洗，进门后可见屏蔽，屏蔽绕过两侧可有更衣处，然后进入洗澡间，那时洗澡就是一池热水几条板凳，窗糊油纸，壁挂油灯，四面热水产生的气给人以视觉上的困扰，由于室内光线昏暗，所以修脚人均在澡堂外搭建一个挡风遮雨的相对采光好的蓬铺，为洗澡前后理发剃须修脚人服务，一旦有需要搓澡的打个招呼修脚人腾出手来可以进行搓澡服务，但搓澡不能收取费用，这项费用被看澡堂的人收了，为的是修脚人到澡堂内打热水方便，因此也就形成了互惠互利。

2020 年 10 月 20 日随着山东省第五批省级非遗名单公示，曹一刀修脚名列其中。曹一刀修脚，非常注重基本功的锻炼和实践经验的积累。修、挖、起、片、分、撕、刮、捏，这是修脚八法；支、捏、抠、卡、拢、攥、挣、推，这是持脚八法。后来又总结为持刀要稳、青线看准、动作要轻、腕活灵敏。修脚这行当必须掌握好“指腕功”，讲究的是“手指有力灵活，下刀稳准轻快”，拇指和食指必须有力，不然在修脚的过程中容易“跑刀”，刺伤客人，力的作用就在毫厘之间。修脚时要做到刀刀有术，形成套路。其流程如行云流水，循序渐进，因人而异，因病而宜，圆润轻巧，俗称“肉上雕花”。巧用指力、腕力，讲究出手轻，搽得平，铲得圆，断得净，不老不嫩，刀路清晰，刚柔相济，“稳、准、轻、快”。

传统的山东派修脚以济南为中心，从业人员主要来自济南周边地区。修脚人员的技术包括：洗头、理发、刮胡须、按摩、搓澡、刮脚、刮痧、拔罐、放血、敷药等外治方法，从头到脚全能做。修脚工的工作实践情况是理发带修脚，遇到自己能治的病多采取敷药和刮痧、拔罐，所以山东派的特点，从精细上讲不如江苏派，从治疗脚部疾患运用刀术不如河北派，但从服务项目上则多于江苏和河北两派。①

① 郑全德：《足病修治学 之一》，中国医药科技出版社 2011 年版，第 7 页。

（三）江苏派

江苏派以扬州为中心，技术内容除与河北派相同外，还有搓背、刻花、蔻丹等技术。同时，各项技术又有其独立性，修脚技术精湛，在刮脚技术上也有独到的技巧，但不太重视治疗脚病。讲究修脚技艺的精致美观、舒适文雅，尤以捏趾、刮脚有独到之处。近代，扬州“三把刀”（厨刀、理发刀、修脚刀）享誉国内外，修脚则成为扬州传统特色技艺中的一朵奇葩，被誉为“肉上雕花”。这一“路”修脚人员数量众多，长江中下游及其以南地区都属于这一路。扬州修脚亦称“足医”，俗称“扦脚”，广义还包括刮脚、捏脚。扬州传统修脚术是指修脚师通过望、问、触、摸，使用专用刀具的相应手法，辅以适当的中药材，因人而异、因病而宜的世代相乘的一种常见医疗技术。古代扬州人的生活、消费习惯为扬州修脚术的产生、繁盛创造了条件。扬州素有“中华修脚刀之乡”的美誉，扬州修脚师把相传曾为周文王修治脚病的治公奉为鼻祖。扬州修脚术保存了扬州三把刀鲜活的民俗文化记忆，亦是倡导文明、健康的生活方式。①

扬州修脚历史悠久，清朝董伟业所作《扬州竹枝词》中写道：“求条签去修只脚，嗅袋烟来剃个头。等戏开台先排凳，看汪班内老名优。”可见，修脚在清朝已经成为平民大众日常生活中不可或缺的休闲娱乐方式。扬州修脚业起源于澡堂业，作为澡堂的配套服务，修脚在民间具有不错的市场。修脚业伴随着沐浴文化的发展而逐渐成熟，扬州本地的浴池从业人员，包括扬州修脚、扬州搓背、剃头（理发）以及浴室堂口从业人员，开始大量流动到其他城市，成为行业内人数庞大的“扬州帮”。

扬州修脚在全国具有一定的地域特色，修脚工具主要有五种：枪刀、轻刀、条刀、片刀、刮刀。每种修脚工具都会有各自不同的用途，而且是针对病情选用不同刀②。据说，中华民国期间，扬州有名的修脚工匠有

① 仲玉龙：《扬州国粹》，广陵书社 2015 年版，第 145 页。

② 枪刀用于薄脚指甲；轻刀用于起撕茧子和断指抠甲；条刀用于深入脚损甲中挖嵌；片刀用于各类茧子；刮刀用于刮脚和放血。

季长富、尹锦成、刘万喜、郭勤四大名师，亦称“四大帮派”。季长富以出手轻、刀路好见长。郭勤则是祖传的江湖医师，治疗“火腿病”堪称一绝。即使病人的小腿肿得发亮，他只要把脚丫处的血筋挑破，用手在小腿部挤压，流出的是紫血、黄水，不消半小时，小腿就能消肿去红。这些大师在长期实践中，还研究出一套治疗脚病的绝招：治一般厚趾甲用枪刀，讲究下刀准、吃刀稳、吃口小，平整而光滑；治脚垫类用片刀，根据老茧生长的部位，一般用宽口刀来“片”；治嵌趾、甲沟炎用“摘法”，趾甲通过断劈后，用条刀剔开趾甲和皮肤连接处；治鸡眼、刺窝类脚病，一律采用“挖治法”，根据病灶大小，用刀沿角化外围圈分离，后摘硬心。[①] 扬州修脚师傅不仅以手轻刀快见长，而且正反手都能用刀。“来自板桥乡，闯荡湘江旁。身怀祖传艺，躯上作文章。”[②] 他们修脚技艺高超，得到了修脚顾客的普遍认可。

当一种手艺不存在时，消失的不只是一门职业，也是一种生活风尚。修脚术与人民群众的生活息息相关，晚清以来，许多扬州人远赴上海、日本、东南亚，以修脚谋生。新中国成立后，修脚师的劳动和技能得到了社会应有的尊重，并涌现出一大批杰出的修脚工代表：

> 新中国成立初期，扬州有修脚工六十多人，1966 年减至四十人，1979 年只有二十人，一些医治脚病的特技濒临失传。1979 年 5 月 22 日《人民日报》发表《扬州三把刀》的长篇通讯，并配发《十年树人不宜迟》的短评，呼吁有关方面重视扬州“三把刀”后继乏人问题。1982 年，扬州建立了修脚研究组。1987 年，扬州成立修脚协会，并对技艺娴熟的修脚工授予修脚技师技术职称，推动了修脚事业的发展。[③]
>
> 从 1980 年起，扬州修脚刀这一传统技艺得到了重视和抢救，1987 年成立了扬州市修脚协会，致力于培养新一代修脚师。多次举办技艺交流、考核，并对技艺娴熟的修脚师授予了技师职称。1988

① 王喜根：《江南老行当》，江苏人民出版社 2016 年版，第 44 页。
② 韩玉臣：《子归情：韩玉臣诗词集》，河北美术出版社 2006 年版，第 172 页。
③ 周游：《扬州记忆》，中国社会出版社 2013 年版，第 258 页。

年，史无前例的在中学毕业生中招收了4名女修脚徒工，其中的陆琴1992年在首届全国优秀服务人员大赛中金榜题名，2003年当选为全国人大代表；另一名女修脚工周业红被聘为市政协委员，并被授予市劳动模范、“三八”红旗手和江苏省学雷锋先进个人称号。她们都成了名扬海内外的特级女修脚师，并向全国广招学员，为扬州修脚刀技传天下而辛勤努力。……设在扬州的江苏省扬州商务高等职业学校、江苏生活科学技术学校等均开设了足保班，朱才林、陆琴、周业红等一批修脚大师还撰写了《修脚工艺课教学授课计划》、《修脚工艺流程教法》等资料和《修脚保健技巧》、《修脚技术》、《脚艺真传》等书稿，使扬州修脚师的挖嵌趾、剐鸡眼、取残甲、铲老皮、拔肉刺和治疗脚垫、脚疔、脚瘊、灰指甲、脚气、裂折等脚病的神招妙术传天下，誉满四海。①

经过国家的保护与地方修脚技术的传承与发展，扬州修脚业逐渐显现出地域特色与品牌效应，而且涌现出很多修脚大师，有的甚至当选全国人大代表。目前，扬州修脚手艺的代表人物之一是陆琴，她手艺高超，人气很旺，她可以将脚趾甲修剪成半圆还让你感觉不到痛，有很多慕名前来的顾客预约排队等待修脚。

陆琴，是江苏扬州的一名普通修脚工。1988年，高中毕业的陆琴带着对扬州传统技艺“扬州三把刀”之一的修脚刀的好奇，选择了一个劳保有靠的国营单位——扬州市饮食服务公司，成为一名女修脚工。从业之初，陆琴收到了来自父母、亲戚朋友的一致反对和质疑，“一个姑娘家干什么不好，偏偏干伺候人又是那么脏的工作，真不可思议！”更是受到了周围群众的指指点点、冷言冷语。面对外界的质疑，陆琴擦干眼泪，继续坚持自己的选择。有一次，陆琴给一位老人修脚，一不小心把老人的脚划破了，鲜血直流。修脚最忌讳的就是脚出血，所以她非常担心受到老人的责备和辱骂。但是，

① 曹永森：《扬州特色文化》，苏州大学出版社2006年版，第222页。

那位老人语重心长地说：不要紧张，大胆地做，年轻人没有不犯错的。听了老人的话，陆琴感到心里一阵温暖与感动，于是下定决心一定要将修脚的技术学到家，干出点名堂来。

此后，陆琴专心追随师傅，潜心钻研修脚技术，并在不断的实践中得到了顾客的称赞并收获了满满的自信。随着陆琴修脚技术日渐成熟，她萌生了自主创业的念头。1995 年，她在扬州市盐阜东路开起了足疗店。但是，由于当时附近存在一些不法的理发店、洗脚店，所以陆琴的足疗店受到了波及，只能暂时停业。最后，在政府和相关部门的支持和鼓励下，她的修脚技艺越来越精湛，名气也越来越大，凭借自己的不懈努力，闯出了属于自己的一片天地。她多次被邀请到香港，为香港的政要和影视明星治疗脚病。甚至为慕名而来的德国、新加坡等驻华大使展示修脚技艺。

从 1996 年开始，陆琴开始走进扬州商业中专学校的课堂，为足保专业的学生讲授修脚技艺。陆琴将自己的实践与理论相结合，为了让更多的人了解修脚、学习修脚，她撰写了《修脚保健技巧》、《修脚技术》等专业著作，并成为学校的专用教材。她还向当地的工商部门注册了“陆琴脚艺”商标，目前已经成为扬州的重要形象品牌。还编写了《陆琴脚艺》一书，于 2007 年 1 月 1 日由江苏科学技术出版社出版，图文并茂地介绍了她的修脚技术。

荣耀背后不仅充满了艰辛，还伴随着责任。陆琴先后获得全国优秀服务员、全国三八红旗手等多个荣誉，2004 年、2005 年分别当选为全国人大代表，2017 年 12 月 28 日，陆琴入选第五批国家级非物质文化遗产代表性项目代表性传承人推荐名单。利用全国人民代表大会的机会，陆琴向温家宝总理诉说了自己的心声：“一个国家少不了科学院院士，少不了杨利伟那样的航天英雄，也少不了打扫马路的清洁工，少不了我们这样的修脚工。当然，我们的自尊自强是赢得尊重的前提，但各级政府要重视我们，加强正面引导，政策扶持，舆论宣传，真正让全社会来关心和尊重服务行业的从业人员。”陆琴把当选全国人大代表作为新的起点，建议在扬州成立全国“三把刀”培训基地。她用自己的实际行动，改变了社会对修脚工的偏见；她用自己的行动，践行了全心全意为人民服务的理念；她用自己的实际行动，为全社会树立了榜样；她用自己的实际行动告诉人们，过硬的手艺才是真正的品牌。①

内蒙古诗人敕勒川还专门写诗来颂赞陆琴的修脚手艺和行业精神：

这真是一个好主意啊，修脚/脚坏了/路就坏了/人生何尝不是一段路/脚坏了，人生的路/就会走的歪歪扭扭/更何况，脚坏了/心也不好受，日子久了/有了心病/路长路短无所谓/路宽路窄没关系/有一双好脚就够了/所以，与其修路，不如修脚/脚修好了，什么样的路不能走（节选自敕勒川《修脚——兼赠扬州修脚大师陆琴》）

三 修脚行业神

修脚行业也有自己崇拜和祭奉的行业神。北京的修脚匠将志公（也称“治公”或“智公”）奉为行业祖师爷。据北京清华园浴池的修脚老师傅于庆章口述：“志公是六朝时一个叫宝志的高僧，志公曾给释迦牟尼（或说达摩）修过脚。因为释迦牟尼在菩提树下打坐六年不动，达摩面壁九年而化，脚趾甲长得都很长，所以志公便用方扁铲（也叫方扁铲、片刀）把长趾甲铲掉。从此便留下修脚这一行，修脚工具里便有了方便铲。”② 修脚匠将自己的祖师爷说成是一位和尚，并且还为异国他乡的释迦牟尼修过脚，显然是有意抬高处于“下九流”地位的修脚行业。

另据《常见脚病修治技术》一书记载：“相传周末周文王患趾甲病，行动很难，有一个叫治公的人用方扁铲给治好了。这项技术从此流传开了。后人为纪念治公，给他修建了庙宇（解放前北京广安门外有治公

① 江苏省人大常委会人事代表联络委员会：《人民的使者——人大代表风采录》，中国人民法制出版社 2004 年版，第 24 页。

② 李乔：《行业神崇拜——中国民众造神运动研究》，中国文联出版社 2000 年版，第 339 页。

庙)，传授徒弟时要送一把方扁铲。"[①] 以上历史传说虽有点穿凿附会，但是在一定程度上描述了修脚的起源。

不论是给释迦牟尼还是给周文王修过脚，都是本于六朝时的宝志和尚。在《南史·隐逸传》中有宝志和尚的传记："时有沙门释宝志者，不知何许人，有于宋泰始中见之，出入钟山，往来都邑，年以五六十矣。齐、宋之交，稍显灵迹，被发徒跣，语默不伦。或被棉袍，饮啖同于凡俗，恒以铜镜剪刀镊属挂杖负之而趁。……虽剃须发而常冠帽，下裙纳袍，故俗呼为志公。"志公"恒以铜镜剪刀镊属挂杖负之而趁"，而修脚的工具中也常有剪刀、镊子之类的，这大概就是志公被封为修脚祖师的缘故。

《鲁班书·九老十八匠》中认为修脚匠的师傅是清风、明月。清风、明月大概是《西游记》中的清风、明月二仙童。《西游记》第二十四回写二仙童为唐僧敲人参果："二童别了三藏，回到房中，一个拿了金击子，一个拿了丹盘，又多将丝帕垫着盘底，径到人参园内。那清风爬上树去，使金击子敲果；明月在树下，以丹盘等接。"不知修脚匠是否因为金击子、丹盘与修脚工具有相似而被封为祖师。

据说还有奉达摩、罗祖和孙膑为祖师的。另据民间传说，进入修脚这个门是要守规矩拜祖师爷的，相传修脚的祖师爷便是吕洞宾。"至于这传说中的白衣秀士是怎样当上这一行当的祖师爷，那可就说不清了。反正呢，这一行当大概可以追溯到魏晋南北朝或唐朝了。早年间，修脚的也称为江湖艺人，有本行的'切口'（行业暗语），以作为行业交流。后来，由于公共浴池的发展，人们在洗浴后治疗脚病，修脚工走进了浴池，就有了'开澡堂子带修脚'之说。"[②]

又说，修脚业的祖师爷是江西饶州府的陈七子，他早年拜理发业祖师罗祖学艺，因为贪玩嬉闹让师傅大为恼火，一怒之下摔坏了他的剃刀。陈七子只好用半片剃刀为人修治脚疾，后来得到真人指点，创下修脚这一行当。[③]

---

① 北京第二服务局编：《常见脚病修治技术》，中国商业出版社 1982 年版，第 13 页。

② 白庚胜：《中国民间故事全书 河北定州卷》，知识产权出版社 2013 年版，第 238 页。

③ 王喜根：《扬州古巷风情》，广陵书社 2014 年版，第 85 页。

图 3-2　方扁铲[①]、修脚响器乍板[②]、志公[③]

四　修脚与澡堂

澡堂又称浴堂，中国古已有之。先秦文献《礼记·内则》中有“外内不共井，不共湢浴”的文字，其中“湢浴”就是指浴室。随着城市的发展和商业经济的繁荣，为满足商贾、旅客以及小吏的生活需求，公共澡堂开始出现并得到一定的发展。公共澡堂自宋代始有，“香水行”是当时社会公认的澡堂代名词，客人远道而来要“洗尘”。据宋代文献《能改斋漫录》记载，“所在浴处必悬挂壶于门”。“壶”成为澡堂业的行业标志。清朝至中华民国年间，社会风气使然，泡澡成为时尚。清代澡堂业的行业标志改悬挂灯笼，澡堂门外有“金鸡未唱汤先热，红日东升客满堂”、“清水池塘，盆浴两便”等楹联。[④]

修脚是澡堂的组成部分。除了洗浴外，澡堂内提供的服务是多方面的，例如：捏脚修脚、搓澡搓背、按摩推拿、理发打辫、品茗饮食等。

---

① 李乔摄于北京菜市口澡堂修脚室。

② 曲彦斌：《中国招幌词典》，上海辞书出版社2001年版，第38页。

③ 李乔：《行业神崇拜——中国民众造神运动研究》，中国文联出版社2000年版，第339页。

④ 吕继祥：《沐浴趣话》，山东教育出版社2017年版，第14页。

澡客进澡堂的目的不仅仅是为洗浴，也是为了休闲。修脚在澡堂服务中不可或缺，占据重要的地位，澡客大多有浴后小憩的习惯，洗完澡后回到休息区。各处澡堂都会雇佣专业的修脚工，为患有脚疔、茧子、瘊子等脚病的、有财有势的澡客解除病痛。如果澡客要修脚，“伙计便扯起嗓子高叫一声‘来修——’，修脚师傅夹着个白布卷（里面包的是修脚工具）马上便到”①。因澡堂的工作又脏又累，且受人鄙视，属“下九流”职业，所以澡堂内的从业人员一般来自贫困落后的地区。澡堂里的修脚职业具有季节性的特点。每年的6月至9月，天气炎热，澡堂生意清淡，门可罗雀，于是歇业，澡堂内的工作人员随即失业，为了维持生计，修脚工、搓澡工等便转行到街头卖水果或杂货。

修脚业与澡堂业供奉同一行业神。修脚业与澡堂业的祖师都是志公和尚，澡堂业之所以供奉志公和尚为祖师爷，一说是澡堂起自寺院，“澡堂早年叫作浴室，仿自印度，随着佛教传入我国，澡堂的风俗习惯也传了过来，起初只有寺院有浴室，所以澡堂业便奉志公和尚为祖师”②。二说是“澡堂业为清乾隆时一位修脚匠所创始，修脚匠奉志公禅师为祖师，故澡堂业也奉志公禅师为祖师”③。可见，修脚业与澡堂业具有悠久的历史渊源和密不可分的伴生联系。

修脚技艺的获得一般是在浴池或澡堂，修脚工学徒期间，并不是跟在修脚师傅身后学修脚，而是边给顾客搓澡边看师傅修脚。修脚技术并不是一日之功，而是需要较长的时间才能够掌握。在此期间，既要搓澡为浴池或澡堂赚钱，又要学习修脚技术，所以修脚工都会搓澡，但搓澡工并不一定会修脚。

五　修脚工身份地位的流变

修脚工虽然在历史的长河中以社会底边群体的存在形式居多，但是

---

① 王喜根：《扬州古巷风情》（上），广陵书社2014年版，第109页。

② 李乔：《行业神崇拜——中国民众造神史研究》，北京出版社2013年版，第285页。

③ 李乔：《行业神崇拜——中国民众造神史研究》，北京出版社2013年版，第285页。

其身份地位并不是一成不变的。随着制度的更迭、社会的发展、文明程度的提升，修脚工经历了从职业“下九流”到被社会接受和认可的变化，社会地位明显提升，自我价值得到充分实现。本书根据不同时代修脚工的特征，将改革开放前修脚工身份地位的变迁大致分为两个阶段：传统社会的“下九流”和计划经济时代的“修脚工人”。

（一）“下九流”：传统社会“污名化”的职业标签

从修脚出现到新中国成立前，修脚属于社会职业中的“下九流”，修脚工社会地位卑微，具体表现为：职业声望低下、社会地位卑微、受人剥削严重、改变出身无望等。

1. 修脚工在传统社会属于“三教九流”中的“九流”。汉代儒家提出了“三教九流十家”的概念。“九流”是指战国时期的儒家、道家、法家、名家、墨家、阴阳家、纵横家、杂家、农家等学派（若加上小说家则成为十家）。在现实生活中，人们根据生活实际对社会上从事各种职业的各型各色的人物将九流划分为民众心目中的上、中、下三等，即上九流、中九流、下九流。在江苏省丰县地带流传的划分标准是：“上九流：一流神仙，二流仙，三流皇帝，四圣贤，五流将相，六流官，七儒，八士，九乡贤；中九流：一流举子（中举之人），二流医（行医之人），三流丹青（画家），四流相（相面之人），五流地理（风水先生），六流推（推演周易），七僧（和尚），八道（道士），九琴棋（操琴棋之人）；下九流：一流打狗（行乞之人），二流偷，三流修脚（修脚匠），四剃头（理发之人），五卜（算命先生），六唱（卖唱之人），七优（串堂戏子），八娼（娼妓），九吹手（吹鼓手）。”① 在武汉一代，“上九流为佛、天、皇帝、官、阁老、宰相、进士、举人、解元，中九流为秀才、医、画家、皮影、弹唱、卜卦算命、和尚、道士、琴棋，下九流为唱戏、吹鼓手、马戏团、剃头、池子（澡堂杂役）、搓背、修脚、配种、娼妓”②。武汉

① 中国人民政治协商会议江苏省丰县委员会文史资料委员会：《丰县文史资料》（第九辑），1991 年，第 178 页。

② 朱建颂：《武汉民间歌谣》，华中师范大学出版社 2011 年版，第 11 页。

民间有这样一首歌谣："一流王八二流龟，三流戏子四流吹，五流抬轿六抹杠，七修八摸九吹灰。"[①] 描写的就是旧社会身份地位低下、从事各种下等职业的人，他们被称为"下九流"。

各地方、各区域对上、中、下三等九流的划分虽然有些许差异，但是都反映了当时社会对从事低下职业的一种鄙视。同时，修脚作为社会分层中"下九流"的一员，在社会上受到很大的鄙视。"三教九流，不学修脚剃头"、"足下功夫三寸铁，眼前身价一文钱"是对修脚工身份地位的真实写照。我们可以从上面的史料记载可知，不论什么朝代、什么地域、对职业怎样划分，修脚都是处于九流中的下九流，社会地位比较卑微。即使是加入四川基层社会的隐秘民间组织"哥老会"（即袍哥），都要经过一套程序考察加入者是否身家清白，若本人或家人有从事盗匪、妓女、剃头匠、修脚匠等职业的则不能加入。[②] 此外据传，因为修脚是不入流的下等职业，在旧社会，如果从事修脚行业的人死了以后，连祖坟都不准入，怕祖宗在阴间沾上他们的晦气，可见修脚工在旧社会的地位是多么低下。

2. 修脚工在旧社会地位低下，经常受到行业剥削。据吉林省第二浴池修脚工赵斌口述[③]，旧社会修脚工的地位非常的卑微。在旧社会，浴池工人以及修脚工"不仅受浴池老板的剥削，还要受到那些官僚、警察、特务、宪兵的欺侮。他们根本不把我们当人看待，张嘴就骂，举手就打。"有一次他给税务局一个姓刘的科长修脚，心里一慌，把他的脚划破了点皮，"这个家伙就一脚把我踢倒在地上，接着又打我几个嘴巴，嘴里还不干净地骂着。当时我心里的怒火真的有点压不住，可是为了养活一家老小，只得含着眼泪，装着笑脸赔不是"。在旧社会里，修脚工不仅受到行业外社会的歧视，还受到行业内老板的剥削。"我们修脚工人用的药

① 彭建新：《剃头理发》，《长江日报》2006 年 8 月 28 日第 3 版。王八：开设妓院的男子；龟：妓院的杂役；吹：吹鼓手，吹奏乐器的人；抬轿：轿夫；抹杠：杠夫，抬灵柩的人，泛指搬运工；修：修脚工；摸：理发匠；吹灰：卖水烟者。

② 王笛：《袍哥——1940 年代川西乡村的暴力与秩序》，北京大学出版社 2018 年版，第 128 页。

③ 东北地区四史丛书编辑小组：《筵席旁的辛酸》，辽宁人民出版社 1965 年版，第 77—82 页。

品、工具都是自己的，只占用浴池里一点地方，可是得到的工钱，浴池老板却要扣去两三成，甚至是四成。搓澡工人没有工钱，全靠客人给几个‘小柜’，就在那少得可怜的‘小柜’里，浴池老板也得分成。锅炉工、打杂工的工钱和浴池里用的毛巾、茶叶费也都在‘小柜’里开支。当工人到了年老体弱的时候，就被撵出去。”

依托于澡堂的修脚工所得的经济收入，除了顾客给的小费以外，他们的劳动所得通过计件的方式与柜上[①]分成。具体操作过程如下：顾客需要什么样的服务（修脚、理发、搓澡等），首先到柜上买牌，谁干了活谁收牌，一天下来，统计浴池服务人员一天中所收获的牌子，对于修脚工来说，有多少牌子就等于修了多少双脚，然后拿到柜上进行分成。“北京一般为三七开，即工人分三成，柜上分七成；石家庄、郑州等其他城市多为四六开，即工人分四成，柜上分六成。”[②] 同时，如果用的修脚工具、工作服是柜上供应和购买的，那么他们还要向柜上上交工具和服装的折旧费，丢失要进行赔偿。这样算下来，修脚工等服务人员的劳动所得就寥寥无几了。

3. 修脚匠在古代不能参加科举考试。在清代的文科选拔考试中，出身低贱的修脚匠的后代是没有资格参加童试的。童试，即童生试，也可称小考或小试，是童生进入府州县学的入学考试。严格意义上来说，童试并不是科举考试中的一级考试，从明代开始推行科举必须经过学校的制度，所以学校教育被纳入科举考试的轨道，童试也因此产生。清代不仅延续了明代“科举必由学校”的制度，而且进一步发展，更全面、更严格地执行这一制度，从而使童试这一考试形式成为读书人获取功名的初试。除极少数身份特殊的读书人可以免于童试外，大多数读书人必须通过童试才能参加科举考试，可以说童试是科举考试的重要组成部分。读书人需经童试获得生源资格，然后历经乡试、会试、殿试，直至金榜题名。如果因为自然灾害、兵荒马乱致使童试无法进行，则要奏请暂停

① 柜上：商店的柜台。

② 河北省政协文史资料委员会：《河北文史集萃 经济卷》，河北人民出版社 1992 年版，第 175 页。

或缓考，但是其后必须进行补考或并考。

由于童试是读书人获取功名的开始，所以对应试者的考试资格要求和审查非常严格。应试者不论年龄大小，只要未曾入学、无功名的读书人都可以称作童生。为了与应试武科的武童生相区别，也可以称作“文童”或“儒童”。清代对童试应试资格确定了考试报名的五个基本原则：身家清白、本籍报考、无匿丧之举、无枪替之弊、廪生保结。其中身家清白是排在第一位的考察因素。身，是指应试者本人；家，是指应试者和父祖三代；清白，是指没有偷窃犯罪等污点。所谓的身家清白是指应试者本人以及父祖三代不得有丢脸的、有损名誉的污点，例如任意抗延应纳粮租、藐视国法、不顾名节、武断乡曲、欺压百姓等。除了应试者无过犯记录之外，祖、父也不得为贱民贱役。

> 应试者父祖三代中有贱民（如乐户、丐户、蜑户）身份，及锣夫、吹手、剃头夫、修脚工、喜娘、轿夫之类，或充贱役，如粮差、皂快等，子孙均不得应试。这是因为官员例有封赠之制。如清代一品官可封赠三代，二三品官封赠两代，四至七品官封赠一代。新科进士所授知县或中书，即为七品官，且不说日后之升迁。如被封赠之父、祖为贱民，这在科举时代被视为有玷科名。①

从以上材料中我们可以得知，之所以父祖为贱民贱役者不可报考童试，是因为与古代官员的封赠制度相矛盾。如果父祖为贱民继续坚持封赠的话，那么就玷污了科名。童试中身家清白的报考资格反映出在古代处于社会底层的修脚匠很难通过科举考试来改变自己的命运，从而导致职业和社会地位的固化。

4. 修脚匠不能嫁娶达官贵人。无论是中国还是西方社会，名门望族的婚姻非常讲求“门当户对”。在西方社会，“对于骑士或男爵，以及对于王公本身，结婚是一种政治的行为，是一种借新的联姻来扩大自己势

---

① 张希清、毛佩奇、李世愉：《中国科举制度通史 清代卷》，上海人民出版社 2015 年版，第 14 页。

力的机会；起决定作用的是家世的利益"[①]。在中国也是如此，"闻之王谢子弟，他氏不敢轻易与之议婚论交，盖门庭清贵，举世所宗"[②]。明清时期的江南望族间的婚姻，更加注重结婚对象之间的"门第"观念，处于社会中上层的人十分注重联姻对象的出身，正所谓"婚姻论门第，辨别上中下等严"。据徽州歙县呈坎村的《新安罗氏族谱》等罗氏谱牒资料记载，婚姻要讲阀阅，要门当户对，族内男人不准娶轿夫、吹鼓手、理发匠、搓背工、修脚工等职业之女作为妻子；同样地，女人也不能嫁给从事这些行业的人为丈夫。

从历史社会学方面来考察，名门望族间婚姻"门当户对"的原因是：首先有利于望族子弟的成才，望族成员非富即贵，手握大量的教育资源和社会资源，望族间的联姻使得"强强联合"，优势互补，对儿女日后成才有促进作用；其次有利于望族间的学术文化交流，望族成员自小"琴棋书画"样样精通，若与社会底层人员喜结连理，人生志趣与追求格格不入；最后有利于望族富贵长守、门祚经久不衰，望族间子孙后裔入仕为官者甚多，高官显贵，广泛的亲属集团联合起来，互通声气，一呼众应，网络内各望族互为声援，一荣俱荣。为了保持家族的长盛不衰和崇高社会地位，在传统社会讲求门当户对的大背景下，处于社会底层的修脚匠不能通过嫁娶的形式来改变自己的人生命运。

（二）对君坐：修脚工身份地位的另一种解读

在传统社会，从事修脚行业的一般为出身贫困的男性，为了维持生计、填饱肚子，不得不从事被社会看不起的修脚行业。"三百六十行，行行出状元。"有一种说法是，三百六十行，要算修脚为上行。相传，清朝顺治皇帝害脚痛病，走起路来一瘸一拐。皇宫里的太医看过之后，顺治皇帝的脚病不红不肿，吃了各种药都不见功效，正所谓"不红不肿，先生不懂"，有一位宫中大臣向顺治皇帝推荐民间的修脚先生专治脚病，医术高超。顺治皇帝听后，一方面质疑皇宫里的御医都难以治疗脚部顽疾，

① ［德］恩格斯：《家庭、私有制和国家的起源》，人民出版社2018年版，第91页。

② 孙奇逢：《夏峰先生集》（卷三），中华书局2004年版，第163页。

民间的修脚先生怎么会有这么大的本事；另一方面，顺治皇帝的脚疾疼痛难忍，影响日常生活与治理朝政。于是，顺治皇帝便派人将修脚先生喊到宫中为其修脚，并承诺“如能治好，定有重赏”。顺治皇帝把鞋子一脱，脚伸了出来，修脚先生心想：修脚要把脚放在我的膝盖上，我和你面对面地坐下才好修，可是修脚的是万岁爷，怎能和我面对面坐？满朝文武大臣个个都站着，区区修脚匠却可以和皇帝面对面坐，岂不是欺君之罪？顺治皇帝了解其难处之后，因为急于修脚，便赏赐一个凳子，令其与君对坐。修脚先生很快便将皇帝的脚疾修好，顺治皇帝大悦，赏赐修脚先生很多钱两，封修脚的为三百六十行中的老大，修脚的凳子被称为“对君座”，古时候能与皇帝面对面坐的只有修脚先生了。

历史上也有修脚工凭借自己高超的修脚技艺获得民众认可，甚至是封建官员赏识的，从而交了好运，只不过这样的案例凤毛麟角：

> 清政府甲午战争战败，皇帝派中堂大人李鸿章赴俄国谈判签约，以求帮助，李鸿章临行时发生了一件有趣的事。当时李鸿章寓居在上海苏州河畔的天后宫，等候皇帝的命令，不日将乘船放洋。匆忙之间，李鸿章忘记了带修脚匠。他的脚上长了很深的鸡眼，入肉已经一寸多深了。原来，李每隔一天就请一位手艺精良的修脚匠为其整治脚上的鸡眼，行车走路尚无大碍。到了上海以后，由于几天没有治疗，脚底下的鸡眼愈长愈大。李鸿章疼痛难忍，无法行动，于是使手下火速去寻找一位手艺高超的修脚匠来治疗鸡眼，手下人不敢怠慢，请来了一个上海很有名的修脚匠。李鸿章召他入天后宫进见，该修脚匠果然名不虚传，三下五除二即把李鸿章的鸡眼挖去，上过药后疼痛感很快就消失了。修脚匠又为李中堂进行了足部按摩，伺候的李鸿章舒舒服服，十分满意。
>
> 李鸿章对这个修脚匠极为欣赏，一高兴，赏了他十两黄金以示酬谢。修脚匠谢恩后转身正要离开，李鸿章又说话了：“这位师傅，我有意请你跟随左右，每月的薪金七十元，不知你意下如何？”那个修脚匠听了十分高兴，每月七十元的薪金可比平时要强多了，而且只为李鸿章一人服务，平时也不会太累，这实在称得上是一个美差。可他转念

一想，又觉得有些犹豫，心中暗自盘算："人说'伴君如伴虎'。李中堂虽不是皇上，但也是一人之下万人之上的朝廷重臣。我若是跟在李身边，虽然会有不少好处，可说不定哪天不高兴，把火发到我头上，也许会落个身首异处的下场，还不如我现在这样自由自在，无人管束为好。"想到这里，修脚匠连忙施礼，说："回中堂大人，小民深感您恩重如山，福泽四海，承蒙大人看得起我这雕虫小技，小的不胜荣幸。只是我上有高堂老母，下有妻儿需要我养家糊口，随您四处巡游恐多有不便，望大人三思，容我回家以尽为子为夫为父之道。"李鸿章本欲发作，可修脚匠的理由入情入理，实在找不出什么毛病，也只好作罢。后来，李鸿章对这个修脚匠还念念不忘，每次到上海都要找他修脚，这竟成了他的一个习惯。这位修脚匠为李鸿章前后修脚不下十次，得到赏金有一百多两黄金，不可谓不是一笔大财。①

以上民间传说的真实性虽然有待考究，但也从侧面说明了修脚对民众生活的重要性，甚至成为脚疾患者不可缺少的日常需求。通过修脚获得社会认可、达官贵人赏识的情况毕竟是少数，修脚依然是社会上卑鄙的行业。修脚虽然卑微，却是民众日常生活中不可或缺的一项服务。"刀下飞花落茧层，精雕细琢种深情。躬身一刻除忧疾，健步春风万里程。"而且，据传曾国藩还从修脚的职业操作中收获了书法上的"上上启示"，曾国藩在日记中写道："偶思写字之道，如修脚匠之修脚。古人所谓'拨灯法'，较空灵，余所谓'修脚法'，较平稳。"

（三）"修脚工人"：计划经济时期修脚工身份地位的变革

新中国成立后，我国逐步确立了社会主义制度并且在很长时间内实行计划经济体制。人民成为国家的主人，工农阶层身份地位得到改善，修脚工不再是封建社会中的"下九流"职业，底层从业者成为勤劳、勇敢建设社会主义的重要参与者，身份地位有了很大的改善和提升。

---

① 范春三、袁东旭：《旧中国三教九流揭秘》（下），中国社会出版社 1997 年版，第 553—554 页。

1. 从“修脚匠”到“修脚工人”：修脚工的新身份

新中国成立后不久，中共中央在1953年正式提出了过渡时期总路线，即在一个相当长的时期内，逐步实现国家的社会主义工业化，并逐步实现国家对农业、手工业和资本主义工商业的社会主义改造。总路线规定：“要把分散的个体农民和手工业者组织起来，将他们以私有制为基础的个体所有制逐渐改造成为社会主义的集体所有制，把资本主义工商业的私有制改造成为社会主义的全民所有制，把资产阶级改造成自食其力的劳动者。”① 我国便逐渐建立起了社会主义制度。

在社会主义体制下，打破阶级壁垒，全社会、各行业一律平等，没有高低贵贱之分。同时，在特殊的社会背景下，全民掀起了“同旧传统观念彻底决裂”的思想斗争。无产阶级要革命，要实现社会主义，就要彻底地消灭旧的传统观念的束缚，彻底地与等级观念决裂。原先跻身于街头巷尾、浴池澡堂的修脚匠随着公私合营，纷纷被改造成修脚工人。“修脚工人”的称谓替代了他们背负已久的“修脚的”或“修脚匠”称谓，而这种称谓的改变也意味着身份地位的改变。

浴池澡堂是修脚工人在计划经济时代谋生的主要场所，也是一个国家与社会关系生成必需的现实空间。由于高度的集中统一和单一的文化认同，从修脚工的“新身份”上可以折射出一个特殊职业身份群体是如何在新旧社会之间转变的。在社会舆论的鼓动和宣传下，很多年轻同志不怕脏、不怕累，投身到社会主义建设的第一线，冲破家庭的阻挠，开始学习修脚。

> 在旧社会，反动统治阶级骂修脚工人是“臭修脚”的。他们以剥削压迫劳动人民为荣，把被他们奴役的劳动人民看作低贱的。这就是剥削阶级的荣辱观。现在，劳动人民是国家的主人，把为人民服务看作最光荣、最高尚的。可是，由于剥削阶级的旧观念还存在，所以有些人仍然瞧不起服务性劳动。家里人反对我学修脚，就是受了这种旧思想的影响。不冲破旧观念的束缚，就不能全心全意地为

① 杨先材：《中国革命史》，中国人民大学出版社1989年版，第428页。

人民服务。

在我们社会主义国家里，各项工作只有分工不同，没有高低贵贱之分，那种看不起服务行业的思想，正是旧社会等级观念在我们头脑里的反映，我们一定要和这种旧的传统观念实行最彻底的决裂，只要是社会主义需要的工作，就应该干，而且一定要干好。①

2. 从“男性垄断”到“男女平等”：修脚工的性别界限与传统观念变迁

自古以来，修脚便是男人的“垄断”职业，传统的旧观念将女人，特别是年轻女子隔离在修脚行业之外，由于“男女授受不亲”观念根深蒂固，导致很多女性无法享受到修脚服务，长期忍受着脚病的困扰。在陈步菊的《要同旧传统观念彻底决裂》一文中详细地描述了她在选择修脚职业时所面临的家庭阻力：“一个二十多岁的女孩子整天摆弄人家的脚丫子，多不好。”“咱家就你这么一个女儿，二十多岁了，干这个让人看不起，往后连对象都不好搞。”“有一阵子，我和面做的馒头他们都不吃，我摸过的碗筷他们不使，有时屋里空气不好，他们也说是臭脚丫子味儿。”但是，在国家政策、社会舆论的引导下，一些从事服务行业的女青年开始反思自己的阶级觉悟与思想观念：“由于自己阶级觉悟不高，为人民服务的思想还很淡薄，加上旧思想、旧观念作怪，错误地认为学修脚、理发没有多大的出息。一天到晚站八个小时，累的腿疼、胳膊疼，觉得干这个伺候人的工作，别人看不起，自己又学不到大技术，有什么前途呢?”“为工农兵理发，是党和人民的需要，是革命工作的一部分。自己是个理发员，为工农兵服务好了，他们就会更好的抓革命、促生产，为社会主义多做贡献。”② 通过自我反思与不断学习，一些“革命立场”坚定的女青年划清了新社会为人民服务与旧社会伺候人的等级界限，冲破重重阻力，开始进入修脚行业。

① 天津财贸系统先进集体、先进工作者代表会秘书处：《办好社会主义财贸——天津市财贸系统先进集体、先进工作者代表会典型材料汇编》，天津人民出版社 1975 年版，第 175—178 页。

② 甘肃省革命委员会财贸办公室：《财贸战线红旗飘——甘肃省财贸战线典型经验、先进事迹》，甘肃人民出版社 1975 年版，第 145—146 页。

3. 社会建设“排头兵”：修脚工“社会主义劳动者”身份的塑造

全社会宣扬底层劳动者勤奋劳动以及对社会主义建设做出重要贡献的大背景，很大程度上扭转了社会上职业不平等与岗位歧视现象，并涌现出了大量歌颂修脚工人的文学作品，例如：

修脚工（外一首）[①]

冬天/我干裂的脚如婴儿嘴/更是高原上的沟沟壑壑/没有一点水/正月/寻你而去/连同唤醒的春/开始对细嫩的追随

脚握在你的手里/你的手比我的脚还粗糙/沙，沙，沙——/你用手里的钢刀/削下我脚底的老茧/也削去了一冬的沉默/也拨开了早春的容貌/你那同样粗糙的脸/却堆满了笑

这哪是笑呀/分明是抗争命运的信号/点点滴滴的汗水/从你的额头落下/润湿了我们相连的心/这是充满希望的时节呦/请相信/用汗水浇灌的明天会更美好

情深意长

——致全国劳动模范、青年女修脚工栗炳珍

张楚北

不怕别人笑歪鼻梁，三百六十行您选中这一行；接过三寸长的小刀，当上一名修脚姑娘。

不顾家中冷水瓢瓢，只管把刀尖磨亮；笑对社会上寒风股股，吹不凉热血满腔。

您深知患脚病者的痛苦，如同鸟儿折了翅膀不能飞翔。您决心斩断病魔设置的“脚镣”，不让一个人忍受掉队的悲伤。

风风雨雨啊，您跑遍全县巡回治疗；日日夜夜啊，您精心守护张张病床。迎来的是揪心难忍的阵阵呻吟，送走的是发自肺腑的笑语朗朗。

一位电焊工治好了脚病，要加倍为社会主义喷洒春光。他寄来一幅高空作业的照片，写道：看！我又插上了翅膀！

---

① 金后子：《乾坤静音：社会变革世间百态》，山东人民出版社2008年版，第28—29页。

一位老农把脚病恢复了健康，飞犁走耙，又挥动长鞭歌唱。他来信表示决心：要把党的关怀化作千顷麦浪！

一位战士脚愈回营，骑马挎枪，又重新驰骋边疆。他寄来一张又一张奖状，说道：荣誉同您分享！

三百六十行您酷爱这一行，心为征人着想，多么情深意长！可惜我的诗笔笨拙，难能写出您不凡女子的崇高思想。

（《社旗文艺》1980年刊载）

在国家政策引导与社会广泛宣传下，修脚工与在社会底层从事各种服务行业的基层工作者一样，社会地位有了很大的提高，甚至在修脚行业技艺高超的修脚师傅成为全国人大代表（例如陆琴）、全国劳动模范（例如栗炳珍）、全国具有影响力的企业家（例如郑远元），成为全社会学习的典型和榜样。不仅修脚工的社会地位有了改善，社会大众对修脚工的态度也发生了一定的转变：

今天，人与人之间的关系发生了根本的变化。每当我给顾客修完脚，他们临走时总要和我握握手，说声："谢谢。"有时我失手把顾客的脚划破了皮，自己觉得很不过意，可是他们总是安慰我："不碍事，没关系。"我在浴池领导的支持下，还到中心医院学习了注射、消毒等医疗技术。现在，我们不光修脚，而且还能治疗几种脚病了。……在旧社会"下九流"的子弟连考场都进不了，我在旧社会也没念过一天书，现在，我的子女不但能念书，而且能够上大学。①

修脚是社会生活中一项不可或缺的服务。据说著名京剧大师马连良②

① 东北地区四史丛书编辑小组编：《筵席旁的辛酸》，辽宁人民出版社1965年版，第82页。

② 马连良（1901年2月28日—1966年12月16日），回名尤素福，原籍陕西扶风，生于北京，字温如，中国著名京剧艺术家。老生行当的代表性人物之一，"马派"艺术创始人，京剧"四大须生"之首，中华民国时期京剧三大家之一，扶风社的招牌人物。代表剧目有《借东风》《甘露寺》《清风亭》《四进士》《失空斩》等。"文化大革命"时期，因主演《海瑞罢官》而被迫害致死。

每次登台演出前都必须到华清池洗澡修脚，否则在台上演出时便会双脚无力，打不起精神。有一次，他在出演《杜鹃山》时因为澡堂停电未修成脚，差点导致在舞台上出丑。在台下，马连良对修脚师傅说，千万别小看修脚工，你们也是医生，在台上的每一次成功演出，都有你们的一份功劳。

新中国成立后，修脚等一大批底层行当得到了迅速发展，社会地位有了很大提升。综上所述，我们可以看到修脚行业发展和社会地位转变的原因：第一，新中国的成立为修脚的发展提供了良好的政治环境和社会环境；第二，新中国成立初期，国家领导人陆续接见了从事基层工作的底层人民，例如刘少奇接见全国有名的淘粪工时传祥同志，对他们的工作给予了高度的评价，领导人的关心和肯定为底层从业人员提供了精神动力；第三，新中国成立后，特别是解放初期，国家百废待兴，经济急需恢复，人民生活贫困，国家需要调动社会各行各业的从业者投身社会主义现代化建设；第四，党和国家关心广大人民群众的生活，修脚工人等底层工作人员的政治地位大幅提升，生活安定，使他们能够静心钻研和传授技艺；第五，在党和国家的关怀下，广泛组织经验技术交流，培养了新生力量，广大修脚工不断创新、不断学习和吸收医学方面的知识和技术，使修脚的疗效显著提升。

（四）当下社会街头修脚工的生存处境

改革开放后，随着意识形态的淡化，人们不再谈论“劳动光荣”，也不再崇尚“越穷越光荣”，经济因素成为评判一个人身份地位的重要影响因素。[①] 同时，现代社会下的修脚行业体现出很多新特点。养生保健成为现代人关注身体、改造身体的一种潮流，健康养生成为大众热议的话题。越来越多的人关注自己的身体，关注自己的健康，从而形成了巨大的市场和商机。此外，宽松的市场环境催生了多样的修脚形式，形成了全国性的连锁修脚房、个体修脚店以及街头修脚并存的局面。

---

① 秦洁：《重庆“棒棒”：都市感知与乡土性》，生活·读书·新知三联书店 2015 年版，第 44—45 页。

首先，现代化的渗透与全球化的发展使传统的民间技艺与地方文化支离破碎，为了保护地方文化与民间手艺，国家加强对修脚技艺的保护与传承，一些民间技艺的传承人得到了社会的关注与重视，自我价值得以再生产。以扬州修脚为例："新中国成立初期，扬州有修脚工六十多人，1966年减至四十人，1979年只有二十人，一些医治脚病的特技濒临失传。1979年5月22日《人民日报》发表《扬州三把刀》的长篇通讯，并配发《十年树人不宜迟》的短评，呼吁有关方面重视扬州'三把刀'后继乏人问题。1982年，扬州建立了修脚研究组。1987年，扬州成立修脚协会，并对技艺娴熟的修脚工授予修脚技师技术职称，推动了修脚事业的发展。"① 经过国家的保护与地方修脚技术的传承与发展，扬州修脚业逐渐显现出地域特色与品牌效应，修脚逐步发展成一个地域的文化象征与城市名片。

其次，修脚成为基层劳动者摆脱贫困的生存技能。"精准扶贫"重要思想最早是在2013年11月习近平总书记到湖南湘西考察时首次提出的。精准扶贫与粗放扶贫相对，是指针对不同贫困区域环境、不同贫困农户状况，运用科学有效程序对扶贫对象实施精确识别、精确帮扶、精确管理的治贫方式，简言之，精准扶贫就是谁贫困就帮扶谁。通过扶持生产和就业发展一批，通过易地搬迁安置一批，通过生态保护脱贫一批，通过教育扶贫脱贫一批，通过低保政策兜底一批，广泛动员全社会力量参与扶贫。其中，对贫困人口进行职业和劳动技能培训便是推进贫困人口脱贫致富的有效途径。近年来，陕西紫阳县响应党中央脱贫攻坚的号召，与远元集团合作，打造"政府主导+龙头企业+基地培训+定向就业"的技能脱贫模式，开设"修脚职业技能培训学校"，累计培训修脚技师近4万名，带动5万多人从事修脚产业，帮助1.8万多名贫困人口实现稳定就业，修脚俨然成为提升基层劳动者脱贫致富的一项重要生存技能。

修脚工用自己的身体劳动来实现消费者的身体需求，从而换取劳动报酬。从服务的内容来看，修脚不只是消除脚部疾患，还伴生和发展出形式多样的服务项目，例如：掏耳、足底按摩、擦鞋、泡脚、药物出售

① 周游：《扬州记忆》，中国社会出版社2013年版，第258页。

等，以满足人们对修脚质量和卫生条件的需求。从从业人员来看，修脚工逐渐呈现出年轻化、技能化、专业化和标准化的特点，由于顾客的服务需求越来越多样，修脚工需要具备多种技能，一名专业的修脚工不仅要会修脚，还要熟悉人体足部，甚至是全身的各个穴位，同时还要具有较好的身体条件和年龄资本，以便适应高强度的工作。从修脚的行业发展来看，专业的足疗店、修脚房成为行业发展的趋势，特别是全国连锁性质的修脚房，以专业、卫生、服务优良等优势越来越受到顾客的认可和追捧。

面临着专业修脚店的冲击，街头修脚工的身份认同和身体实践可以说是对现代化“侵蚀”的最后“挣扎”。但是，作为传统老行当的街头修脚在现代社会结构中依然存在，证明它仍然占据着社会职业空间。现实生活中，街头修脚因价格低廉、随到随修以及流动性强的特点，其服务对象往往是城市底层群体，特别是老年人和以体力劳动为主的低收入者。街头修脚工来自底边社会，同时也服务于底层群体，底层群体的修脚需求延续着街头修脚的生存空间。同时，国家对地摊经济的鼓励与支持也进一步吸引着底层群体投身于街头修脚行当。

六 山城街头修脚的生成与历史

街头修脚作为一个不入流的底层职业，本书所搜集到的文字记载资料非常有限。仅存的关于修脚行当的记载一般存在于文学作品、地方文化小品等资料中。此种历史资料重在简略的描述与概括，对修脚的历史、起源以及修脚工的数量、日常生活样貌等没有详细记载，特别是针对涪陵区的修脚更是无资料可查，只能通过修脚工的口述来了解涪陵修脚的历史大概。涪陵修脚出现的时间相对于扬州修脚、京津修脚要晚得多，据修脚工口述，涪陵修脚起源于20世纪末至21世纪初，仅有20—30年的历史，最初出现在涪陵大东门老街。

涪陵大东门是涪州古城五个城门之一。明成化元年（1465），涪州的土城墙改建成石城墙，并设置了五个城门：大东门叫迎恩门，南门叫怀德门，西门叫镇武门，北门叫朝宗门，小东门叫永安门。结果辛亥革命

图 3－3　箱子街老场景[①]

结束了中国两千余年的帝制，涪陵的男人剪了辫子，女人不裹脚了，对皇帝老儿失去敬意，所以涪陵人干脆把迎恩门改成了大东门。人们常说大东门是客运码头，小东门则是货运码头。水运昌盛时期，大东门是整个涪陵城乡居民生活乃至周边几个少数民族自治县的重要交通集聚地。特别在涪陵归属四川省、设涪陵地区时，川、渝、涪三地的人要去小河（即乌江沿线）办事，或武隆、彭水、酉阳、秀山、黔江的人要来涪陵、重庆或成都读书、出差、探亲、访友，都必由大东门转船。1980 年代初，如行署这样的政府机关全部迁驻南门山，大东门渐渐成为联系中心路与南门山的重要交接地。进入 1990 年代，处于中山路的大东门依然彰显着它的风姿。1990 年代到 21 世纪初，涪陵城的移民迁建开始启动，中山路的人居环境日渐冷落，沿江住房开始拆迁，大东门许多单位慢慢搬家到

① 引自涪风论坛 http://bbs.fuling.com/forum.php?mod=viewthread&tid=2166244&page=1&authorid=71511。

三环路、四环路。21 世纪，随着滨江路的规划建设，大东门完全消失在人们的视野中，留下的只有一点点老城墙和它饱满的故事。涪陵的八九十年代的大东门以及大东门的箱子街是周末逛街的必到之地。路过中山宾馆，走过热闹的电影院，就到了人山人海的国营百货公司三层大楼门口。它是当时涪陵最大的商场，包罗万象。走过百货公司，直到原涪陵县委所在地，就算真正到了大东门的地界了。那时候的大东门里有涪陵地区轮船公司客运大楼、涪陵县人民医院、600 多年历史的老城墙，以及老城墙下的黔清街、顺城街、水巷子和箱子街。

箱子街上，一排排房子里安插着几座木质结构的老楼。街口右边是家馆子，左边是配钥匙、补皮鞋的摊子，补鞋的老板大家都叫他“况跛跛”，其余还有些杂七杂八的小店铺。再往下走，右边有学生喜欢光顾的书店，放学了，四校的学生都喜欢进去看漫画。每天早上，整条街上都是热气腾腾的炊烟，街中央就是箱子街最出名、最具代表性的三家豆花饭馆子了，老板在门口喊：“来吃豆花儿，安逸得很!”大概在街半中拦腰有个卖花圈的门面，里面常年很黑，给人非常阴森的感觉。卖花圈的是个又矮、又黑、又瘦、背有点驼的男人，有半边脸都是黑紫色胎记。那个时候小学生从这里经过都跑得飞快，对它也是充满了很多八卦和传说，这个男人的样子一直是很多小孩的童年梦魇。但在我们长大之后才慢慢明白，生活不易，特别是对于这样先天有缺陷的人，他们可能一生都在饱受周遭的歧视和非议。生活于他们本就是艰难过常人，靠自己的手艺生存，于人于己，都值得尊重。

再到京剧团门口，1990 年代的时候，那个地方基本已经衰败，变成了学生吃喝玩乐的地方，有电子游戏室，有台球室，有酸辣粉、嘟卷子，有各种串串、绞绞糖。以前四校的朋友同我讲，那个电子游戏室的老板去年已经过世，几个小学时代的朋友知道后都非常唏嘘。对了，大家还记得蔡家坡的张伟酒家吗？听说张伟酒家最早就是从京剧团那里开店起家的。还有箱子街背后的城墙边，也是很多老涪陵人的回忆，有好有坏，臭名远扬的“棒棒鸡”也是源自此处，不过社会在发展，这些事物都是必然产生的，也不用去过多在意。[①]

由此可见，涪陵修脚最先起源于大东门老街有一定的历史依据和发生逻辑。首先，在交通不发达的20世纪90年代，地处山城的涪陵群众依靠水路出行，而大东门是涪陵重要的客运码头，人山人海，为修脚提供了广阔的市场；其次，大东门老街聚集了各式各样的商店，涪陵群众在周末便到此逛街消费。随着三峡移民工程以及城市规划建设的开展，涪陵街头修脚工便由此开始分散流动到涪陵城区的其他街道和角落。

① 参见涪风论坛 http://bbs.fuling.com/forum.php?mod=viewthread&tid=2166244&page=1&authorid=71511，引文略作修改。

第四章　山城街头修脚工的群体特征与修脚过程

上一章我们对修脚行当的历史渊源进行了简要的梳理，同时对修脚工在不同政治制度下的社会地位变迁以及日常生存样貌进行了描述。在本章中，我们将把关注点聚焦在涪陵街头修脚工上。涪陵街头修脚的生成与其当地特有的地形、气候、文化、日常生活等密切相关。在本章中，我们将对涪陵修脚的分布情况、日常工作过程以及生存图景进行描述和分析。

一　涪陵区概况

（一）区域位置与历史沿革

今涪陵区境范围内，新石器时代晚期已有居民在长江和乌江两岸居住。周代至战国时期，境内及其附近区域皆为巴国属地，或称“枳巴”“枳”。枳因其此地的古代居民用枳棘之类构筑村寨，以之为名。春秋战国时期，巴国曾以枳为国都。战国中后期，枳曾为楚国攻占，置枳邑。秦昭王二十七年（前280），枳为秦国所据，后设为枳县（今涪陵区城区）。此为境内有县的行政建制之始。2000多年来，这里一直是县、州（郡）、专（地）区所在地，并为其政治、经济、文化的中心。今涪陵区地称涪陵而取代枳之名，始于北周武帝保定四年（564），至今已有1400余年历史。涪陵之得名有两说：其一，“涪”之古音读如“巴”，涪陵即巴陵，因其地有巴先王陵墓而得名；其二，以涪陵名县，始于西汉，其县治之地在今重庆彭水县郁山镇，郁山镇后面的伏牛山有盐泉，自古称著于世，涪陵由此得名，其意为“出盐泉的山堡”。今涪陵得名则因政区建制演变而沿袭旧称而已。

涪陵市（区）位于四川盆地东南边缘，介于北纬29°21′、东经106°56′—107°43′之间，地跨纬度40′、经度47′，辖区面积2945.63平方公里。在地质上属于扬子淮地台区。地貌类型多样，有河谷、丘陵、低山、低中山；涪陵区境属中亚热带湿润季风气候，水热充足。其总特点是：四季分明，热量充足，降水丰沛，季风影响突出。地势由西北向东南升高，气温递降，降水递增，立体气候明显，生物繁多，种类丰富。其四季特点是：春早，常有“倒春寒”和局部的风雹灾害；夏长，炎热，旱涝交错，伏旱频繁；秋短，凉爽而多绵雨；冬迟，无严寒，雨雪少，常有冬干。

涪陵区山地（海拔大于500米，相对高差大于200米）面积1508.17平方公里，占总辖区面积的51.2%。乌江与长江干流交汇于涪陵，致使河谷地貌发育，水系发达，带来航行、灌溉、发电之利。境内海拔高程一般200—800米，最低和最高相对高差1800余米。地形的总趋势是：西北部地位较低，多为河谷丘陵、低山；东南部较高，多为丘陵山地。各地相对高差为：长江沿岸低丘50—150米，东南山地一般为200—700米，西北部深丘低山100—200米以上。长江和乌江穿汇于境，优越的自然环境和丰富多样的自然资源为涪陵的社会经济发展提供了有利的物质基础。

（二）小山城的日常生活

涪陵地貌大部分为丘陵，小部分为低中山区。耕地一般分布在山周围的沟、岔、冲、坝和斜坡上。由于耕地分散，为便于就近耕作，居民大多分散居住，平坝地区虽然相对集中一些，但也没有形成像北方那样的几百户聚居的村落。所谓的村落，实际上是分散居住的自然村，小的几十户，大的几百户，大致分为三种村落类型：第一种是单家族户村落，家长或族长就是一村之长，清末以来，纯粹的单家族户村落已经越来越稀少；第二种是亲族户集合体村落，此类村落主要是由姻亲关系联系起来的几个姓氏的村落；第三类是多姓杂居村落，明清时代由外地迁入涪陵的居民，多数社会地位较低下，当时户与户之间也大多无亲族关系，因长期定居在一定地区协同生活，形成邻里关系，世代相袭而成为多姓杂居村落，这种村落也有由家族村逐渐演变成亲族村，再变为多姓氏杂居而形成的。

涪陵人民自古勤劳简朴，忍苦耐劳，将丘陵平坝垦为水田，山坡梯地辟为旱地（俗称“土”）。房前屋后种植竹木、果树，田埂和石隙种植粮食作物和经济作物，土地利用率很高，主要农产品有水稻、包谷、麦类、豆类、薯类、青菜头等。在农业方面有各种风俗，如每年立春日迎春牛；正月十五照地蚕；三月三敬土地菩萨；六月六祀川主谷神；八月中秋打糍粑；九月九做重阳粑；十月初一举办牛王会。栽秧唱栽秧歌、薅秧喊号子，薅苞谷敲锣唱山歌称为薅打闹草，割谷打场唱翻叉歌，还有适戊日不挖土的禁忌等。这些习俗在中华民国年间还很盛行，1950 年代以后，除部分地区薅秧、割谷仍兴唱歌、中秋仍兴打糍粑以外，其余已不复行。

涪陵是一个“没有自行车的城市”。涪陵区之所以很少见到自行车，主要是其地形所致。涪陵城是在长江、乌江交汇处的山坡上密密麻麻建立起来的城市，道路蜿蜒崎岖，大街小巷布满台阶。狭窄的街道起源于河岸，道路沿山势蜿蜒而上，迂回狭窄，因为道路太陡，故无法骑自行车，即便相对平坦的道路上可以骑自行车，也是非常费力。长长的台阶遍布于涪陵的大街小巷，承载了人们出行、逛街等主要的交通任务：逛街的人拾阶上下，走走停停地浏览路边商店陈列的各种物品；“棒棒军”挑着货物在台阶上来来往往，忙得不亦乐乎：

> 事实上，一切必需品和服务在这些台阶上都可以找到。有商铺、食店，有补鞋匠、剃头匠。在一段台阶的低处，坐了一排道家的算命先生。另一段石阶被两三个牙医占据着，他们干活的桌面上散放着各种锈迹斑斑的器具，针筒浸泡在令人琢磨不透的液体中，被严重蛀坏的牙齿装了整整一盘子——这真是一种十分原始的广告。偶尔，一两个农民驻足摊前，经过一番讨价还价，然后拔牙，这时总有一大堆人过来围观。一切都是公开的。理个发也会有人围观。每

一次买卖的价格都会被刚好路过的购物者品评一番。生了病，可以在露天坐下来看中医郎中，他们通常在石阶的顶头摆有一个固定的摊位。摊子上一般有一只凳子，一个装有各种瓶瓶罐罐的盒子，还有一块白布，上面用大字写着“帮你排忧解难！专治：鸡眼，乏力，黑痣，看耳。手术治疗——不痛不痒不出血，不影响工作！”①

二　山城街头修脚工群像

涪陵街头修脚的生成与出现并没有官方或正式的文献记载，我们只能通过老修脚工以口述史的方式窥见一斑。街头修脚起源于老涪陵人的市井生活，与地方性知识与区域文化互嵌。街头修脚的分布地域主要集中在人流量大的公共空间，吸引了三峡移民、扶贫或生态移民、进城农民工等底边职业群体从事街头修脚行当。同时，街头修脚也服务于流散在城市中心的低收入者、老弱病残者等底层群体。

（一）空间分布

对于涪陵街头修脚工人数的统计并不是严格准确的，而是在实地走访中，通过滚雪球访谈法得到的一个大体数据。街头修脚工的人数规模具有很强的变动性，主要表现在以下三个方面：第一，一些擦鞋匠通过自学成才、同行相授或专业培训的方式不断进入街头修脚行业；第二，由于年龄增长，一部分老年人退出街头修脚行当；第三，还有一部分修脚工因家庭、身体或市场原因，退出修脚行当或流动到其他地域。街头修脚工不仅修脚，还兼营擦鞋服务。如此设置，一方面是因为大部分街头修脚工是从擦鞋匠转变而来；另一方面是因为多一个服务项目，便多一份经济收入。我们访谈了大约 56 位街头修脚工，她们的具体分布地点为：马鞍 8 人、兴华中路 8 人、罗家花园 7 人、南门山 10 人、重百超市外 11 人、易家坝 7 人、消防队街头 5 人。（见表 4 – 1）

---

① ［美］彼得·海斯勒：《江城》，李雪顺译，上海译文出版社 2012 年版，第 29 页。

表 4－1　街头修脚工的地域分布情况

分布地域	人数（人）	年龄（岁）分布
马鞍	8	46—62
兴华中路	8	50—60
罗家花园	7	47—57
南门山	10	45—59
重百超市外	11	43—65
易家坝	7	43—59
消防队街头	5	50—57

1. 马鞍（MA）。马鞍街道（涪陵新区）距涪陵老城区 8 公里，幅员 80 平方公里，现有常住人口 15 万人。新区城市规划面积 65 平方公里，以涞滩河为天然分界线，河西为产业集聚区，规划面积 20 平方公里；河东为城市集聚区，规划面积 45 平方公里。产业集聚区是经国家发改委备案、市人民政府批准成立的市级工业园区，是国家新型工业化产业示范基地、千亿级工业园区、重庆"十强工业园区"。街头修脚工分布在工业园附近的居民生活区，工厂里的工人以及生活区的中老年人是她们的主要顾客源，修脚生意一般在中午或下午工人下班的时间比较繁荣。

2. 兴华中路（XHZL）。此地的街头修脚工主要分布在兴华中路依蝶购物广场到泽胜中央广场路段，此处是涪陵城区最著名的商业区。依蝶购物广场、泽胜中央广场、涪陵商都等众多购物商场聚集了众多来此购物和逛街的人，为修脚工提供了广阔的修脚市场。

3. 罗家花园（LJHY）。罗家花园位于兴华中路、兴华东路与望州路交叉处附近，是一个车流量很大的三岔路口。其中，兴华东路与望州路中间是一个高高的坝子，坝子被修成微型公园，有凉亭、座椅等休闲设施。此处聚集了很多老年人在此打牌、聊天、乘凉等。此外，附近还有几个公交站站牌，人流量大。

4. 南门山（NMS）和重百超市外（CB）。南门山和重百超市距离很近，只有 200 米左右的距离，这两处是涪陵街头修脚最聚集的地方。该区域聚集了大量的商场、超市、娱乐设施，又靠近两江广场、滨江路等旅游景点，是涪陵主要的休闲、娱乐、购物、观光的地方，也是涪陵城区人流量最大的区域之一。

5. 易家坝（YJB）。易家坝是由广场和公园组成，易家坝广场有舞台，很多大型表演在此举行，平时聚集了很多市民前来散步、聊天、娱乐。易家坝广场附近是涪陵最好的医院——涪陵中心医院，很多乡镇和地方的人前来看病，人流量大。

6. 消防队街头（XFDJT）。消防队附近有一个沿街小树林，小树林的树虽然不多，但每棵树下都有木质座椅，可供人们在此聊天和娱乐。这里聚集了很多有闲老年人，他们聚集在这里打牌、打麻将、聊天，还可以看到零星几处小杂货摊。特别是在夏天，此处是乘凉的好地方。

街头修脚工是典型的街面谋生群体，她们没有营业执照和卫生许可证，摊位没有固定的地点，可以随意流动。她们摊位的选择遵循工具主义理性：一方面，街头修脚摊位大多集中在人流量大、交通繁忙的主干道、交叉路口、公园广场等区域，对公共空间的充分利用有利于节省街头经营的成本开支；另一方面，街头修脚摊位创设在人流大的公共空间，修脚工充分发挥摊位流动性的优势，与城管保持良好互动，很少与基层城市管理者发生冲突。

（二）群体特征

涪陵街头修脚工多来自农村，虽然她们常驻城市，但是大部分仍然是农村户口。街头修脚工的来源主要有三类，分别是早期三峡移民、扶贫或生态搬迁移民以及进城讨生计的农民工。

1. 三峡移民。三峡大坝是中国历史上最重大的工程之一，为了建设三峡工程，从 1993 年到 2005 年百万移民离别故土。三峡移民涉及面广、动迁规模大，重庆是主要的三峡移民搬迁区。根据国家相关法律规定，因修建国家公共设施移民的居民，可以享受国家 20 年的补贴，补贴数额为 400—600 元/年。时至今日，国家对三峡移民的补贴很多已经不再发放，他们需要自营生计。在涪陵街头修脚工中，有一部分是当年三峡工程移民到涪陵的农民，她们年老后选择从事街头修脚职业。

2. 扶贫或生态搬迁移民。为进一步加快贫困地区发展，促进共同富裕，实现2020年全面建成小康社会的奋斗目标，2015年11月29日，习近平总书记在中央扶贫开发工作会议上指出："我们要立下愚公移山志，咬定目标、苦干实干，坚决打赢脱贫攻坚战，确保到2020年所有贫困地区和贫困人口一道迈入全面小康社会。"全国上下吹响了扶贫攻坚的时代号角。

涪陵地处中国西南内陆，靠近武陵山片区，多山地丘陵地貌，交通不便，贫困人口较多。为了实现脱贫致富，实现全面小康，重庆市扶贫的一个重要举措便是动员零散居住在山上的农户搬迁到地势平坦的城镇，即搬迁扶贫。此外，随着社会发展和经济转型，我国越来越重视发展过程中对环境的保护，"绿水青山就是金山银山"。重庆是我国重要的生态涵养和生态保护区，为了保护生态环境，生活在生态脆弱或生态保护地区的农户需要搬离，即生态移民。扶贫搬迁和生态搬迁后的农户一方面得到了政府的适当补贴；另一方面需要自营生计，于是一部分扶贫搬迁或生态搬迁移民流动到城市，从事街头修脚工作。

3. 进城农民。从事修脚的农民主要分为两类，一类是本地农民，即户籍在当地乡村，流动到本区县城从事修脚；另一类是外来农民，即来自其他区县，户籍不属于涪陵所辖乡村，此类修脚工一般进驻涪陵的时间较早。涪陵山地丘陵多，平原少，耕地碎片化严重，农民依靠土地种植所获得经济收入十分有限；同时，街头修脚工一般是年龄45—60岁、已经丧失体力劳动能力的中老年女性，她们将自己的田地交给子女、亲属或邻居耕种，自己离开农村到城市讨生计。外来农民不同于本地农民，因为涪陵的港口优势，她们年轻时便来到涪陵打工营生，经过三四十年的积累，她们已经在城市安家，仅户口不在本地。

随着社会文明程度的不断提升，人们对底边职业群体有了更多的包容和理解，但是他们的社会地位与职业声望仍然很低。街头修脚职业的"污名化"标签导致年轻人和中老年男性极少从事街头修脚的"低贱"行当，当前从事街头修脚行当的大部分为中老年女性、生活贫困者、残障人士等。

1. 街头修脚工是45—60岁的中老年女性

在我们访谈的56位街头修脚工样本中，最年轻的为36岁（仅有1人），最年长的为65岁（仅有1人），其余大部分为45—60岁的中老年女性。经过调查发现，造成如此性别和年龄分布的原因是：45—60岁的中老年女性文化水平低，多为小学学历，初中学历的都很少，缺乏一定的劳动技能，难就业；她们已经过了年轻力壮的年纪，不能胜任依靠出卖劳动力获取报酬的体力型工作；在“男主外、女主内”的传统观念下，传统社会成长起来的中老年女性的生活重心在家庭，而街头修脚能满足她们兼顾家庭与工作的需求；同时，街头修脚收入符合中老年女性的收入预期；等等。

2. 街头修脚工多为生活贫困者

街头修脚作为社会底边职业，从事此行当的大多为生活贫困者。构成街头修脚工的主要人群有离婚者、残疾人、社会底层群体等，她们所呈现出的群体特征有：家庭经济困难；有老人需要赡养；配偶生病失去劳动能力；子女待业或离婚在家，靠父母供养；身体残疾，靠修脚进行谋生等。她们往往是家中的经济支柱，家庭中的大部分经济支出由她们承担。在接受访谈的街头修脚工样本中，年龄最大的是65岁的王大娘（CB4），其老公每天挑扁担卖辣椒，大女儿离婚后赋闲在家，靠她们老两口抚养。

> 我和老头两个都六十几岁了，租的房子600多元（一个月），一付一个季度，还有水电气两百多元，生活费、药钱（心脏病、糖尿病）都要钱，我们六十几岁还出来打工，你说容易吗？我的孩子，她出嘴巴，我们出钱，她白吃白喝，不工作，每天捧着个手机。我家有两个孩子，两个都是妹妹（女儿），小的是在北京，卖电器，一个月七八千块，外孙女在读大学，自己家的钱还不够，给不了我们多少，不过多少还是会给点。大的是跟我的，离了婚，不出去打工。我们老头卖海椒（辣椒），批发要自己去扛，扛了再来卖，也是在附近，四环路周围。（CB4－20181113）

现代社会是一个知识优先型社会，“新劳动力最惊人的方面表现在正规教育的成就方面”①。随着教育精英化向教育大众化转变，我国民众受

① ［美］丹尼·尔贝尔：《后工业社会的来临》，高铦、王宏周、魏章玲译，新华出版社1997年版，第156页。

教育年限普遍增加，接受高等教育的人数不断增多。社会的发展以及民众文化素质的普遍提升带来了科学技术的不断更新换代。在知识优先型社会，文化程度低、年老体弱的农民工在就业市场中毫无竞争优势可言，他们只有选择又脏又累的社会底边职业，艰难维持生计。

三　街头修脚深描

（一）修脚工具简介

街头修脚一般用到的工具有修脚刀具、修脚椅、工具箱、消毒药品等，其中，修脚刀具是开展修治脚病不可缺少和最重要的器械。标准的修脚刀具每套11把，分为七种：片刀2把；轻刀2把；条刀2把；抢刀2把；有齿镊子1把；蚊式止血钳1把；小刮匙1把。[①] 各种刀具的具体规格如下。

1. 片刀：长16厘米，宽2.5厘米，薄而刀口宽，专用于修治鸡眼、胼胝、跖疣表面和深度皲裂两侧及掌跖角化病的角质增厚块等。

2. 轻刀：长15.5厘米，宽0.6厘米，口窄而轻便，用途很广，用于修治嵌甲症、增厚型甲癣和甲板过厚，甲下脓肿或血肿开窗以及挖鸡眼根部也可以用此刀。

3. 条刀：长16厘米，宽0.3厘米，口尖刀把圆，便于深入鸡眼深部，修治鸡眼白膜及嵌甲症的基底部，可以作外伤性上皮囊肿切口用，也可用于鸡眼合并肉刺的分离。

4. 抢刀：长15.5厘米，宽1.5厘米，刀面厚而坚固，专用于去薄增厚的趾（指）甲板。

5. 有齿镊子：长12厘米，尖端有齿，由于有齿，可夹持角质增厚块，偏于修治鸡眼和胼胝，也可以用于拉出外伤性上皮囊肿（脚胆）的囊肿块。

6. 蚊式止血钳：长11.5厘米，尖端细，可用于夹持角质增厚块及跖

---

① 张自模：《脚病修治疗法》，江西科学技术出版社1985年版，第52页。

疣或寻常疣的块状物，也可用于拉出外伤性上皮囊肿壁块。

7. 小刮匙：长 12.5 厘米，尖端呈匙状，柄长刮匙钝，用于跖疣、寻常疣的钝性剥离术，也可用于外伤性上皮囊肿剥离，或用于刮除鸡眼合并的肉刺、嵌甲合并的增生肉芽组织等。

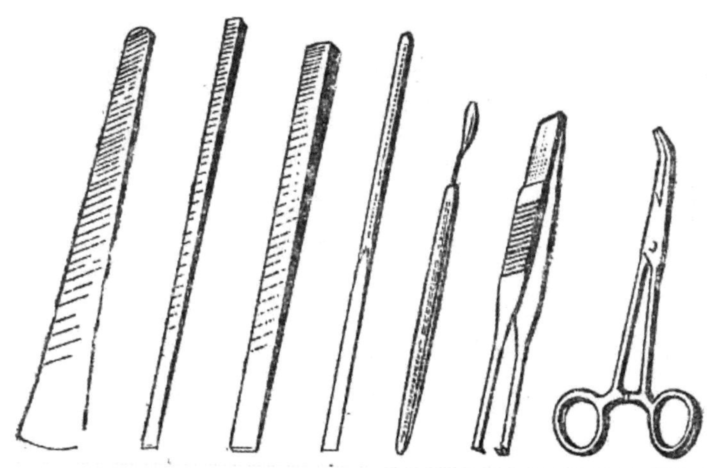

图 4－1　从左至右依次为：片刀、轻刀、抢刀、条刀、小刮匙、有齿镊子、蚊式止血钳①

修脚刀具的数量具有一定的随意性，虽然每一种刀具用途各异，但是在现实修脚中，修脚工会根据工作的实际需要选择刀具，并不一定要凑齐 11 把，有的修脚工甚至仅用一把修脚刀就可完成修脚的整个操作。街头修脚工的刀具配备有些简陋，她们有两个收纳箱，一大一小。小的用来装修脚刀具，大的用来装修脚药品（例如酒精等），然后将小收纳箱套在大收纳箱里面，便于节省空间。修脚刀具一般锈迹斑斑，仅有刀口处磨得锃光发亮、锋利无比。她们会用卫生纸将暂且不用的刀具刀口包起来，防止刀口见水生锈，影响刀的锋利度，有的刀具则直接放置在刀具收纳盒里。收纳箱是塑料材质，将物品装好后，放在她们容易取到的地方，甚至是地上。所以，从修脚刀具的盛放、保护方式以及放置形式来看，街头修脚的卫生条件令人担忧。

① 张自模：《脚病治疗法》，江西科学技术出版社 1985 年版，第 52 页。

街头修脚工陈阿姨（MA1），从事街头修脚2年多，年龄47岁，小学学历，农村户口，住址是涪陵区李渡南岚村，家庭有六口人（公公、婆婆、老公、自己、儿子、女儿）。我问她：这样的刀具卫生吗？顾客会不会在意你的刀子不干净、不卫生？毕竟每天有那么多人来修脚，而且还是用同一套刀子。

陈阿姨面对质疑相当自信地说：

> 工具是娃儿帮着在网上买的，花了280块。工具要保护好，防止生锈。生锈了之后就容易感染。我的刀子很干净的！你看，每次给别人修脚，我都会不停地用酒精喷，修完之后也要喷酒精。酒精有几种，有7.5的，我们一般用的是9.5的，9.5的要好一些，我们一般是到药店里买。我随时随地都要消毒的，回去之后拿盐巴、开水煮着消毒。消完毒之后晾干，然后用卫生纸包起来。（MA1－20180710）

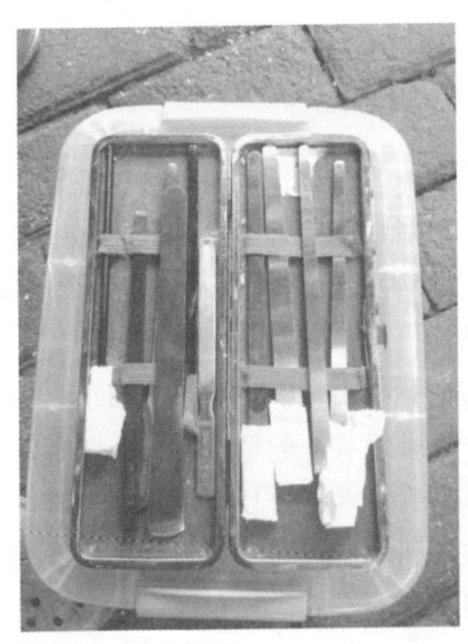

图4－2　街头修脚工的修脚刀

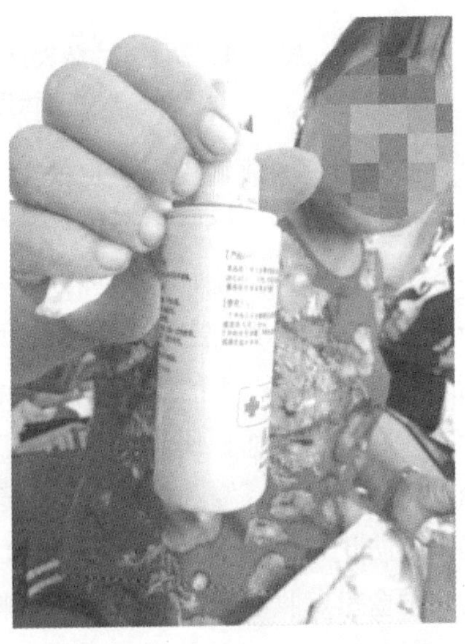

图4－3　街头修脚工展示消毒药品

修脚除了必备的修脚刀具外，还需要修脚招牌、修脚座椅、清水桶，附带擦鞋的修脚工还会有各种刷子、鞋油等。修脚招牌是用一块木板或者硬纸板做成，长约 50 厘米，宽 50—70 厘米，与修脚椅的靠背相同尺寸，放置于修脚椅靠背后面悬挂。修脚招牌上写有收费标准、服务项目等，会使用智能手机的修脚工还会在椅子靠背上悬挂微信或支付宝的收款二维码，便于顾客手机支付。修脚摊位一般备置有一把修脚座椅、一个矮凳、几个塑料高凳。座椅是专门为修脚顾客提供的，椅子后有靠背，冬天铺上坐垫，夏天铺上凉席，提高修脚顾客的舒适感。修脚工坐的是比修脚座椅低一些的矮凳或木箱，便于修脚；坐木箱的修脚工兼营擦鞋业务。木箱的样式是一个长方体木盒，割去相邻两个角，并用一块木板封堵，形成一个坡面，上面设置两个木质脚垫，便于擦鞋的顾客将脚放在脚垫上接受擦鞋服务；木箱的另一边尾部开口，用以存放擦鞋工具。顾客修脚时不将脚放在木质脚垫上，而是修脚工慢慢托起顾客的一只脚，轻轻放置于自己膝盖之上。为了便于清洁，她们会用塑料桶盛半桶清水。修脚工的摊位上，还会发现饭盒，有的修脚工早上会事先做好午饭带到摊位，节省生活成本。

图 4－4　修脚椅上的“招牌”

图 4 - 5　街头修脚工具展示

（二）修脚摊位选择

对于街头修脚工而言，并非所有的街头巷尾都可以摆摊修脚，人流量大且城市管理不太严格的城市公共空间往往是街头修脚工设摊的首要选择。人流量大意味着会有更多的修脚需求和修脚生意，而城市管理不严格的公共空间意味着街头修脚工可以尽量避免城管等基层政府权力的“干扰”。所以，常见的街头修脚摊位设置在公交站牌背后、商场与超市门口、商业街等城市公共区域。

1. 公交站牌背后。公交站牌处不仅可以保证每天的人流量，还有一个好处是公交站牌前有棚子，如遇下雨天气，她们可以暂时性地避雨，但是在公交站牌前修脚是不允许的。

2. 商场与超市门口。商场与超市门口人流量大，是修脚生意人流量的保证，因为有足够的修脚市场，所以在商场或超市门外她们从不担心修不到脚，也不担心相互之间抢生意与恶性竞争。

CB6 是在我访谈中年龄最小的修脚工，仅有 36 岁，但已是三个孩子的妈妈。她初中学历，从事修脚已经有6年的时间。她对我说：

> 我们这里的人员多，上万人路过，搞不完的，生意很好的。摆摊修脚的多了怎么会生气呢？这里的人太多，你没看到星期六、星期天，这里的人可多了。我们这里的人流量比涪陵城任何地方的人流量都多。这里不缺人的，晚上人都多。这里是很繁华的地带。（CB6－20181117）

3. 商业街。这里所说的商业街是指有许多商铺的低端购物街，而不是遍布专卖店、奢侈品店的高端步行街。修脚工散布在低端购物街，与周围商铺或行人很容易建立较和谐的互动关系，并且可以逃避城管等基层国家权力的管理。高端步行街则不同，作为城市发展水平的象征和城市建设的门面，聚集了大量的高端商场和专卖店，相比之下，街头修脚显得格格不入。同时，高端步行街是基层政府重点管理和维护的城市区域，出于建设卫生城市、文明城市的考虑，不会允许街头修脚的存在。

街头修脚摊位的选择是比较讲究的，既需要考虑消费水平、市场需求、人流量等诸多要素，还要尽量逃避基层国家权力的规训。人流量大的地段可以保证修脚生意，而远离基层国家权力管理中心又可以为修脚工提供安稳的修脚环境。

（三）修脚过程描述

天刚蒙蒙亮，修脚工便要起床准备早饭了。她们匆匆吃完早饭，赶上公交车，争取在早上七点半前就到达修脚地点。对于距离家比较近的修脚地点，她们选择步行上下班，这样可以节省乘车钱。季节不同，她们的出摊时间会有所改变。秋冬季节，天气转凉，天亮得晚，她们根据修脚市场需求以及天气变化适时调整出摊和收摊的时间。季节不同，修脚生意繁忙的时间段也会有所不同。在夏季，天气酷暑难耐，闷热潮湿，上午8点到10点、下午4点到6点是修脚生意最忙的时候；冬季阴冷潮湿，天寒多雨，修脚生意便多集中在上午9点到下午4点出摊。有的修脚工随身携带修脚工具，有的则为了上下班轻便，与修脚地点周围的商店、公共厕所管理员处理好关系，将修脚工具暂存在他们那里。修脚工具少而简单，她们不会花费太多的时间就能将摊位布置好。

图 4－6　修脚工的背影

图 4－7　街头修脚场景

街头修脚的修脚过程简捷明了，不“拖泥带水”，没有过多的礼仪问候与流程规则。待修脚顾客坐定后，她们首先要调整好自己与顾客之间的距离，以获得最佳的修脚姿势和位置。她们在膝盖上铺上一块旧毛巾，将顾客的脚慢慢抬放到自己膝盖上。在修脚之前，首先是给脚部消毒，消毒的过程很简单，用装有医用酒精的喷壶在脚上喷几下，然后正式的修脚便开始了。虽然工具箱内有各式各样的修脚刀具，但是在具体的修脚过程中，并不是每一样刀具都会用到，经验丰富的修脚工在整个修脚过程甚至只用一把刀。街头修脚工向来不在意修脚过程的卫生问题，所以从自身的穿着打扮，到锈迹斑斑的修脚刀、简陋的修脚工具，再到修脚的操作过程，都会让有一点卫生意识的修脚顾客望而却步。在修脚的全过程中，修脚工不佩口罩、不戴手套，脚部的死皮和碎屑随着沙沙作响的修脚刀散落在顾客的脚上、修脚工的手上、地上以及修脚工膝盖上的毛巾上。

修脚过程中，修脚工的服务态度与其精神状态、顾客的性别年龄、修脚工和顾客的性格特点等因素息息相关。当修脚工精神状态较好时，其表达欲望较强，服务态度较好，会主动地同修脚顾客“摆龙门阵”；若遇到与自己年龄相仿、性别相同的修脚顾客或者是“回头客”，修脚工和顾客就会在一个比较轻松愉快的氛围中完成修脚。整个修脚过程一般花费 15 分钟，但是对于比较难修的脚要花费更多的时间。此时，修脚工会主动提出多加钱，但是这种要求往往会被顾客拒绝。在讨价还价之后，修脚总是会完成，不会因为价格问题而影响到修脚生意的达成。修完脚后，修脚工给顾客清理脚部散落的死皮和碎屑，然后拿出消毒喷壶，在顾客的脚部再喷几下，帮助顾客把袜子穿上，一单完整的修脚生意就算是完成了。待顾客离去，修脚工将毛巾上碎屑抖落到地上，开始迎接下一位修脚顾客。

四　参照群体选择

参照群体，也称为参考群体，抑或重要他人（significant others），“它提供了一个个体用来评价自己和他人的比较框架”①。参照群体最早起源于心理学，美国著名的社会学家和社会心理学家库利在 1902 年出版的《人类本性与社会秩序》一书中提出了“镜中我”理论，他认为：“一个人对于自我有了某种明确的想象——即他有了某种想法——涌现在自己心中，一个人所具有的这种自我感觉是由别人思想的、别人对于自己的态度所决定的。这种类型的社会我可以称作‘反射的自我’或曰‘镜中我’。”即他人对自己的评价和态度是形成自己观念的一面镜子。此后，杜波依斯在《黑人的灵魂》一书中运用库利的镜中我思想分析了南北战争结束后美国黑人精神世界中近乎分裂的自我意识：由于白人的歧视，美国黑人在黑人认同与美国公民认同之间徘徊。1942 年，海曼在他的重要研究中首次提出了“参照群体”这一术语，海曼认为人的主观地位应该定义为与他人群体对比后得出的自我社会地位认知，其中他人群体指的就是人们的参照群体。

参照群体在经过海曼概念化之后，斯托弗等所著的《美国士兵》一书可算作对参照群体最经典的运用，书中运用相对剥夺的概念来解释美

---

① ［美］罗伯特·K. 默顿：《社会理论和社会结构》，唐少杰、齐心译，生活·读书·新知三联书店 2018 年版，第 456 页。

国士兵中存在的自我公平感问题，斯托弗认为美国士兵之所以会感觉自己的利益被剥夺，是因为他们经常把自己的境遇拿来与其隶属群体或非隶属群体内成员的境遇进行对比，由此产生强烈的相对剥夺感。默顿在对《美国士兵》中的观点进行系统分析之后认为："参照群体理论突出的焦点是由下面的事实提供的：在形成行为和评价方面，人们常常使自己取向于他们自身之外的群体。然而，重点方面的转移会很容易被误解为：只有非隶属群体对于参考群体行为才具有重要性；这是一个不能很快被消除的误解。"① 同时，默顿还认为："原则上讲，参照群体几乎是无数的：个人是其成员之一的所有群体（相对要少得多）和那些个人并非其成员之一的群体（显然要多得多）都可以构成某人态度、自我评价及行为的参考点。"② 在默顿之后，参照群体便被广泛地应用于心理学、社会学、经济学等众多领域。

参照群体是用来"衡量自己及其行为标准的群体"③。参照群体"更大地影响了关于我们是谁、我们与世界互动的方式怎样的意识"④。通过与参照群体的比较和对照，人们可以认清自己，体察自己处境的优势与劣势，并以此作为建构自我价值的重要参考与依据。只有恰当地选择参照群体，才能提升生活满足感与自我价值感。一个人的参照群体不仅包括其所在的隶属群体内成员，还包括非隶属群体内的成员。

街头修脚工在日常的生活叙事和身体实践中的参照群体是多样的，主要有擦鞋匠、街头小贩、环卫工人和在同一场域中的街头修脚工等，通过与参照群体的比较，街头修脚工可以建构自我认同，感受职业价值。

1. 擦鞋匠

街头修脚工除了与同属于一个群体内的修脚工进行比较外，她们也

---

① ［美］罗伯特·K. 默顿：《社会理论和社会结构》，唐少杰、齐心译，生活·读书·新知三联书店 2018 年版，第 487 页。

② ［美］罗伯特·K. 默顿：《社会理论和社会结构》，唐少杰、齐心译，生活·读书·新知三联书店 2018 年版，第 395 页。

③ ［美］理查德·谢弗：《社会学与生活》，赵旭东等译，世界图书出版社 2014 年版，第 176 页。

④ ［美］戴维·波普诺：《社会学》（第十一版），李强等译，中国人民大学出版社 2011 年版，第 207 页。

将与她们一起摆摊的擦鞋匠作为参考和比较的对象。擦鞋匠与修脚工在同一区域内摆摊，她们会擦鞋而不会修脚。擦鞋相对于修脚价格便宜，修一双脚约10元钱，而擦一双鞋只要3—5元。价格和收入上的差异，使修脚工心理上具有绝对的优势。

南门山修脚工余阿姨（NMS1），55岁，小学文化。刚来涪陵时做卖水果、卖鞋的小生意。一段时间后，因脚部患风湿痛，就改行做了擦鞋。擦鞋生意不好，就改行来修脚。家庭有5口人，其老公的工作是老棒棒。她说：

> 那些擦鞋的，一天挣不了几十块钱，我们比她们挣得多。其实她们擦一双鞋的时间和我们修一双脚的时间是差不多的，但是我们就是比她们挣得多。我们是技术活，需要手艺的。擦鞋谁不会，不用学就会。（NMS1－20181103）

对擦鞋匠而言，她们心想有朝一日也学会修脚手艺，挣得更多收入。但是修脚对于中老年女性来说，不仅需要充足的体力，还需要手部动作细腻灵活，眼睛不花，所以并不是每一位擦鞋匠都能习得修脚手艺。修脚工身旁的擦鞋匠跟我说："修脚当然比我们仅仅擦鞋赚得多，我想修脚和擦鞋一起搞，但是我笨手笨脚的，手不灵活，年龄也大了，眼睛看不见，所以只能光擦鞋，每天能挣个饭钱吧。"

纯粹的擦鞋匠群体与修脚工群体绝对是两个互不来往的独立群体，她们的生意互不影响，或者说两个群体是相互伴生。但是她们慢慢发现，将修脚和擦鞋结合起来，自己的生意会更好，于是很多擦鞋匠自学成才，也学会了修脚，而修脚工也兼营擦鞋项目。但是既擦鞋又修脚的修脚工往往不招人待见，因为她们既抢了修脚工的生意，也影响了擦鞋匠的生意。

2. 街头小贩

街头小贩是指游走于城市的大街小巷、没有固定的经营门面和经营许可证件，依靠摆摊设点贩卖生活用品、快餐食品、水果蔬菜等赚取经济来源的人群。他们与修脚工同属于街头谋生群体，他们占据一定的公

图4-8　一位擦鞋匠正在给一位老人擦鞋

共空间，但不受国家和地方税收制度的影响。街头修脚工与街头小贩的不同之处在于，街头修脚行当有一定的入行门槛，需要经历修脚手艺的自学或培训，加之不断练习，修脚手艺熟练之后才可以为顾客修脚。街头修脚的成本支出主要表现在学习修脚手艺缴纳的学费以及修脚工具和设备的购置，而街头小贩需要不断进货与卖货，成本支出是经常性的。

罗家花园一位从业 7 年，57 岁的街头修脚工（LJHY1）语重心长地说：

> 如果让我在其中选一个，我肯定选修脚。在街上卖东西谁都能干啊，而且干这一行的人这么多，最起码我们还是有点手艺的，我们是靠手艺挣钱！干哪一行比较辛苦不好说，但是卖东西很操心。你要进货、卖货！而且还会有折本的风险。我们就不一样了，我们

没有成本，修一个就赚一个的钱，不修就没钱，当然也不会赔钱。但是卖东西可能要比我们修脚的名声要好听一些，毕竟我们是摆弄人家的脚丫子。（LJHY1 –20180922）

街头修脚与街头小贩的职业性质和特点，使修脚工在与之比较时显得自信满满，而这种自信来自修脚手艺、工作省心，并不来源于经济收入。

3. 环卫工人

在访谈中，街头修脚工经常拿环卫工人的职业和自己的职业相比。重百超市外的修脚工张阿姨（CB2）今年52岁，上有老，下有小，两个孩子，四个老人。两个孩子还没有成人（这里的成人是指结婚，组建自己的家庭），生活困难。她说：

我们修脚的不比给人扫大街、打扫卫生的要好很多？他们早上三四点钟就要起床，他们干活也很累的，有的要扫好几条街。还有那些在小区打扫卫生的，他们要受别人的管理，多不自由啊！一个月也就1500—2000块钱的工资。你看我们，我们想来就来，想走就走，没人管我们。我们累了就少干点，不累就多干点，多自由啊！关键是我们的收入不比他们低，甚至要比他们高。（CB2 –20181108）

在修脚工眼中，环卫工人比自己的地位还要低，主要表现在两个方面：一是环卫工人收入不比街头修脚工收入高，而且环卫工人的工作强度并不比街头修脚工的工作强度低。二是环卫工人是“他雇”劳动，自己的工作过程受他人的指导和监督，缺乏自主性和自由度；而街头修脚是“自雇”劳动，自己是老板，工作的自主性和自由度强。

4. 依赖儿女赡养和国家补助的同龄人

从事街头修脚行当的修脚工虽然都是中老年女性，但是她们的家庭境遇却千差万别，有的是上有老下有小的贫困者，有的是家庭破裂的单身妇女，还有身患残疾者。她们生活艰辛，需要克服身体、心理上的各种障碍，自力更生。60岁左右是人生重要的时间截点，处于此年龄段的人本应该是儿女成家，颐养天年。但是街头修脚工的家庭境况与贫困状态，使她们没有足够的社会支持网络，生活无依靠，一切生活困境只能靠自己的努力来解决。面对有人赡养、坐享其成的同龄人，她们表现出不同的社会心态。南门山修脚工余大娘（NMS3），57 岁，小学学历，从业 5 年。她认为选择街头修脚可以自食其力，减轻儿女的赡养负担：

> 现在年轻人的压力很大啊！买房子啊，买车啊，养孩子啊，哪哪都是钱啊！他们哪有钱来供养你啊。趁现在还能动弹，自己找点活干，赚点生活费不是很好嘛，省得给儿女们添麻烦。现在很多那种本身不贫困却拿着国家低保过日子的人，他们根本就不工作，不是工作不了。照我说，就应该给他们停发。我们和他们不同，我们也很贫困，但是我们自力更生。明明自己动弹得了，非要来吃国家的补助，社会应该奖励我们这些人。我们生活的也不好，自己租房子啊，生活啊，看病啊，但是我们是靠自己。我离婚了，孩子也不太经常来看我，我只能靠自己啦！我这上有老，下有小的，你得去养他们啊！我又没有什么文化，你不干，谁来养他们？大眼瞪小眼地看着他们啊？（NMS3 –20181103）

与有人赡养、坐享其成的同龄人相比，街头修脚工表现出来的心态是：一方面，她们非常体恤儿女的辛苦，想通过自力更生来缓解儿女在现代社会中的生存压力；另一方面，她们视自力更生、自我赡养为一种美德，她们对坐享其成的同龄人抱有一种“否定”的态度，她们认为既然自己的身体条件允许，就应该用劳动去争取生活的来源。同时，家庭破裂的修脚工对受人赡养的同龄人还持有一种羡慕心态，认为她们家庭和睦、儿女孝顺，可以不用为自己的生计和未来担心。

五　小结

通过对涪陵街头修脚工的实地调查，我们发现她们的群体样貌是：年龄一般在 45—60 岁；以中老年女性为主；她们大多是生活贫困者，来自偏远农村，有的是早期三峡移民，有的是扶贫搬迁和生态搬迁移民或者是进城农民；她们分布在涪陵城内人流量较大的地段，艰苦地维持着自己的生计。

街头修脚工通过参照群体的选择来建构自我价值和自我认同，她们会选择隶属群体内其他修脚工个人、非隶属群体（例如擦鞋匠、环卫工人）等进行比较。通过群体比较以及他者的评价和态度，她们收获自我认知，感知自我在隶属群体或非隶属群体内的位置，而这种位置的决定因素往往是经济收入和工作自由度。实地调查显示，底边职业群体社会地位的获得或自我价值的认同并不取决于职业声望的高低，而是经济收入和工作自由度的高低。同时，街头修脚工群体内因为修脚技能、服务态度、年龄相貌、家庭境况等因素造成群体内分层：心态好、相貌好、年纪小、手艺强的修脚工在“街头修脚圈”中处于较高阶层，她们的修脚摊位前门庭若市，不担心修脚生意，修脚收入较多；年老体衰、生活窘迫、手艺欠佳的修脚工处于“街头修脚圈”较低阶层，因此修脚生意一般较差，从而导致其经济收入大打折扣，生活难以摆脱贫困状态。

第五章　修脚工的街头生活叙事

叙事，是一个文学概念。“叙事即故事，而故事讲述的是人、动物、宇宙空间的异类生命、昆虫等身上曾经发生或正在发生的事情。也就是说，故事中包括一系列按时间顺序发生的事件，即叙述在一段时间之内，或者更确切地说，在一段时期间发生的事情。”① 社会学研究的是人与社会，而人与社会的互动必然要通过生活事件来关联。人在社会中生活，将叙事的概念引入社会学研究当中，是指人在与社会互动过程中曾经发生或正在发生的事情或故事，即生活叙事或生活事件。通过对生活事件的叙述，可以呈现个体或群体的生活样貌，并通过对生活样貌的解剖，达到认识社会的目的。

孙立平认为，“过程—事件分析”范式的研究对象是能够真正展示事物深层逻辑的那些过程和事件。“过程—事件分析”的研究策略和叙事方式就是关注、描述、分析这样的事件与过程，对其中的逻辑进行动态的解释。“‘过程—事件分析’研究策略的最基本之点，是力图将所要研究的对象由静态的结构转向由若干事件所构成的动态的过程，是对描述方式的强调，即强调一种动态叙事的描述风格。这就意味着，首先需要将研究对象转化为一种故事文本。这里的关键，是将研究对象作为或者是当作一个事件的过程来描述和理解。”②

---

① ［美］伯格：《通俗文化，媒介和日常生活中的叙事》，姚媛译，南京大学出版社 2000 年版，第 4 页。

② 孙立平：《“过程—事件分析”与当代中国农村国家农民关系的实践形态》，载谢立中《结构制度分析，还是过程—事件分析?》，社会科学文献出版社 2010 年版，第 141 页。

对街头修脚工生活叙事的研究是一种微观社会学研究，重点关注的是这一特定群体的生活样貌，这就使得搜集她们在工作过程中的典型事件变得尤为重要。“在许多现代情境中，个体会卷入各种不同的困境和环境中，而每一种具体的环境都会要求有不同的‘得体行为’与之相适应。”[①] 而在多种不同的互动场景下的个体呈现出多种的自我形态。通过前几章的梳理和描述，我们对修脚的历史渊源以及涪陵街头修脚工的人口社会学特征有了大致的了解。在本章以及下一章中，我们将运用“过程—事件分析”范式，对街头修脚工的工作和生活中的事件进行记录与描述，从而探讨街头修脚工在经历典型事件的影响时所发展出来的生存逻辑和应对策略，以及事件过程中各方的行动策略和权力技术。

一　刻板印象：难以更改的底边职业标签

改革开放 40 余年，我国社会经济取得了快速发展。但是，社会个体间的收入差距呈现不断扩大的趋势，收入差距的扩大强化了人们对社会地位的关注。在当代社会，一个人的社会地位取决于经济收入、职业声望、教育水平等方面。一个人的社会地位或者是职业声望高低有两方面的评价标准：一是个体主观社会地位评价；二是他人客观社会地位评价。对于街头修脚工来说，她们处于社会最底层，个体及其亲属（主要指子女、爱人、父母以及亲属等有血缘关系的社会网络）深知其社会地位的低下与卑微，但是由于家境贫困、生计所需、文化水平低等诸多要素，不得不采取支持与鼓励的态度，修脚工本人也会不断地重构自己的社会地位与自我价值。在调查中我们发现，修脚工社会地位的低等评价主要是来自社会大众，甚至是经常接受修脚服务的顾客。

访谈修脚工王大娘（CB5）时正值中午，她站在角落里拿着一块饼干当作午饭。她身材瘦小，握着饼干的手干燥皴裂。因为正值中午时分，顾客不多，她一边吃饭一边爽快地接受了访谈。因为生活中缺少痛苦经

---

① ［英］安东尼·吉登斯：《现代性与自我认同：晚期现代中的自我与社会》，赵旭东译，中国人民大学出版社 2016 年版，第 178 页。

历的倾听者，所以她的表达欲望很强，她详尽讲述了她的不幸遭遇和经历。她以前在外打工，工作不好找；母亲生病，双眼失明，需要她回家照顾和护理；为了生计，她选择了街头修脚、擦鞋。修脚擦鞋的经济收入难以支撑她的生活开支，所以她的生活依然贫困，有时一天仅赚几元钱：

> 我们老了，擦鞋也擦不到了，修脚也修不到了。我一天 20 块钱都赚不到，房租费就要 20 元，钱很难挣的。今年我 60 岁了，老公在浙江不回来了。孩子长大了，有个在重庆，有个在涪陵。平时虽然也在联系，但是都不在我身边。他们有时候来看我，看完就走，平时很少给我生活费，他们都有自己的家，也要生活嘛。赚钱不好赚唉，看到别人来这里赚钱，我就来了。我修了 3 年，之前在外面打工，一个月能挣到 600 块钱。（CB5 – 20181113）

为了增加收入，她不仅摆了修脚和擦鞋的摊位，在她旁边还有一个装满了袜子、套袖、鞋垫的竹篮，但是生意冷淡，鲜有顾客光临购买，偶尔会有过路的老年人图便宜前来问价：

> 像我这个竹篮，都只赚几角钱。现在我是自己租的房子，房租费一个月都要 600 元，这个钱很难赚唉。运气好啊，一天还能挣个二三十块，运气不好呢，一天 20 块钱都挣不到。一个月最多赚 1000 块钱，还是毛利的。搞得好呢，一个月还能剩下个一两百块钱；搞不好呢，剩都剩不到。（CB5 – 20181113）

王大娘对街头修脚工的社会地位和当今社会现状非常不满，修脚三年来她遭遇了太多的冷眼相对和凌辱欺负。她从过去的擦鞋匠转行到今天的街头修脚工，过去她给别人擦鞋，因为摆摊的位置太靠近道路中间，影响了过路行人，双方起了争执，对方甚至把她的摊子掀翻：

> 我没有文化，小学都没有读，我写自己的名字都不行。那是搞

事的人，其实没有挡着他走路。那都是些烂人嘛，像我们这种老实人，在外面很难混的，外面什么人都有。别人欺负我、诈我、整我的很多。大约在今年（2018 年）五六月份，在我摊位斜对面的一个开店的，就把他的小孩弄到我这里来撒尿，那是热天嘛，我又没说什么，他反倒是说："幺儿就在这里撒，她个修脚的有什么不得了啊！"他这么说，我不怕他，我就说："我又什么都没说。"那时候晚上 7 点钟，我在摆夜市，他也认得我，我也不是好欺负的，我就和他搞。他说："你这个修脚的还凶啊。"他们有两个人过来打我，打得很凶哒。我就很怕，我一个人，老公又不在家里，孩子也离这么远。后来有个女的让我拿 800 块钱给他们。我说："钱可以给，以后我还在这里摆摊，你们不要再找我麻烦。"（CB5－20181113）

"富人通常拥有将其认可的适宜行为强加给穷人的社会权力，但穷人却很难以同样的方式来要求富人。"[①] 之所以经常受到欺负和不公正的待遇，她认为其中的原因有两点：第一，她是外地人，在当地没有社会关系，没有熟人。

我家在坪山[②]，结婚在坪山。所以说社会要一视同仁，不然真的是太不平衡了。我是个农民，但我很负责任，我真的看不惯，这个社会真的是太不公平了。（CB5－20181113）

第二，她过去在浙江打工时有过类似经历，一作比较，她认为当地的管理模式不科学，需要改进。

---

① ［美］斯科特：《弱者的武器》，郑广怀、张敏、何江穗译，译林出版社 2011 年版，第 28 页。

② 坪山镇，曾为坪山区，位于长江上游地区、重庆东北部、垫江南部，距重庆主城九区 120 公里，地处长寿、涪陵、垫江、丰都四区（县）交界处，属三峡生态库区、长寿湖湿地自然保护区。坪山镇具有独特的区位优势，是重庆垫江县的南部片区中心镇。坪山镇历史上属于涪陵县（今重庆涪陵区）管辖，1953 年 9 月划归重庆垫江县管辖。

我在浙江打工，手遭充（受伤）了，我们该怎么解决就怎么解决。所以说，社会要发展那些好的人啊！该怎么解决就怎么解决。(CB5 -20181108)

街头修脚工卑微的社会地位不仅体现在日常工作生活中这种偶然性、暴力性的重大事件中，还渗透在修脚过程中的每个细节，即使是修脚顾客，也不免对修脚工“另眼相看”，强化了修脚工卑微的社会地位。

一位重百超市外的43岁街头修脚工（CB1），小学文化，家中四个姊妹结婚前，她跟父亲一直在外打工，22岁才结婚。现在父母年事已高，居住在她家养老。孩子读大一，学设计，一年学费就要一万多。老公小学学历，只能靠出苦力赚钱，在外挑扁担，经济压力大。在修脚的过程中，她就切身遭遇过修脚顾客的嫌弃：

有被人看不起啊，被那些有钱的、有势的、有能力的看不起。他跟我们讲起话来口气都不一样的，我有见过的，守着你当面说的，还是一个熟人，我补给他的钱（找他的零钱）他都不愿意要，他说我们修脚的钱很脏。他没有零钱，给我一个100元。他想微信支付，但是我们年龄大了嘛，手机用不来，他就瞧不起。他说他没有零钱，只能拿100块钱，让我给他补，补过去的钱他都要与他钱包里的钱不放一起，要分着放。(CB1 -20181108)

刻板印象是指人们对某一类人或事物产生的比较固定、概括而笼统的看法。对某人、某事的刻板印象在我们进行社会信息加工时会起到很大的影响，它既有积极影响的一面，又有消极影响的一面。积极影响的一面体现在：对于具有许多共同之处的某类人在一定范围内进行判断，可以直接按照已形成的固定看法即可得出结论，简化了认知过程，节省了大量时间、精力，使人们能够迅速了解某人的大概情况，应对周围的复杂环境。消极的一面表现在：在有限材料的基础上可以做出带有普遍性的结论，使人在认知别人时忽视个体差异，从而导致知觉上的错误，造成先入为主，妨碍对他人做出正确的评价。刻板印象的形成可以通过直接经验获得，即与某些人和某些群体进行直接接触，将其特点固定化；也可以通过间接的方式获得，即对一些素未谋面的人，人们会根据间接的资料和信息产生刻板印象。

从外在形象来看，街头修脚工年龄偏大，生活艰辛，一般蓬头垢面，不注重外在的妆饰和打扮；从职业特点来看，她们从事社会底边职业，而且还是“摆弄”他人脚丫子的“伺候”人的工作，街头修脚工所呈现出来的是一个低贱、肮脏、素质低的底边职业群体形象。小孩到修脚摊位撒尿，修脚工反倒被打，并且还闹到派出所，让修脚工进行赔偿；顾客将修脚后找回来的零钱与钱包里的钱隔开，认为修脚工的钱和修脚工一样脏……对街头修脚工的刻板印象自修脚行当产生之时便存在，经过制度变革和社会发展，直到今天街头修脚“卑微下贱”的职业标签仍然难以改变。

二　自由的工作时间：兼顾家庭责任

街头修脚工自由的工作时间不同于现代企业或单位所流行的弹性工作时间，它是一种个人对工作时间的自我选择。由于街头修脚工是一种自我雇佣的劳动形式，所以在工作的时间安排上更加具有灵活性和选择性。之所以从事街头修脚行当，很重要的一个原因是时间自由，不受别人管理和约束，能够随时来又可随时去。街头修脚工之所以对自由的工作时间如此看重，主要基于两方面原因：一是她们来自农村，日常的农业生产和田间劳作对出工的时间要求不太严格，传统的农民身份使她们很难适应现代企业严格的时间制度及职业规范；二是她们属于社会底边群体，家境贫寒，家庭人口多，特别是处于当下年龄（45—60 岁），家中一般有高龄老人需要赡养，或有幼小的孙辈需要照顾。所以，自由的工作时间有利于她们在工作之余兼顾履行对家庭的责任。

张大娘（MA3），62 岁，农村户口，没上过学，不认识字。家中有 3 口人，大儿子从事建筑行业，已经结婚成家；小儿子大学刚毕业，在重庆一家银行工作。高大娘认为结婚后的大儿子不再属于她们的家庭成员。丈夫弹棉花、做棉絮，他们的房子被占，要进行整体搬迁，新的移民点正在建设，明年（2019年）6月份便可入驻移民点安置房。他们目前租房住，政府每月补贴200元/人的住房过渡费。高大娘从事街头修脚行当的入行动机主要是修脚时间自由，可以抽出时间帮儿子接送在附近上学的孙子。

> 我的孙子在这里读书，我接他上下学，顺带做修脚这一行，早上送我孙子上学后，我就出来摆摊了。中午他在学校吃饭、午休，所以我不用管。下午放学要接他回家，我修脚的时间基本上就是按照我孙子上下学的时间来定。我爱人自己做弹棉花、加工棉絮的工作，他自己得行（意思是不需要我帮忙，打下手）。修脚这个工作不累，比较自由，出来不出来由自己说了算，累的时候可以早回去，少修几双脚；身体得行的时候，就多修几双脚，一天生意最好的时候可以修到十几双脚。如果一天都有脚修，一个月能赚到2000多块钱，比那些扫地的还是要好一些、自由一些。早上修脚的要多一些，中午一般没有，一天最忙的时候就是上午。我一般早上七点多一点就来这里摆摊了，有时候十点多钟才过来，不一定，下午一点多钟就回去了。冬天的话要摆一天，夏天的话是太热了。（MA3－20180826）

自由的修脚时间让她既可以修脚补贴家用，又可以履行对孙辈的看护抚养义务，所以高大娘对这样的工作时间比较满意。自由的工作时间还可以在家中病人发生突发情况时，用较短的时间赶到家中进行处理。

周大姐（XHZL2），50岁，家中3口人，农村户口，老家是百胜镇，目前在涪陵城区租房住，两间小屋一个月要400元房租。儿子30岁，小学文化，未婚待业。老公患有脑积水，术后失去劳动能力。家中还有80多岁的公公婆婆需要赡养和照顾。全家的经济来源仅靠她一人支撑。自由的工作时间对她来说至关重要：

> 我家里有生病的丈夫和年迈的公公婆婆需要照料，你说我能走开吗？我今年刚满50岁，我挺希望出去打工的，到饭店里给人家刷碗、端盘子比这个修脚要赚钱多，但是人家上班都是按点的，去晚

了和走早了都不行！像我这样的家庭，时不时地需要回家一趟，看看家里的病人和老人，去打工能行吗？有一次我婆婆从床上掉下来，骨折了，我老公招不住她，于是就给我打电话，我马上将修脚的工具放在公共厕所，立马就回家带她去医院了。如果我出去打工或者是按时上下班，遇到这种情况就要请假，准不准假还不一定呢。（XHZL2－20181102）

在访谈中有很多街头修脚工表示，做修脚店是一个趋势，那么为什么她们宁愿流落街头，也不租赁门面、自己开店或加盟连锁修脚店呢？除了资本投资大，她们无力承担外，还有一个重要的原因是时间的约束和制度的规训。52 岁的兴华中路修脚工余阿姨（XHZL1）说：

从赚钱的角度来说，肯定是搞一个店，按摩、修脚、泡脚套起做。如果说想要发展的话，必须要那样走。但是我没有想那么久远，做一个店要累一些，操心一些，我不想那么操心。这样在街头想走就走，想来就来，来去自由，能找点钱就找点钱，找不到钱就算了。要是求发展，肯定要按照那个思路去发展。如果开店的话，一两个人是做不来的。必须要雇人，那样搞就很累。做店的话最起码要两个人，有的泡脚，有的修脚，还要按摩等。以前我也想做个店，那个时候我爱人还没有退休。但是到最后，他也不怎么同意，我也就算了。娃儿现在也长大了，那就算了嘛（言外之意是儿女成家了，自己的人生任务就算完成了，没必要再去拼死拼活地工作了）。想赚点就赚点，不想赚点就走啦。（XHZL1－20180709）

综上所述，街头修脚工的一个重要生存法则便是拥有可以自由支配的工作时间，这也是吸引她们从事街头修脚的重要原因。在修脚工看来，自由的工作时间不仅可以给她们带来一定的经济收入以支撑家庭日常开支，而且还可以让她们在工作之余较好地兼顾家庭。从传统社会到现代社会，男性与女性在劳动分工中越来越平等化、均衡化，女性不断被解放，但是在农村，“男主外女主内”的社会传统仍然很难改变。女性在家庭中承担着抚养孩子、照顾老人以及从事家务劳动的主要职责。随着女性职业化的不断发展，如何兼顾事业与家庭是每一位现代女性必须深刻思考的问题。街头修脚虽然作为一个不为人所讨好的底边职业，但是正是因为它可以为女性提供自由的工作时间，从而使底层女性比较容易接受街头修脚的行当。

三　城管来了：心照不宣的默契

改革开放以来，我国城市建设的步伐越来越快，随之带来的城市治理难度也越来越大。随着城市化的不断推进和发展，交通拥堵、市容市貌、环境卫生等城市发展难题日渐突出。为了提高城市的知名度、创建卫生文明城市，以适应经济社会发展和人民群众对生活环境和生活质量的要求，各地方政府加快地方城市公共设施建设，加强城市公共秩序的维护，注重城市卫生，提升城市文明程度。

《重庆市市容环境卫生管理条例》对于街头经营和街头摆摊有如下规定：

> 第十八条　道路上禁止下列行为：
>
> 1. 在主干道、距主干道道缘石五十米范围内的次干道及其两侧设置停车场和经营性摊点、亭、棚；
>
> 2. 在次干道及其两侧从事产生油烟的餐饮经营活动；
>
> 3. 临街商场、门店超出门窗外墙设置摊位摆卖、经营；
>
> 4. 在桥梁、人行天桥上摆摊、兜售物品；
>
> 5. 在地下通道擅自摆摊、兜售物品；
>
> 违反前款规定的，责令改正，对个人处五十元以上五百元以下的罚款，对单位处五百元以上二千元以下罚款。拒不改正的，可暂扣占道经营物品。
>
> 第十九条　区县（自治县）人民政府应当根据本地区实际情况，广泛征求居民意见，制定在非主干道两侧设置临时占道经营点的规划并予以公布。

第二十条 申请在非主干道两侧临时占道的，应当具备下列条件：

1. 申请人必须是失业、待业人员或残疾人员；

2. 经营范围必须是方便居民基本生活的商品或服务；

3. 经营设置点必须符合区县（自治县）人民政府的布点规划。

第二十一条 申请临时占道，按下列程序办理：

1. 申请人持有效证明向所在区县（自治县）市政设施主管部门提出申请；

2. 区县（自治县）市政设施主管部门在征求市容环境卫生主管部门的意见后，自受理申请之日起十个工作日内作出是否予以许可的决定。符合条件的，发给临时占道许可证；不符合条件的，退回申请材料并书面说明理由。

第二十二条 临时占道经营者应当遵守下列规定：

1. 在审批机关规定的地点和时段内经营；

2. 按规定设置垃圾收集容器，保持周围环境整洁；

3. 不影响周围居民的正常生活；

4. 不妨碍行人和车辆通行；

5. 不危害公共安全。

违反规定的，责令改正；拒不改正的，撤销临时占道经营许可。

第二十三条 临时占道许可证不得转让或出租，违者由审批机关予以撤销，并在三年内不得再行申请。

第二十四条 临时占道摊区的清扫保洁、垃圾处置由区县（自治县）市容环境卫生主管部门统一负责管理。

第二十五条 临时占道经营的，应当缴纳临时占道费。临时占道费的收取、管理和使用办法由市人民政府制定。

第二十六条 未经批准，擅自占道经营的，责令限期拆除。逾期不拆除的，强制拆除。

城管作为维护城市社会秩序和社会治理的重要参与者，在城市发展中扮演着重要的角色。城管以前是一个法外施法的组织，多为无业游民组成，全凭收费、罚款以支付其工资。“在一些不太合理的绩效考核等因素的催促下，一些执法人员会将自身的压力转化为焦躁情绪，加之围观群众的不良气氛渲染，导致出现粗暴执法的现象。”① 其中一些人狐假虎威，恣意妄为，残民之事屡见不鲜，故为广大人民所憎恶。“很多暴力抗法事件都源于城管的暴力执法，尤其在曝光率较高的流动摊贩与城管队员冲突事件中，其背后实际上是百姓生存权和城市秩序管理两种价值之间的博弈。”② 本想依靠一点地摊小买卖养家糊口的小贩，面对城管的暴力执法，极有可能出现情绪失控而做出相应的暴力反抗，由此形成一种基层城市管理的恶性循环。

街头修脚工选择人流量较大的城市中心地带和中心路段，将摊位摆在公交站牌背后，或者是主要道路的两边或角落。在基层管理者看来，她们影响了市容市貌，拉低了整座城市的文明程度，所以成为城管的重点执法对象。街头修脚工作为典型的街头牟利小摊贩，在过去的城市社会秩序管理中是被驱逐和取缔的对象。为了自己的生计，在面对城管执法时，街头修脚工善于运用自身“弱者的武器”来进行逃避和挣扎。

> 我在这里被城管管过，他们赶了我几次，他们一来赶，我就收摊走人。我并不是真正地回家，而是躲在一个角落里，看到他们走远之后，我再回到原地方做生意。时间久了，他们知道我在跟他们“打游击战”，于是就把我的修脚工具和椅子什么的都收走，让我拿钱到城管所赎回我的工具。给别人修脚一共才赚多少钱，还要罚我的款，我肯定不干。我和城管闹了三四次了，最后他们就还给我了。有时候我们肯定还是要说点软话的，我们这个又挣不了多少钱，也不在乎什么尊严不尊严的，只要他们把工具还我就行。有时我就和城管闹，他们把我的工具收了，我就把他们的车拦下来，挡在公路上，不让他们走。我是一个残疾人，也没考虑那么多，这实际上是

① 郑新：《“城管警察”现象的审视与反思》，《行政法学研究》2017 年第 6 期。

② 叶小川：《城管执法权的制度困境及其出路》，《理论与改革》2008 年第 3 期。

要罚钱的，一般东西收了，你要拿钱去赎回你的工具。钱不多，几十块钱的。（YJB1－20181103）

随着社会的发展和政府行政职能的不断转变，人道主义精神和以人为本的服务理念深入人心。同时，随着网络自媒体的发展成熟，新闻舆论对基层政府人员执法过程中的暴力执法、不合理执法等行为和现象的监督日益有效，小贩的生存权和城市社会秩序之间的冲突得到了一定程度的缓解。以《城市管理执法办法》为代表的一系列法律法规的颁布，规定了城市管理执法的范围以及执法人的职责，规范了城市秩序管理的执法行为，城管与街头小贩的矛盾冲突也有所缓解。

为了达到与街头小贩的和谐相处，城管有时还会故意地放松执法权，对街头修脚工"睁一只眼、闭一只眼"。城管深知底层从业者生计的艰难，对修脚工的街头摆摊行为也就"得过且过"。

我以前是擦皮鞋，然后修脚。以前是到城管那里去"买"地方，买的时候这个摊位是175元，他给你一个椅子。不过现在那个椅子早就烂了，那是2002年的事情了。每个月还要上税，要交40元；我交20元，因为我有残疾证。后来条件好了，慢慢地就取消了。现在呢，比如说大检查啊，他（城管）说不准摆就不准摆，我们就停两天，过几天检查过去后再出来摆。最怕的就是扯皮，这里追、那里追，从另一个角度看，我失业了，就搞得我没办法了。现在这边不要钱了，也不管我们了。（CB3－20181108）

这个摊位没有花钱，但是我们以前是要花钱的，一个月40元。那个时候也是城管管我们嘛，现在政策放宽了，没办法嘛，我们要吃饭嘛。这个摊位就是我们长期以来在这里的，谁都进不来，因为我们这个都是城管有名额、电话的。如果我是一个新的修脚工想来这里摆摊修脚是不行的，没得位置嘛，这个是城管固定了的。我们以前都要办证缴费，一个月40元，按照一个季度拿。十几年前我们起初来的时候，擦一双鞋才5角钱、1块钱。（CB9－20181121）

街头修脚工与城管之间日积月累形成了心照不宣的默契。城市管理者将街头修脚工的公共空间规范化，设置名额限制、进行人头登记；城市卫生大检查时，他们提前对没有登记的、流散的街头修脚工“通风报信”，但是这种信息的传递是隐蔽的、委婉的。“他们不会直接跟我们说‘明天上面下来大检查，你们后天再过来摆摊’之类的话，他们说得很隐蔽，让我们自己去体会。比如，他们‘强硬’地告诉我们‘明天上面来检查，你们不准摆了，本来我们这里就不让摆，大后天他们走了以后，也不能摆，不要认为检查过了就可以继续在这里摆’。这样我们就心里有数了啊，他们暗示你检查的人什么时候走，等检查过了，再过来摆摊修脚，他们是不会再来赶我们的。可能他们也知道我们生活不易啊。”（CB7－20181121）面对城管的善意，街头修脚工也是相当配合，在检查期间她们会遵从安排，歇业几天，等检查过后再开张营业。在双方长久的互动过程中形成的默契，既可以应对上面的大检查，减轻城管的行政压力，又可以保证街头修脚工的生计不受太大影响。

2020 年以来，涪陵区深入学习贯彻习近平总书记在全国两会期间重要讲话和全国两会精神，把稳就业放在更加突出位置，综合施治解决好就业问题，全力稳就业保就业，切实守好民生底线。灵活就业已成为吸纳就业、解决失业问题的新渠道。涪陵区大力支持灵活就业和新业态发展，努力扩大就业面。做好“六稳”工作首先是稳就业，稳就业就是稳经济、稳民生、稳大局。积极帮助个体工商户纾困解难，大力培育发展新的市场主体，为百姓提供更多就业机会。同时，灵活施策规范发展地摊经济，满足部分群众就业需要，稳住全区就业基本盘。由此可以预见，未来街头修脚工与城市管理者之间的关系会越来越和谐。

四　顾客关系维护：理想与现实的区隔

首先我们来陈述一个打顾客的事件。事件的主角是一位 55 岁的街头修脚工。据旁边的修脚工说，因为发生了打顾客事件，导致了不好的影响，她已经三天没出摊修脚了。我甚至推测，这位 55 岁的修脚工很可能不会再来附近摆摊修脚了，而是流动到其他地方开拓自己狭小的修脚市场。因为一直没有见到打顾客的当事人，所以只能通过旁边修脚工的描述来了解打顾客事件的具体过程。

打顾客的修脚工姓张，她没有专门花钱学修脚。距摊位200米处有一家个体修脚店，由于经营不善而倒闭，修脚店老板将一套修脚工具低价售卖给她。于是，她利用空闲时间慢慢学、慢慢练，仅仅练了几天就出来摆摊做生意。由于缺乏专业性的培训与足够的实践锻炼，她的修脚手艺很差。但是她胆子大，可以从容地在顾客脚上动刀，经常给顾客划伤脚，于是顾客来找她讲理，求赔偿，导致修脚生意日渐冷清，相比同一场域内的其他修脚工，她的修脚顾客很少，内心便产生了浮躁和“被剥夺”情绪。

打顾客事件发生在2018年7月2日，和张大姐同一大队的一个熟人来修脚，出于乡土社会中熟人关系逻辑，张大姐就喊他来她这里修脚，毕竟是一个生产队的，“不看佛面看情面”，总应该把生意让给自己人。那位顾客是一位70多岁的老年人，是修脚的常客，为了照顾张大姐的修脚生意，起初也让张大姐修过几次脚。但是，张大姐的修脚手艺较差，并没有满足顾客的修脚要求。时间久了之后，顾客不愿意再让张大姐修脚，所以拒绝了张大姐的招揽，开玩笑地说：“我不在你这里修，你修不好。”然后就想选择其他修脚工。附近另一个修脚工也认识这位修脚常客，就顺势把这位顾客喊了过来。张大姐愤愤不平，觉得自己的老熟人做法有点过分，没等修完脚，她就过来打了这位顾客。全程见证了打顾客事件的陈阿姨（MA1）详细地讲述了那天所发生的一切：

> 她那几天因为这个事情没有来，觉得不好。她修不到脚，就乱撒架嘛。那个老头都七十几岁了，还动过手术，她还去找人家的妈妈，人家的妈妈都百来岁了。那个顾客在她那里修了几次了，觉得她修得不好，下次修脚就想到其他修得好的师傅那里去。她的老公在他那里做了几年的活，都认识，然后那个七十多岁的老头都没有照顾她的生意，因为这个才引发了冲突。我这里的老顾客觉得我修不好，随便去哪里修脚都可以的，我不会有任何意见，我从来不干涉，你愿意走哪点就走哪点，我不觉得你不在我这里修脚就不高兴

啊。服务行业态度要好点才行嘛。她没学过修脚，就拿着胖子卖给她的工具在别人的脚上抠来抠去，有的地方还用刀转来转去，把人家都搞痛了。有的坏趾甲取不出来、修不好，也收人家十块钱。别人就不在她那里修，她生意太撇了。她没去学过，去学要钱的嘛。她胆子够大，敢给别人动刀，不怕感染。她的刀不是我们这种小刀，是那种很宽的刀，她都拿来给别人修。我们都是几把刀换来换去，每一种刀有不同的用途，针对不同的脚病用不同的刀。她这样修脚也有一年多了，能搞到个（顾客）就搞到个，搞不到就算了，修不到就不修嘛。（MA1－20180710）

张大姐的修脚手艺和服务态度不仅让她失去了很多顾客，还引起了周围修脚工的不满。周围修脚工把她当作一个反面教材，张大姐的事例让她们感到良好的服务态度和过硬的修脚手艺是立身修脚行当的根本，能给修脚工带来实实在在的好处——较多的“回头客”和经济收入。修脚工对张大姐的不满不仅体现在她对顾客的态度上，还表现在她扰乱了固定场域内的修脚市场。为了让自己的生意有所起色，她经常乱杀价。修脚的市场价是 10 元，但是她为了留住顾客，有时将价格杀到 3 元、5 元。周围修脚工虽然对此不满，但是她们仍旧保持原价，一分都不少。

修脚工刘阿姨（MA4）是马鞍街头修脚场域中修脚技术最好的，她说她不会为了招揽顾客而降低修脚的价格：

顾客觉得修得就修，修不得就不修。他最终还是要转来，因为别人便宜的修得不好。（MA4－20180826）

因为良好的修脚手艺和服务态度并没有让她失去顾客。打顾客事件表明，服务生产者与消费者之间关系的维护是非常重要的。街头修脚做的是“回头客”生意，修脚对于老顾客来说就好比理发，一个月左右就会修一次脚。为了能够赢得“回头客”，保证修脚生意，修脚工除了提高修脚手艺外，还依靠良好的服务态度来赢得顾客的青睐。但是，由于修脚工的文化水平低，辨别是非能力差，有时刻意地去迎合顾客或者过度相信顾客反倒让自己遭受了严重的损失。

街头修脚工李阿姨 48 岁，没上过学，没有文化，修脚是自学的，修脚技能习得形式是：先给自己家的老人免费修脚，锻炼手艺，等较熟练地掌握修脚技能后，再出来摆摊做生意。她修脚修了 4 年，擦皮鞋擦了 10 年。她说：

修脚赚不到多少钱，冬天的话一个月能有 1000 块钱，热天的话连 500 块钱都收不到。（CB3 - 20181108）

话音刚落，旁边的修脚工就质疑她没说实话，然后引起了一场关于月收入的小“辩论”：

我每天就坐在这个边边滴（意思是坐在路的边上，而且处于所有修脚工的中间位置），有修脚的都去边边去了（意思是修脚的先找处于整个修脚队伍头和尾的修脚工，处于中间的生意就不好一些），我们在中间就是没怎么有生意噻。热天我也就找得到五六百块钱，只有到了冬天才会找到千八百块钱，你说平均好多嘛。我老公是挑扁担的，老扁担，他一个月找得到二三千块钱。（CB3 - 20181108）

李阿姨在多年的从业生涯中，最难忘的是曾经被一位顾客敲诈欺骗：

有一个四五十岁的女的，她弄（穿）了一双烂鞋过来，让我给她喷粉（意思是鞋子旧了，要再上一下色），骗了我 100 块。她要我将色粉喷在鞋子的前头，我一开始说这个位置不好喷。她是故意来骗我，坚持让我喷到前面来。喷了之后颜色与原来的颜色不一样，我说打 110 嘛，她说这点小事还打 110，就喊了一些人过来，他们是一伙的。她就说她的鞋买的时候 200 多，让我拿给她 100 块钱就算了。她过半个小时就喊来人了，给她打圆场。我没文化噻，而且干我们这一行要尽量依着顾客。当时就听了别人的话，给了她 100 块钱，我是老实人，没什么文化，都没想到说要来骗你。我擦了十几年的皮鞋，都没有遇到过这种情况。到后面有人再来擦鞋喷粉，我就先讲，如果喷错了，颜色不对付，你不要来找我，我不赔你。(CB3－20181108)

理想是丰满的，现实却是骨感的。在修脚工的观念里，良好的服务态度是立业之本，将心比心，对顾客的善意必然带来顾客对自己修脚工作的支持。但是，现实却是修脚服务的生产者和消费者的关系维护并不是那么简单和单纯。街头修脚工与顾客之间的关系维护显得比较微妙：一方面，修脚工尽力以良好的态度生产服务，为了发展“回头客”，她们一般顺从顾客要求，她们单纯地认为只要具备良好的服务态度，认真为别人修脚擦鞋，便有“回头客”，修脚生意自然不会差；另一方面，修脚工一般是来自农村乡下的中老年妇女，文化水平低，辨别是非的能力差，她们离开了生活已久的乡土社会，面对关系复杂的城市生活，容易遭受歧视和敲诈。由于维权的成本花费超过了她们可以承受的范围，加之自己在城市不具备强大的社会支持网络，面对歧视和敲诈，修脚工一般采取隐忍的态度：要么逃离现在的服务生产场域，要么忍气吞声。

五　技艺获得：多元化的技能形成模式

一般而言，中国传统的民间手工业有四种主要的生产组织形式：一是家庭手工业，因为中国传统社会是以农耕为主的农业社会，所以它以家庭副业的形式存在，其生产的目的不是自给自足，而是市场交换；二是工商一体的铺坊结构，即前面开店，后面生产；三是从事手工业生产创造的独立作坊；四是在店铺作坊领活或走街串巷从事各项服务性手工业的个体手艺人。手工艺时期的生产工具和工人手艺组成了生产技能的主体。在机械化大生产到来以前，传统社会手工艺人的技能传承主要依靠传统的师徒制。

“所谓的师徒制是一种在实际生产过程中以口传身授为主要形式的技能传授方式，其特点是寓技能学习于实际生产劳动之中，通过完成工作任务获得技能经验，因而它是一种内部技能形成的方式。在中国的历史传统中，师徒制不但是一种职业技能形成的方式，还是一种劳动雇佣制度。”[①] 学徒工是一种职业身份，也是一种社会身份的表征。师徒制除了能够为学徒工签发进入特定职业或行业的“资格证书”，还是一种社会阶层流动机制。[②]

中国传统社会的师徒制具有鲜明的中国特色，它的主要特点：一是师徒之间具有较强的经济关联度，在技能传授的过程中，师徒之间达成口头或书面协议，师傅通过技能的传授来交换徒弟无偿或廉价的劳动服务。二是传统社会中的师徒制带有较强的宗法家长制色彩；首先，师徒关系的形成和建立具有很强的地缘和血缘色彩；其次，“一日为师，终身为父”，师徒之间具有很强的生活依附性，师傅对徒弟的思想道德、生活生计负有责任。中国传统社会的师徒制没有形成制度化，仅仅是依靠传统的道德理念来维系。

作为一个历史老行当和底边职业，街头修脚在技能传承和获得方面具有一定的随意性、多样性。它没有企业或工厂内严格的技术转让规定，也没有中国传统技艺继承和发扬的文化内涵（例如拜师仪式、收徒仪式等）。街头修脚技能形成的主要方式有三种：自学成才、同行相授和专业培训，其中同行相授和专业培训带有明显的传统社会手工艺人技能传承的特点。

1. 自学成才。自学成才的街头修脚工一般从业时间不长，最长三年，最短只有半年，用她们自己的话说：“我学修脚是街上瞅来的。”她们先前无事可做，见到街头修脚的生意不错，就抽空坐在旁边看。看几天之后，托自己的子女或者亲戚从网上购置一套一二百元的修脚刀具。有了修脚工具，她们并不马上上街摆摊找生意，因为修脚手艺不是“一看就会”，还需要充足的实践。为了获得实践机会，提高修脚水平，她们会给家里的老人、亲戚或者街坊邻居免费修脚。实践几天之后，再添几个椅凳，她们便可以上街摆摊了。顾客不会对修脚工的修脚资质以及修脚技

① 王星：《技能形成的社会建构：中国工厂师徒制变迁历程的社会学分析》，社会科学文献出版社 2014 年版，第 9 页。

② 彭南生：《行会制度的近代命运》，人民出版社 2003 年版，第 217 页。

能的获得方式过分关注，只要脚修得好，修脚操作时脚部不那么痛，修脚工便很容易获得顾客的认可。自学成才的修脚工起初显然对自己的修脚手艺不那么自信，因为毕竟是在他人脚上动刀，一旦划伤便会招致“官司”。所以，刚学成的修脚工修脚时小心谨慎，修脚速度慢、效率低。熟练的修脚工修一双脚在10—15分钟，刚学成的修脚工修脚却要花费半个小时，遇到难修的脚甚至需要花费1小时。她们不轻易向顾客透露自己是刚入行的新修脚工，当修脚时间过长时，顾客反而会认为这个修脚工技术细腻、工作认真。

2. 同行相授。同行相授的修脚技艺获得方式最接近传统中国社会手工艺的师徒制，一般是一个修脚师傅带一名修脚徒弟。修脚师傅一般从事修脚10年以上，有自己的修脚店，而且修脚手艺高超，修脚生意红火。学习者首先观察和认定学艺的修脚店，然后进店询问可不可以跟随师傅学艺。在修脚店学手艺需要交学徒费，一般是1000—2000元，学习时长不限，直到学会为止。学徒在学艺期间充当修脚店的免费服务员或劳动力，从事添倒泡脚水、打扫卫生等基础性工作。一段时间过后，师傅让徒弟观看修脚操作整个过程，学习初期师傅是绝对不让徒弟冒险为顾客修脚的，一是怕修脚技术不成熟，刮伤了顾客，引起矛盾；二是徒弟修脚慢且不熟练，影响店里生意。在看了几天修脚之后，师傅开始让徒弟拿修脚刀削萝卜，练刀法。是否最终掌握了修脚手艺是由师傅决定的，徒弟给师傅修脚是作为修脚技艺掌握程度的评判标准。师傅看你可以了，你就可以学习结束出去赚钱了；如果师傅觉得不可以，那就得继续学。一般的学徒工2—3个月便可学成。

3. 专业培训。专业培训习得修脚手艺比同行相授更加规范。专业修脚培训机构一般是由个体修脚店发展而来，主要有两种表现形式：一是由个体修脚店转型为专门的修脚培训机构，它不再开设修脚业务，主要营利收入是学员所交的学费，它没有充足的修脚顾客作为学员实践操作的对象，但是通过学员间相互修脚，达到锻炼修脚手艺的目的；二是修脚店和修脚培训两个业务同时开展，一边修脚，一边带学员，这样就很容易解决学员修脚手艺的实践问题。专业培训机构不是老师对学员“一对一”的技艺传授，而是“一对多”的集体授课，根据学员规模，一位师傅一般带 5—6 名学员，有时甚至会带 15—20 名。专业修脚培训机构的学费要高于同行相授的个体修脚店，收费标准 3000—5000 元。每位学员学成之后，作为结业的符号象征，颁发上岗证或毕业证，还会赠予一套修脚刀具，以此证明学徒工可以自食其力、开张修脚了。兴华中路一位 57 岁的街头修脚工（XHZL5）详细地讲述了她的学艺经历：

> 我是去扬州学的修脚。我老公那边有个舅舅的娃儿，他们姐姐是在扬州开的店，说实话，那几年还是很赚钱，现在不行了，现在做的人多了。反正人家在扬州那边开了两三个分店，又开了超市啥的，有钱得很，然后我们才打听到这个消息去学的。再往前几年，我都是跟着我老公在工地上做活。我们娃儿（指儿子）读一年级没人管，是这样回来的。在扬州学的时候，交了 3000 块钱，学了 3 个月，是跟师傅学的，他们开的是那种培训班。我们去学的时候人很多，他们带了很多人。一开始学的时候师傅不让摸，只准我们看。过了三五天，他就给一只筷子，用筷子学。然后又让我们削萝卜，要削得很薄很薄。削了很久，师傅才让我们上手。然后他觉得你该赚钱了，就叫你们出来。没有发什么证书，只拿（送）了一些刀子送给我们回来找饭吃。一个师傅带十几个人，他们两口子带了接近二十个。他们开了分店，然后又开了培训班。（XHZL5－20181110）

中国师徒制作为一种职业技能形成的方式，其主要功能和角色是谋生。从事街头修脚行当的或者是将要学习修脚手艺出来进行街头谋生的都是生活在社会底层的中老年人、残疾人以及家庭不幸者。修脚作为一个“下贱”行当会吸引这么一部分人从事，主要是因为迫于生计。街头修脚仅能为一位熟练修脚工带来百八十块钱的日收入，但它可能是修脚工家庭唯一的经济来源，修脚工可能是家庭唯一的经济支柱。不同的技能获得途径会导致修脚工之间的分层。一般的情况是，专业培训机构出来的修脚工看不起同行相授的修脚工，同行相授的修脚工看不起自学成才的修脚工。她们认为，花钱到专业培训机构学修脚的才是“正规军”，用她们自己的话说：“我们是花了钱的！”自学修脚手艺的是“冒牌军”，修脚不专业，只会擦皮鞋，由此引发同一场域内修脚工被诋毁的现象。自学成才的修脚工在这场“斗争”中经常处于劣势，对诋毁行为无言以对、无力辩驳，只有通过提高自己的修脚手艺来招揽更多的顾客。

六　城市漂泊者：无处安放的个体身份

很多街头修脚工兼营擦鞋业务，虽然擦鞋的市场价是 3 元，但是她们也会根据实际情况来调整价格。在访谈重百街头修脚工王大娘（CB4）之前，她刚为顾客擦完鞋，顾客正与她讨价还价。顾客说前几天擦的鞋都是 2 块，为何她要多收 1 块，王大娘并没有和顾客过多争执，最后无奈只收了顾客 2 块钱。之所以没与顾客为了讨价还价发生争执，原因在于：王大娘在街头修脚工群体中年龄最大（65 岁），能赚一点是一点，没有精力和顾客去争执；之所以对价钱不过分纠结，还是为了发展“回头客”，希望顾客以后常来照顾她的生意；此外，王大娘认为，顾客的这双鞋并不难擦，没有花费太多时间，2 元钱可以接受。事后，王大娘说起了自己的家庭状况：

> 我学历还算是比较高，读过初中。但是都忘了，出来挑拉条、做生意，卖凉虾、凉面、擦皮鞋、办馆子（小饭馆里的服务员）、当保姆，啥都做过。这样赚不到钱。我就是涪陵人，是镇下面的中方，属于涪陵管。我是农村的户口，取不到低保，又抓不到廉租房。个人租房子，打工，今天找几块，明天找几块，就是这样过日子。我们老两口六十多岁了，都在打工，我们女儿在屋里耍，她腰间盘突出，有月嫂，她就去做月嫂，一年才做一个月，做月嫂一个月 8000 元，有时候是 1 万元，一年才做一个单子啊！现在是跟我白吃白喝，还有一个外孙，也是跟着我的，初中一年级了，离婚之后小孩都跟着我们。
>
> 现在这个政策，有车、有房的去抓廉租房；没车、没房的公租房都抓不到。我们前段时间去抓了，各个条件都准备好了，就差房产证了，我们没城市的房产证，哪样手续都是过了关的，抓不到就

是抓不到。农村户口，就是抓不到公租房，社保钱都是农村那种，一个月每个人 80 块钱。我老头 66 岁了，都这么大年纪了还出来做活，找一碗饭吃一碗饭。

你就向上去反映嘛，我们六十几岁了还出来打工，低保吃不到、廉租房抓不到、公租房也抓不到，我个人说就是累人。我这个工具箱子是背回去又背回来，旁边放不了，他不准你放，你要背着走。现在最大的困难就是钱。现在上面的政策拿下来都是弯的，一大部分钱都被生产队里的啃啦，拿下来的没有多少，城头乡头是一样的。你没有占到人，没占到管的（没有熟人，没有关系），你就吃不到。那个农转城你们了解不？你跟干部关系好，他就给你办农转城，与当官的关系不好，就办不到农转城。我老公在外面卖海椒，整天被追得转圈圈，不准摆。有人来追你，你又背起走。管担的、城管啊都追，晚上八九点钟才回来，早上八九点钟就出去。中午有生意就吃馆子，没生意就回去。自己不带饭来，你看这个箱子，哪还能带饭啊。这个背起来很重哦，你还能带饭？你像农村里，回去做活，六十几岁，挑不起了。（CB4 - 20181113）

那些离开了乡土、游离于城市边缘的街头修脚工群体最大的经济支出之一便是租房，而针对城市贫困者的廉租房政策将户口在农村、生计在城市的底边群体拒之门外。廉租房是我国政府推行的一项旨在解决城市特困人口住房问题的保障措施。政府以租金补贴或实物配租的方式，向符合城镇居民最低生活保障标准且住房困难的家庭提供社会保障性质的住房，廉租房只租不售。廉租房的分配形式以租金补贴为主，实物配租和租金减免为辅。租房面向城市特困人口出租，只收取象征性的房租。廉租房已经成为城市低收入住房困难家庭住房保障方式的首选。廉租房申请的条件是：

1. 申请人具有 5 年以上当地城市常住户口；

2. 申请人必须是当地民政部门认定的低收入家庭或最低收入家庭；

3. 申请人家庭人均住房建筑面积在15平方米以下且家庭住房总建筑面积在50平方米以下；

4. 申请家庭成员之间有法定的赡养、扶养或抚养关系，并一起共同生活的；

5. 申请人及其家庭成员经当地房管部门确认他处没有住房的。

从廉租房的申请条件中我们不难发现，廉租房的保障对象是城市低收入且住房困难的人群，那些离开了乡村，在城市生计的底层农民工则很难符合申请条件，“城乡二元结构”导致未取得城镇户口的城市底边群体难以享受廉租房的福利待遇。

廉租房是保障型住房，只准租不准卖，具有明显的福利性特点，从而决定了其开发与运作与一般商品房有明显的不同。正是廉租房的福利性特点，其开发与运作面临着许多困难和问题。地方政府对廉租房的建设和廉租房制度的推行不积极。对于地方政府而言，在房价持续攀升、房地产产业火爆的背景下，土地出让金是地方政府非常重要的财政收入来源。在某些经济落后地区，土地出让金的收入甚至可以占到政府财政收入的一半以上。显然，廉租房建设无益于地方政府的财政和政绩，特别是在土地出让招标拍卖的今天，廉租房建设会减少土地出让金收入。对于房地产开发商而言，建设廉租房更是无利可图，故反应冷淡。

从廉租房制度的具体实施来看，廉租住房的市场租金存在巨大的利益差价，意味着其中有巨大的获利空间。廉租房保障对象即使在最严格的审批程序下获得廉租住房，也有可能冒着道德风险将其出租谋取利益，并将其所得用于改善基本生活条件。目前现有廉租房供不应求，加之廉租房的福利性诱惑，导致“投机倒把”现象，例如，廉租房家庭再购买其他住房的，没有及时办理廉租房退出手续；骗取廉租住房保障、恶意欠租、无正当理由长期空置；违规转租、出借、调换和转让廉租住房；等等。

涪陵区属于山城，山多地少，可耕用的土地少，加之交通不便，地表崎岖不平，导致可耕用的土地碎片化，进而耕种土地要付出更多的成本和体力。此外，粮食的市场价格持续走低，经济作物市场价格不稳定等因素导致农民从土地中获得的收益越来越少，不得不离开乡土，到城市谋生。来到城市，底层农民工群体是城市的漂泊者，他们面对着巨大的经济压力，租房、生活、子女教育等都是生活中巨大的经济开支。流散于城市角落的进城农民工，“离土又离乡”，他们在城市自力更生，生活艰辛。他们离开了乡村，却又不属于城市，始终被排除在扶贫攻坚的政策之外。在具体的扶贫攻坚、乡村振兴过程中，如何将流散于城市底层、艰难营生且难以实现城市融入的农民工纳入其中，是新时代扶贫工作需要考虑的问题。赋予底边职业群体充分的社会尊严，重视底边职业群体在历史发展进程的主体作用，改善其生存环境，不断提高底边职业群体的生活水平，整个社会才能够和谐有序地发展。

七　群体内的分层与互动

街头修脚工虽然是以群体的形式出现，但是她们的群体结构并非铁板一块，其群体内部具有明显的分层现象。街头修脚工的生活世界和身体实践呈现出明显的个体化特征，却并不意味着其群体内部个体成员之间“零交流”“零沟通”。在街头修脚工个体面临生活和工作中的困难和不顺时，群体内成员之间会展现出有限的交流和互动，以帮助其渡过难关。

（一）群内分层

分层是一个非常复杂的社会过程。社会分层的产生“不仅仅取决于个人能力和家庭出身，还取决于各种中介变量（例如，教育程度），这些中介变量只是部分的决定于出身和先赋因素。现代社会出现的分层图景暗示了市场结果在很大程度上依赖于无法测量的生命际遇（也就是‘个人运气’），而不是受某些更强结构性因素的影响”[①]。具体到街头修脚工，因为她们处于社会底层，不存在强大的个人能力和雄厚的家庭背景，教育程度和文化水平较低，所以其群体内部的分层现象简单明了。

① ［美］戴维·格伦斯基：《社会分层》，王俊等译，华夏出版社2005年版，第21页。

按照修脚手艺的习得途经，街头修脚工分为“专业”与“非专业”两类。第一类是由擦鞋匠转行而来的街头修脚工，她们一般擦了几年甚至十几年的皮鞋，看到修脚比擦鞋能够获得更多的经济收入，便转行修脚，同时兼顾擦鞋，此类修脚工一般是自学成才，修脚手艺没有经过正规培训；第二类是交过学费，经过专业培训，并且一直从事修脚未转行的修脚工，所谓的专业培训不过是到生意好的个体修脚店里，交一定的学徒费学来的修脚手艺，并不是专业培训机构出来的。

一开始便从事修脚行当的“专业”修脚工在街头修脚工群体中的自信心是最强的。一方面，她们认为自己修脚要比其他人修得好，因为她们经过专门的学习和培训，花了时间，更关键的是花了金钱。兴华中路街头修脚工周大姐（XHZL2）说：

> 我们修脚的，很多都是之前擦皮鞋的，看到修脚很好，就来给别人修脚。他们擦一次鞋才3—5块钱，我们修一次脚要收10块钱。很多擦鞋的都想过来修脚，但是她们肯定不如我们修得好，我们是专门花钱学过的，她们就是看着我们修，自己学来的，没有花一分钱。很明显嘛，我们是专业的。如果你过来修脚，你是找专业的，还是找擦鞋的给你修脚？所以我们的生意肯定要比她们好嘛！（XHZL2－20181102）

由擦鞋匠转行过来的修脚工在平时的群体互动中更多表现为谨慎和沉默，因为她们认为自己修脚的时间较短，修脚手艺还需要在实践中不断提高，对“专业”修脚工抢生意的现象，她们一般保持沉默。仅有半年修脚从业经历的南门山街头修脚工高阿姨（NMS2）愤愤不平地说：

> 她们一开始就到这里修脚的人和我们的关系不太好，她们总认为我们是抢了她们的生意，认为我们永远是擦鞋的，没学过修脚，更修不好脚。有时她们还会对自己的顾客说：“下次修脚还来我这里修，其他人都是擦鞋的，修不好。”（NMS2－20181103）

布迪厄认为一个人在特定场域中的位置和地位是由其所掌握的资本所决定的，而资本包括经济资本、文化资本、社会资本以及符号资本。[①]具体到街头修脚工层面，所谓“专业”与“非专业”的区别在于其所掌握的文化资本，即修脚的手艺高低。修脚工在隶属群体内会进行相互参照与比较，通过这种参照与比较，修脚工内心存在不同的心态：“专业”修脚工相对剥夺感强烈，认为她们的一部分生意被“非专业”（即由擦鞋匠转过来的修脚工）的修脚工剥夺了，但是她们的生意相对好一些，所以又具有一定的满足感。此外，由擦鞋匠转来的“非专业”修脚工一定程度上将“专业”修脚工视为自己工作的目标和学习的榜样，她们希望通过自己不断地实践练习，提升修脚技艺，凭借手艺招揽更多的顾客，改变“专业”修脚工以及顾客对她们修脚手艺不专业的刻板印象。

（二）生意争夺

“那些在某个既定的场域中占支配地位的人有能力让场域以一种对他们有利的方式运作，不过，他们必须始终不懈的应付被支配者。”[②] 街头修脚工的揽活场所具有排他性特点，因为“地盘”被他人占有就会直接危及自身的生存和利益。较早占据修脚场域的修脚工特别在意自己的“地盘”，她们认为在修脚场域内“先到者”享有“揽活优先权”，她们担心新修脚工的加入会带来修脚客源的争夺，直接影响到她们的修脚生意，所以她们积极应对甚至极力抵制新修脚工的加入。

南门山一位修脚工（NMS4）穿着打扮时髦，扎着一个马尾辫，相貌姣好，但是一眼望去是性格高冷的女人。对于她的访谈不太顺利，我不知道她的姓氏，她更没有向我详细地介绍修脚的相关情况。但是她却是南门山地段街头修脚工中所说的那位不想让她们过来修脚、和她们闹架的人。我手拿访谈文件夹，向她问道：“阿姨，您好，我能采访你一下吗？主要是了解一下我们街头修脚工的工作情况和生活情况。”

---

① ［法］布迪厄、［美］华康德：《反思社会学导引》，李猛、李康译，商务印书馆2015年版。

② ［法］布迪厄、［美］华康德：《反思社会学导引》，李猛、李康译，商务印书馆2015年版，第129页。

她恶狠狠地瞟了我一眼，不屑地从嘴里挤出一句话："问什么？你问她们就行了。"一边说，一边朝其他修脚工的方向转了一下头，示意我去问她们。我说："她们我已经问完了。"

"有啥子好问的。你问嘛。"可能见我是个学生样貌，她终于松了口。起初我站在她摊位前面，挡住了她的生意，于是她对我的站位相当不满意，瞅着我说："你往这边靠一靠，别挡住我做生意！"

我只好往边上靠一靠。此时，我已经有放弃访谈她的想法了。倘若她继续不配合，我坚持访谈下去，效果并不会太好。而且面对访谈对象"不信任"、尴尬的访谈境况，我突然间不知所措，被她突如其来的气势唬住了，不过我还是要坚持地问下去。当我问到她的个人基本情况、家庭情况时，她显得很敏感："你查户口吗！问得这么细，你是干什么的？"

因为我不是本地人，不能用重庆话跟她交流，更引起了她的怀疑。我赶忙解释说我并没有恶意："没事的，我问的都是没有妨碍（很敏感）的问题。她们已经问完了，问的都是基本问题，对你的利益没有伤害。我是学生，出来做调查，写论文用的。"

我一边说，一边指向正在忙碌的、已经做完访谈的修脚工。此时，正有一位中年顾客坐下来，她发现了我放在文件夹背后的录音笔，便大声说道："他在录音！"

没等到X阿姨回过神来，我急忙展示我的录音笔："你看，我根本就没开。"于是才化解了这次"险情"。

我已经不知道再问什么，脑子被一个个突发状况搞得一片空白。使访谈无法继续下去的主要原因是她一边修脚，一边跟顾客聊天，完全不理会我的问题。虽然我见缝插针，问了一些无关痛痒的问题，但收获的只是她应付性的"嗯""啊"。我彻底没有了访谈她的欲望，在经历了几个回合的应付性问答之后，我主动结束了对她的访谈。离开她的摊位，我跟其他修脚工道别的时候，简单地说明了一下我刚才的经历。她们一致为我打抱不平，说她脾气本来就差，性格比较凶，而且还跟我讲了她们之间的过节：

修脚压力很大，也很痛苦，特别是对于新做的，给我们很大的压力。她会跟到她那里修脚的顾客说我们是擦鞋的，根本就不会修脚，而且是自学的，没有花钱，修脚不专业。暗中挑拨我们和顾客之间的关系，想让我们因为生意撇（不好）而放弃修脚。虽然她表面上不会跟我们吵架，但是心里特别不满意，从她看我们的表情和眼神，以及平时根本就没有怎么说话就可以看得出来。因为她认为我们占了她的“地盘”，抢了她的生意。就是因为我们是新来修脚的，但是我们在这附近擦鞋擦了好多年了。（NMS1－20181103）

从访谈中可知，对于修脚行当的新从业者来说，工作压力主要来自两方面：一是新从业者修脚慢，每次修脚花费半小时，甚至一个小时，导致她们一天修不了几双脚，收入少；二是来自老修脚工的排挤，新从业修脚工的出现剥夺了她们的修脚生意。修脚手艺简单易学，而且工具少，投资小，所以吸引了不少“有闲”中老年群体加入街头修脚队伍。但是，一定场域内修脚的市场容量是有限的，一旦达到饱和状态，就势必影响到先来者的经济利益。

“那些在某个既定场域中占支配地位的人有能力让场域以一种对他们有利的方式运作，不过，他们必须始终不懈地应付被支配者（以‘政治’方式或其他方式出现）的行为反抗、权利诉求和言语争辩。”① 对新修脚工的不断加入，老修脚工心情比较复杂：公共场域内可以随意摆摊，她无权干涉，但是任凭新修脚工的加入又会影响到自己的经济收入。所以，作为“先到者”的修脚工只好暗中拉客，用诋毁“后来者”的方式表达自己对修脚地盘的控制，以保证自己的客源。

由此可见，揽活的地盘是街头修脚工生存的根基，是她们最可能拥有控制力和合法性的生存空间。在这方寸之地，随时演绎着生存空间的争夺与冲突。在此过程中，修脚场域在随时变化、被打破，甚至被重构，有关生存空间边界的认知与判断的领地感也在不断地生成和重构。②

① ［法］布迪厄、［美］华康德：《反思社会学导引》，李猛、李康译，商务印书馆2015年版，第129页。

② 秦洁：《重庆“棒棒”：都市感知与乡土性》，生活·读书·新知三联书店2015年版，第133页。

（三）手艺传授

街头修脚工修脚手艺的获得一方面是通过自我摸索、自我练习的自学模式；另一方面是通过拜师学艺，向修脚手艺好的师傅学习。然而，也存在同一修脚场域内拜师学艺的现象。

当我在访谈王大娘（CB5）的时候，最年轻的街头修脚工（CB6）修完脚之后正在往手上抹润手霜，她看起来很年轻，戴着蓝色的一次性口罩，又过的眉毛清晰可见：

> 我选择修脚是因为要接小孩上学啊！我有三个小孩，小的13岁，还有一个15岁、一个16岁。我什么都做过，捡过垃圾、卖过盒饭，做过很多，就是不能讲。你知道捡垃圾吗？我不是捡普通的垃圾，我捡值钱的东西。我才不去垃圾桶里捡东西呢。那时候拆房子嘛，七八年前，废铁是一块二、一块三一斤的，这么小的一个就是一块一斤（她用手比画出指甲盖大小的样子），我们一天要弄个两三百斤吧。干修脚干了六七年了，收入反正是够用嘛。（CB6－20181117）

她的修脚手艺是跟旁边的张阿姨（CB2）学的。在访谈中，她详细地讲述了她学习修脚的过程：

> 张姐是最早来这里修脚的，她已经修了10年了。她在我们这里修脚修得最好，来找她修脚的人也多。当初为了照顾孩子，我辞掉了以前的工作。有一次在街上走，我看到她修脚的生意很不错，然后打听了一下，觉得我也可以做，我就跟张大姐说我要跟她学修脚。我给了她1000块钱，我太笨了，学了两三个月吧。我们这里有好几个是跟着她学的修脚。（CB6－20181117）

修脚手艺好、从业时间长的修脚工并不会担心修脚工群体的扩大会影响到她们的生意。首先，她们修脚手艺好，积累了多年的回头客，修脚客源充足；其次，教授修脚手艺所获得学费收入轻松易得，一个人的学徒费与半个月的修脚收入相当。街头修脚工群体内修脚手艺的传授，不仅发展壮大了街头修脚队伍，还使得修脚手艺以非正式的途径得以在街头传承。

（四）情感互助

正是因为街头修脚工在日常生活和工作中缺乏社会支持网络，过着“日出而作，日落而息”的个体化生活，所以她们特别需要群体内成员之间的合作和帮助。在前文王大娘（CB5）的案例中，附近店主让自己的孩子到王大娘修脚摊位跟前撒尿，引发了冲突，导致店主将王大娘的修脚摊位掀翻，并闹到了派出所。王大娘说，在她不在的时候，是旁边的修脚工帮她看护着修脚摊位上零乱的工具，降低了自己的损失。

> 我就很怕，我一个人，老公又不在家里，我孩子也这么远，在这里就把我打得很凶了，把我的摊都掀了，摔在地上，到处都是，后来我就喊旁边一个我平时交好的姐妹来给我捡的。打我的人说谁要来捡，他就要弄谁。但是我的姐妹并没有害怕，等我们去了派出所之后，她将我的东西一件一件收拾好，等着我回来。（CB5－20181108）

在李阿姨（CB3）被顾客敲诈欺骗的案例中，身旁的修脚工不仅提醒她在工作中要小心谨慎，不要被骗，还在其被骗后进行情感安慰和心理疏导，让李阿姨很快走出了被骗的心理阴影。

> 那个女人来的时候，旁边有好几个修脚的姐妹给我使眼色，但是当时我不知道怎么回事，她们也不好直接提醒我。那个女人走了之后，旁边的一个就跟我说：“大姐你被骗到了，那个女娃儿我都认得。她就拿着那双烂鞋出去骗了好多人。”被骗了之后我是很伤心的，毕竟是100块钱，我修多少双脚、擦多少双鞋才能赚回来。她们就一直安慰我，让我不要放在心上，算是花钱买一个教训，以后要特别注意才行。（CB3－20181108）

大部分街头修脚工都是早上自带饭菜，然后中午来吃，节省中午点外卖的钱。天长日久，修脚工与周围商店的关系良好，她们经常在中午将自带的午饭拿到附近的商店用微波炉加热。三五个关系好的修脚工会轮流去热饭，摊位就交给其他修脚工来看护。

> 我一般早上七八点钟出来摆摊，中午不回去，自己带饭过来。到了中午，我要拿去热，用商场的微波炉，免费的。在这里修的时间长了，与附近商店的人差不多都熟悉。但是你不能不管摊了啊，那就交给别人帮你看个几分钟。你热饭回来再给她看摊，她再去热饭，是一样的。（NMS3－20181103）

虽然街头修脚工在日常生活和工作中会相互合作和帮助，然而因为她们自身所掌握的经济资源、社会支持网络非常有限，所以她们之间的合作与帮助大多属于情感上的互助与精神上的支持。在涉及物质和经济层面时，街头修脚工具有很强的小农意识，一般会据理力争，互不相让。所以，修脚工之间存在的是一种“弱关系”和“弱支持”。

八　小结

街头修脚工现在虽然已经远离了阶级社会的剥削，但是现代社会下，街头修脚工由于种种原因仍然社会地位低下、经济收入微薄。“纵怀绝技无正道，难改千古臭名声。”[①] 在本章中，我们通过选取街头修脚工日常生活与工作中的典型社会事件，生动细致地呈现和展示了她们的日常工作和生活样貌。随着社会的进步，街头修脚的社会地位已经有了很大的提升，但是由于她们文化水平、家庭出身、劳动技能等方面的劣势，她们在工作和生活中仍然受到欺负、敲诈。面对窘迫的家境、沉重的负担，她们不得不在工作和家庭责任当中寻找平衡：既能赚取家庭经济来源，又能兼顾家庭责任。面对国家基层权力对街头小商贩的驱逐，她们探索

① 赵国臣：《中国古代七十二行诗歌书法集》，文化艺术出版社2008年版，第158页。

出自己的一套应对方式和行动策略，充分利用自己“弱者”的身体以及工作特点，来逃避国家基层权力的规训，在与城管长久的互动过程中，形成心照不宣的默契。此外，“顾客就是上帝”在街头修脚工这里依然适用，稳定的修脚顾客是街头修脚工经济收入的保证，为了保住自己的经济来源，她们非常看重对顾客关系的维护，但是有时却因为过分相信顾客而遭受敲诈和勒索。

在街头巷尾那一点修脚摊子，修脚工通过肢体语言、生活经历来诉说对自己、对他人、对社会的感知，以及她们自己的世界、她们身外的世界和她们对生命的理解与感悟。街头巷尾“不仅仅是一个众生同在的生活空间，不仅仅是被边缘化、格式化的一个都市社会空间，不仅仅是不同层级的人交流、交际并获得满足的对话空间”[①]。街头修脚工修脚技能的呈现与修脚顾客的围观，在一定程度上展演着他们自己生活的悲伤与喜悦、得意与没落。街头修脚吸纳了一部分年老体弱又不得不自食其力的城市底边人群，从她们修脚技能获得方式和途径来看，她们大多并非专业，但是她们依靠自己的一套行为策略和自我价值认同，艰难地在街头修脚行当中实现着自己的人生价值。为了维持生计，将修脚工作长久做下去，她们不得不充分挖掘自己的潜力，运用弹性的工作时间、“弱者的武器”、多样的技艺获得手段等来维持自己的工作与生活。

① 岳永逸：《空间、自我与社会：天桥街头艺人的生成与系谱》，中央编译出版社 2007 年版，第 134 页。

第六章　修脚工的街头身体实践

身体实践，是指社会中的个体在受到外界作用时，发挥自身能动性对其做出的主动回应，它类似于生存逻辑的概念。我们的社会复杂多变，生活着各种各样的群体、各种性格的个人。每一个群体都有自己的生存模式，每一个职业都有自己的行业规矩。社会底边群体由于社会地位低下、生存环境恶劣、处于社会的边缘、社会话语能力弱等原因，往往受到社会的歧视。虽然他们的生活境遇和生活环境不尽如人意，但是，他们往往通过自己的经验积累和生活智慧调适自己以达到适应社会的目的。在本书中，身体实践的概念主要是指街头修脚工作为历史上“下九流”的底边行当，面对现代社会讲求社会地位和个人尊严，她们是如何建构自我身份价值的？在日常工作过程中，面对社会中的种种诱惑、生活中的种种困难，她们会探索出一种适应现代性社会的行为习惯，从而来维护和延续自己的职业生计。

街头修脚工从农村迁移到城市意味着与原有社会情节的脱离。她们来到城市，失去了长期生活实践中建构起来的社会网络与社会支持系统，也离开了熟悉的社会价值体系与规范，同时还要面临新环境中的一系列不熟悉的突发事件并不断调适自身与社会的关系，从而达到城市融入和社会适应。“城市融入意味着在城市新环境中重新建构出新的社会关系和社会网络并将日常生活嵌入关系结构当中进行生活实践。”① 街头修脚工分布在城市内人流量较大的地段，没有足够的社会支持网络，又加之自

① 周如南：《折翅的山鹰：西南凉山彝区艾滋病研究》，中国社会科学出版社 2015 年版，第 149 页。

己的身体弱势，她们艰苦地维持着自己的生计，是典型的底边职业群体。作为底边职业群体，从事如此卑微的工作，面对现代人的异样眼光，她们如何建构自我价值？她们的生存策略是什么？底边职业群体的身体实践过程不仅是对个人自身命运发展轨迹的一种生动写照，而且是社会和谐稳定的重要基础。对街头修脚工生存策略的考察，有助于呈现街头修脚工的生存全貌，展示在现代化竞争中底边职业群体如何与社会进行互动与博弈，对基层社会治理具有一定的启发意义。

一　修脚工的街头生存策略

“感受规则是个体在社会化过程中习得的规范，用以指导个体如何体验、解释和管理自己的情感，包括在特定情境中应该感受到何种情感并以恰当的方式表达出来。”① 街头修脚工作为典型的底边职业群体，她们与命运抗争，为生计挣扎，根据自身的职业特点与身体实践，孕育和发展出特有的生存策略，通过场域的有效利用、弱者的武器、反规训等方式，有效地维持着自己的营生环境。

（一）场域利用：一种自我权利的表达

“场域是一个被争夺的空间，这些争夺旨在继续或变更场域中这些力量的构型。”② “某个场域中的参与者，都不断竭尽所能来使自身与他们最势均力敌的对手区分开来，以减少竞争，并建立自己对场域的某个特定局部的垄断。”③ 街头修脚工对生存空间的体认和感觉较为敏感，这种对空间边界的认知和判断，可以理解为一种“领地感”。修脚摊位是街头修脚工行动的领地，街头修脚摊位是高度人格化的，它的气质就是摊主的气质，并由此延伸出很多非标准化的行为模式。街头修脚工对场域的有

① 成伯清：《当代情感体制的社会学探析》，《中国社会科学》2017 年第 5 期。

② ［法］布迪厄、［美］华康德：《反思社会学导引》，李猛、李康译，商务印书馆 2015 年版，第 128 页。

③ ［法］布迪厄、［美］华康德：《反思社会学导引》，李猛、李康译，商务印书馆 2015 年版，第 126 页。

效控制和利用，是一种自我权利的表达，更是一种维持生计的生存策略与身体实践。“领地感”的研究可以打破街头修脚工作为底边群体形象“被动的”基调，转向从行动者实践的立场来关注行动者本身，考察他们在实践中展现的生存策略，在实践过程中对生存空间的感知，特别是如何利用资源和社会关系对生存空间进行选择和重构的行动。①

1. 善用场域

王阿姨（YJB1），47 岁，初中文化程度，农村户口；家中 4 口人，育有一儿一女，女儿 23 岁，在涪陵卫校上学；儿子 12 岁。老公 56 岁，挑扁担，从事“棒棒”工作，主要揽活地点在高笋塘、南门山一带。老家住在涪陵龙潭镇，现在住在石柱街（租房）。王阿姨在儿子 3 岁时踏入修脚行业，从事修脚行当近 10 年。王阿姨反复说：相互认识是一种缘分，她是一个好人，平时她会在摊位旁边多放几把凳子，过路的老年人走累了可以随便坐下来休息。为了能够多修几双脚，提高自己的经济收入，王阿姨早上 7：40 摆摊，晚上 8：40 才收摊。大部分街头修脚工不佩戴头灯，天色渐暗时，她们便会收摊回家，然而王阿姨修脚却可以修到很晚。她向我讲述了其中的“秘诀”：

> 修脚的地方正好对面是一个药店，这里有一个彩灯啊，晚上门外会亮起灯光，我就会借着灯光继续修脚到 8：40。人家肯定不会白白地让你借光，人家门面一个月要好几万块钱呢。我平时就给他们帮忙搬货、搬点药品，下点力，要不然他会给我打灯吗？不帮忙，下雨天的时候去哪里呢？我帮了忙之后，下雨天就会到他们门面的屋檐下，那里可以挡雨，这里不可以挡雨（修脚工所在的是一个公交站牌的背面，没有挡雨的棚棚）。你和他们处理好关系，他们才不追（赶）你噻。（YJB1 –20181103）

王阿姨之所以生意比较好，不仅是因为她的修脚手艺好，还在于她

---

① 秦洁：《重庆“棒棒”：都市感知与乡土性》，生活·读书·新知三联书店 2015 年版，第 120 页。

图 6－1　街头修脚工王阿姨在药店外避雨

善于运用自己所处的场域。从访谈中我们可知，王阿姨对场域的有效利用主要体现在两方面：一是与对面药店的工作人员处好关系，当药店搬运药品时，王阿姨会主动前去帮忙，这样做不仅是为了给自己的工作提供便利（例如下雨天可以顺理成章地在药店屋檐下避雨、修脚，晚上借光等），而且也是对药店的一种回报；二是王阿姨心地善良，对修脚场域内或进入修脚场域的人以善相待（例如为过路人免费提供歇脚用的凳子），无形中树立了良好的服务者形象。

2. 随时变更的场域

街头修脚摊位是可以根据天气、人流量、收入、城管管理等因素的影响而随意变动的。导致街头修脚摊位变动的因素主要有三个：一是摊位所在路段修脚生意变差、人流量减少，修脚工会果断地将摊位移到他处，重新寻找客源；二是基层国家权力的管理与规训，促使她们不得不转移摆摊地点；三是如果修脚工在此处声誉扫地，也会导致修脚场域变更，从而重新建构修脚工的个人形象与场域内的职业声望。

经济收入决定场域变动。经济收入是促使街头修脚摊位变动的决定因素，每一位街头修脚工都会去争取人流量大、修脚市场好的地方，这样可以保证她们的经济收入。

> 我到马鞍去修过脚，那里生意不好。那是三年前，在高架桥那里，叫杨二坪。就在桥底下，那地方凉快。管得比较严，城管应该不会允许在那里摆摊。我以前也在南门山那里修，但是那里生意不好，人们认识不够。于是我又换到百货大楼那里，那时候修脚还没有普及，所以生意也不是太好。最后就找到了这个地方，我在这个地方待了好几年了，如果这里生意撇了，我就再去找其他地方。(XHZL1 -20180709)

城管的管理与安排（见图6-2）。城管的日常管理对街头修脚工的摊位选择具有重要的影响，修脚摊位只能摆在城管日常管理没有涉及的地方。随着政府管理职能的转变，城管与街头小贩之间的关系逐渐缓和，为了兼顾城市管理与商贩生计，城管划定一个固定区域让街头修脚工摆摊。一旦进行城市卫生验收和文明督察，城管会提前告知街头修脚工，让她们“躲”几天。一位马鞍街头修脚工（MA2）说：

> 以前我们是在重庆农商行门面前面修脚，但是那里影响市容，形象不好。城管就给我们安排到这里来修脚。大街上看不到我们，我们只能在小巷巷里面。我们没有和城管闹，他们安排我们在这里是一样的。他们规定了一个时间、一个路段你可以摆，摆错了就会给你收了。(MA2 -20180825)

逃离修脚场域。街头修脚工能否在一定场域内长久存在，不仅取决于基层国家权力的影响和经济收入的多寡，还取决于修脚工自身修脚手艺以及对顾客关系的维护。修脚手艺是修脚工街头立足的根本，倘若修

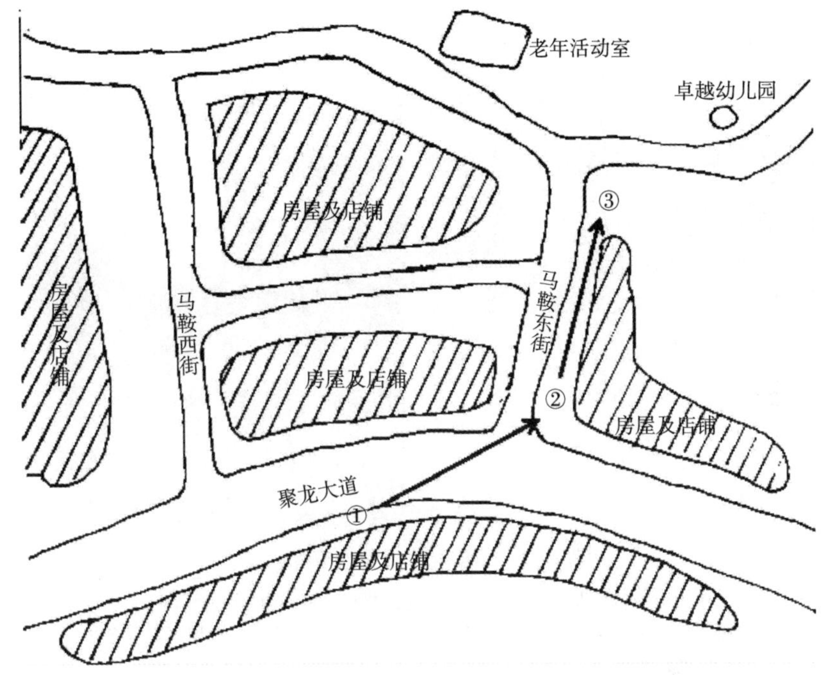

图 6－2　马鞍街头修脚工摊位的流动路经（从①到③）

脚工修脚手艺不高，她会在竞争中慢慢流失顾客，导致修脚工不得不重新物色新的摆摊地点，这是一种被动无奈的摊位变动方式。此外，与顾客的关系也会影响修脚摊位变动，例如与顾客发生严重冲突，导致修脚工在场域内声誉扫地，此时修脚工便不得不离开。

“回头客”是街头修脚工经济收入的主要来源，修脚场域的变更意味着流失一定数量的“回头客”。为了尽量留住“回头客”，修脚工的做法是在离开修脚场域时，修脚座椅和修脚招牌不会立即移走，而是在修脚摊位放置一段时间，并用纸板书写搬迁通告（见图 6－2），告知“回头客”摊位已经变更到新地点，引导他们到新摊位修脚。街头修脚摊位可以随意流动的特点相对于修脚店来说是一种优势。罗家花园街头修脚工林阿姨（LJHY3），56 岁，小学文化，从事街头修脚 3 年，她认为街头修脚比租门面更有优势。

现在重庆做地摊的已经很少了，都是做店了，一般想做大、做

图6－3　街头修脚摊位变更的通告

注：纸板上的内容是：左图 张二妹修脚搬至建涪停车场上行；右图 小喻修脚搬至北斗路口（依蝶对面），卖糍粑旁；修脚搬至地下商场出口对面金凤修脚店时代电脑楼上。

好都是朝做店方面发展。涪陵做店的还是比较多的，十几年前都有做店的。但是我们也有我们的优势，我们的优势就是方便。那些修脚店一般是上坡下坎的，一些老年人行动不方便，就不愿意去。修脚门面都不是很当道的，做店的话，想找一个当道的门面是做不起的，房租太贵，赚不出来。我们流动性比较强，随便可以转移地点。（LJHY3－20180922）

街头修脚的优势主要体现在以下几个方面：一是街头修脚工可以根据客流量和市场需求随意变更修脚摊位；二是为了照顾行动不便的老年人修脚，街头修脚工可以深入巷子，或是在路面平坦易行的路段摆摊（涪陵地处山区，平坦的路面较少）；三是街头修脚由于工具简单，投资少，所以修脚的收费低，适合平民老百姓修脚，修脚店的价格要高于街头修脚。

小小的修脚摊位和修脚区域是街头修脚工尽力去掌握和控制的场域。老修脚工遵循“先来后到”的揽活优先权，将修脚的公共区域看作自己的个人空间，并划定一定的界限，阻止新修脚工的介入，以免使自己的生意受损；街头修脚工将修脚摊位区域视作自己的“地盘”，并对其进行维护，修脚工的修脚摊位便是其工作和生活于此的小世界，修脚工在其所控制的场域里小心翼翼地从事着服务的生产，修脚工对自己修脚区域进行有效的控制，拒绝一切具有挑衅性的侵犯行为；街头修脚工由于工作和生活的需要，她们并不满足于自己已经占有的场域，而是根据实际需要有效的扩展自己的活动范围，通过与周围的商铺员工、街头小贩、公共厕所管理员等建立良性互动的关系，修脚工可以收获诸如微波炉热饭、找人临时看摊、修脚工具放置在公共厕所以及下雨天避雨等切身好处；修脚工所在的场域并不是一成不变的，她们会根据生意状况以及自身情况随时进行变换，如果一个场域内生存的修脚工已经饱和，或者是生意不见起色，抑或是修脚工在此场域内由于修脚技艺等导致名声扫地，那么她们便会毫不犹豫地放弃原先场域，去开辟和探索新的场域。

城市里的公共空间是一个具有多重含义的空间，它是底边职业群体生存竞争的领地、利益相争的场所。底边职业群体在生存实践中对“领地”的感知和态度，关系到“领地”规则的生产和重构。底边职业群体如何选择、维护、打破和重构“领地”，有助于揭示生存实践中行动者与社会文化规范的关系。

（二）修脚惯习：行业套路与实践规则

惯习具有相对普遍性（指一定范围内的共享性）的特征。相对普遍性是指惯习总是为同一阶级或群体的所有成员所共有，因为同一阶级或群体的社会成员所面对的社会文化物质生活条件相似，所以他们通过对其内化形成的惯习也相应地表现出类似性，即把相似机会内化为个体享有的相同的惯习。惯习为实践活动提供了动力原则，要想真正地理解实践，只有先去弄清楚，是哪些经济条件和社会条件影响着惯习的产生和实际表现。[①] 街头修脚工通过自己日积月累的经验形成了惯习，即学会了

---

① ［法］布迪厄、［美］华康德：《反思社会学导引》，李猛、李康译，商务印书馆 2015 年版，第 155 页。

一种速率、节奏和不成文的游戏规则，主要有回头客的维护、接纳顾客、修脚要保守以及街头喊客等。

1. 回头客的维护

街头修脚工的经济收入主要靠回头客，其稳定收入的主要策略也是培育回头客。回头客越多，证明修脚工的修脚手艺越好，给修脚工带来的经济收益也就越多。长期修脚的顾客会选择固定的修脚工为其修脚，对他们而言，为了能够让手艺信得过的师傅修脚，他们可以排队等候，甚至可以在修脚工不出摊的时候宁愿选择当天不修脚，也不会轻易找其他修脚工代劳；而对于街头修脚工而言，回头客的多少不仅代表了一名修脚工的修脚手艺水平，还代表了其在修脚顾客心中的威望和地位。为了维护与回头客的良好关系，一方面，修脚工在给回头客修脚时万万不可马虎大意，砸了自己的修脚招牌，她们会耐心、细致地为其修脚，提高修脚时的感官体验与身体享受，以此留住顾客，让他们“常来修脚”。兴华中路一位街头修脚工分享了她的修脚“哲学”：

> 修脚就像做人，你认真、细心，服务态度好，你的朋友就多，支持你生意的“回头客”就多。（XHZL3 – 20181109）

修脚工对回头客的家庭情况、脚疾状况、修脚的个性化需求了如指掌，修脚工视回头客为朋友、伙伴甚至亲人，并对其保持良好的服务态度，她们甚至经常主动打折，来维护与回头客的良好关系。服务业出售的不仅仅是服务产品，还是一种感觉和体验。所以修脚工对顾客的劳动投入便不再仅满足于物理形体上的参与，更要求她们精神和情感的付出。

2. 接纳顾客

街头修脚工中存在一种工作理念，即顾客只要坐下来，就要尽力为其修治脚疾，不能拒绝。第一，有的顾客双脚布满老茧，异常难修，需花费成倍的时间和精力才能满足顾客要求，此时，修脚工与顾客会出现讨价还价的过程，修脚工会要求在平时修脚价格基础上多收几块钱，使其劳动付出与劳动收入相匹配；而顾客据理力争，坚持按原来的修脚价格支付；不论是原价或提价，最终都会以修脚工的让步使问题最终得到解决，修脚交易总会达成，很少会因为价格问题导致两者不欢而散。

第二，修脚工即将收摊时，若突然来了一位修脚顾客要求修脚，那么不论多晚，修脚工都会打消收摊的打算，为其修脚，待修脚过后再收摊下班。“有时候是打着灯在外面给别人修脚，人都来了，不能不给他们修，给他们修完之后再走。”（LJHY2 - 20180922）

第三，修脚过程不能“半途而废”。“一般修过的顾客一个月来一次，有的脚病不可能一次性解决问题，趾甲它要长噻，鸡眼的话也要看哪一种，有的还需要上药，三四次就好了，一般的鸡眼是不可能一次性修好的。”（XHZL4 - 20181109）修脚工与修脚顾客一旦建立了服务生产者与服务消费者的关系，修脚工便有义务对顾客的脚疾负责到底。大部分脚疾都需要一个长时间持续修理的过程，在此过程中，修脚工要尽力为顾客祛除疼痛与不适，保证顾客脚疾痊愈，不能半途而废，打退堂鼓。

第四，街头修脚的主要顾客是中老年人或体力劳动者，此类群体由于年老体衰、经常劳作容易出现脚脏、脚臭、脚部畸形等问题，面对此种情况，修脚工仍要耐下性子，毫无怨言，欣然为其修脚。

3. 修脚要保守

修脚要保守，简单地说就是不能修得太干净。修脚刀锋利无比，修脚是在人的脚部用刀，可以说修治脚疾是在脚部“做手术”，所以顾客的安全是最重要的。修脚最忌讳的是将顾客的脚划伤见血，修脚工与顾客之间的矛盾与争吵往往起源于此。将顾客的脚部划伤往往证明修脚工的修脚手艺不行，从此砸了自己的修脚招牌。为了维护与修脚顾客的良好关系，保证修脚声誉，老练的修脚工通常用刀十分保守。

> 修出血是要不得的，你要修得保守一点，不能修得太干净，你想修得太干净，那就容易伤到了。（LJHY4 - 20180922）

对于新入行的街头修脚工来说，修脚保守不仅可以降低顾客被划伤的风险，还可以掩盖其修脚技术的生疏与粗糙。但是，对于一些“心怀不轨”的修脚工来说，保守的修脚却是另一层含义：修脚工故意不将脚疾彻底清除，在修脚上“留一手”，意在“留”住顾客，让顾客再次光临，“照顾”自己的修脚生意；或者是将好脚修出鸡眼，传统社会将这种耍手段的街头修脚为“撇年子”。“撇年子”的修脚工如果看客人是“点”（即是能受其敲诈的，彼必敲诈，行话叫“挖点”）。他们不是说顾客有脚垫，就是说其有鸡眼，并依据自己掌握的脚部穴位，一按即痛。客人若愿除治，他们就看风行船，瞧事行事，最奇怪的是好好的脚，他们也能修下很多鸡眼，行话叫“出托”。其出托之法，是由脚皮粗厚之处，用手术能由该处修成鸡眼，江湖人调侃他们这种技术叫“出样儿”。

4. 街头喊客

街头修脚工将街头喊客视为向路人呈现良好的服务形象、招揽顾客修脚的有效方式。修脚工深知自身条件和所处环境的劣势，又加之相邻修脚工的市场竞争，需要她们不断发挥自我主动性，面带微笑，保持良好的服务态度面对过路人，才能够吸引更多的人前来修脚。

> 服务行业，态度还是要好一点，你态度好了，他们拿钱来消费，心情就会好一些。你不主动喊他们来，他们就不会来你这里修脚，你要喊，就有机会。（CB8－20181121）

所以在我们实地调研中，街头喊客与修脚工的修脚手艺高低、生意好坏没有必然的关联。她们面带微笑，身体前倾，不管路人修不修脚，在人来人往的道路上，见人就喊“姐姐修个脚吧？”“毛儿（孩子）修个脚吧？”街头喊客俨然成为街头修脚工的行业口头禅。街头喊客真的会给修脚工带来修脚生意吗？现实情况是修脚工的街头喊客行为往往令路人烦躁不安，“要修脚者自然会来修，不修脚者永远不会修”。街头修脚工过度热情的街头喊客行为，给路人的感觉就好比是一个人在商场闲逛，导购员跟在你身后不断地介绍你所看到的每一件商品，而你仅仅是看看，并没有购买的打算。

我们生活在一个现代化的时代，现代化对传统手工业造成的巨大冲击力不可阻挡，街头修脚工自身所具备的资本条件和社会条件难以有效地抗击各种风险。街头修脚工的日常行为惯习表达了修脚工对生存现状的焦虑，或者是对未来职业命运的一种迷惘，街头修脚工的日常行为惯习呈现可以说是面对现代性的一种自我挣扎与自我反思。惯习所展现出来的策略绝对不是通过某种明确公开的、自觉意识到的筹划体现出来的东西，它们不一定是遵循理性的，但总是合情合理的。[①] 她们的思维方式、营生理念已经落入俗套且不合时宜，行业套路和实践规则依然是传统的、落后的。她们不会使用智能手机、手机支付等现代化的工具和手段，甚至身体都是传统的而非现代的。现代性视域下的社会处处充满风险，街头修脚工的未来命运是未知的，但同时又是确定的。街头修脚工要想改变自己的生活境况和生涯模式，必须对其日常行为方式、行业实践惯习甚至是身体进行现代性改造与重塑。

（三）弱者武器：捍卫经济收入的重要手段

美国著名人类学家斯科特在《弱者的武器》中讨论反抗和阶级斗争的重大主题，并且赋予这些主题以实践和理论意义的意识形态支配问题。斯科特认为，对于农民反抗和革命的研究主要集中在有组织的、大规模的抗议活动，此类研究忽略了一个事实，即“贯穿于大部分历史过程的大多数从属阶级极少能从事公开的、有组织的政治行动，那对他们来说过于奢侈。换言之，这类运动即使不是自取灭亡，也是过于危险的”[②]。农民与试图从他们身上榨取劳动、食物、利益等的那些人之间开展隐蔽性、持续性的斗争，这类斗争因为其具有隐蔽性，所以避免了农民集体反抗带来的风险。这种低姿态的反抗技术非常适应农民的社会结构。农民生活在乡村，居住比较分散，难以进行大型的人员组织，更缺乏统一的领导，所以最适合大范围的游击式的自卫式消耗战；同时，在长久的民众反抗文化历史中，农民行动拖沓或容易逃跑等个体行为影响深刻，不易改变，导致政府官员所构想出来的政策在底边社会无法有效推行。

街头修脚工散布于繁华街头的角落，她们是典型的底边职业群体，

---

① ［法］布迪厄、［美］华康德：《反思社会学导引》，李猛、李康译，商务印书馆 2015 年版，第 160—161 页。

② ［美］詹姆斯·C. 斯科特：《弱者的武器》，郑广怀、张敏、何江穗译，译林出版社 2013 年版，第 2 页。

所掌握的社会资源和所能获得的社会支持非常有限。为了长久地生存于街头，维持生计来源，她们不得不利用自己弱者的身体以及反抗策略来应对外界的碰撞与侵袭。此类日常的反抗形式具备共同的特点：不需要事先协调或制定计划；依赖于农民心照不宣的自我理解以及非正式的社会支持网络；是一种个体的自助形式，没有集体行动或统一领导。[①] 城管作为基层政府权力的代表是街头修脚工营生时面对的主要“斗争”对象。

在与城管“斗争”的过程中，街头修脚工充分运用自己“弱者的武器”：第一是逃避，当面临城管驱赶时，她们最常用的应对策略便是逃避，与城管“打游击”，但是她们并不是完全逃离修脚地点，而是躲在某一角落静静观察形势的变化，当城管“地毯式”的检查过后，她们继续回到原地开张营业；第二种方式是运用自己残缺的身体，与城管进行有限度的“公开对抗”，采取此种策略的一般是年老多病或身患残疾的街头修脚工，公开“对峙”的主要呈现方式是用身体拦截执法车辆，阻止城管去向，以博得同情，达到“网开一面”的目的和效果。

“这一态度看似是典型的‘弱者’心态，事实上却把国家摆在了一个尴尬的位置上：由于对方并不采取对抗姿态，国家不能直接惩戒甚至粉碎它，只能继续驱逐。而‘驱逐’需要很高的成本。”[②] 这是一场“谁挺的长就看谁赢”的马拉松赛跑，城管作为驱逐者，与作为逃跑者的修脚工在拉锯战中所呈现出的成本显然是不对等的：政府要下很大的决心才能来轰赶一次，其行为只是“战斗式”的，“挺”不住，而逃跑者难免一肚子怨气，但“挺”多长都没问题，你赶我逃，你撤我回。一旦直接对抗，所有的一切立刻变为蛮力的较量。

此外，刚入街头修脚行当的新人，容易受到“先来者”的诽谤和排挤。先来者往往对新修脚工冠以“不专业”“擦鞋的”等称号，并暗中鼓动顾客不要去新入行者那里修脚。后来者面对先来者的排挤与诽谤，往

---

① ［美］詹姆斯·C. 斯科特：《弱者的武器》，郑广怀、张敏、何江穗译，译林出版社2013年版，第3页。

② 项飙：《跨越边界的社区：北京“浙江村”的生活史》，生活·读书·新知三联书店2018年版，第248页。

往保持沉默，并暗中不断提高自己的修脚水平，用高超的修脚手艺和良好的服务态度留住修脚客。后来者与先来者一般不会发生公开化的冲突与斗争，通常是“暗中较劲”。在日常修脚过程中，街头修脚工还面临着地痞路霸的欺辱和威胁，此情境下的修脚工也会奋起反抗，但结果往往是自我利益受损，得不偿失，街头修脚工 CB5 被送到派出所的案例就充分说明了这一点（详见第 4 章）。CB5 最初也想到派出所讨回公道，但事情并不是那么简单，CB5 最终选择“让步”，支付赔偿以换取在原先摊位继续修脚的权利。遵循与顺从的压力对所有底边职业群体都是显而易见的，常规的顺从是在充分地算计权力格局和回报的基础上做出的。考虑到规避不必要的生存风险以及顺从的回报，许多街头修脚工将自利与反抗交融在一起，时而忍气吞声，时而有限度地违抗。

街头修脚工谨慎反抗与适度遵从的适应现实环境主要基于两方面的逻辑：一是“经济的无声压力”让她们总是以保证自己的经济收入为第一要务，经济因素是导致她们不断使用“弱者武器”的主要原因，她们生活贫困、经济来源单一，甚至全家的生活都靠一人承担，她们担心因为某种原因不能从事修脚行当而失去经济来源，正如一位残疾修脚工所说：“我现在就是担心哪一天城管不让我们摆摊了，那我的日子真的就没法过了，全家人指望着我这点收入生活呢。”第二，街头修脚工日常反抗欺辱和管理的行为纯粹属于个人的无组织行为，虽然修脚区域内聚集了其他修脚工，但是她们没有组织性，相互之间少有交流，都是“各自为战”，如果修脚工遭遇欺凌，其他修脚工大多采取旁观态度，不能形成统一集体，所以无法构成联合抵抗，共同维护彼此的权益，这也导致了修脚工在进行斗争和反抗时势单力薄，不能形成有力的话语和深远的影响。

由此可见，街头修脚工“忍让”是无奈的、被迫的，但也是理性的。它既是处于自保的本能，也与小农的理性计算相关联。忍不是苟且，而是作为一种生存策略，在弱者与强势群体互动的人际实践中发挥着作用。可以说，这种“弱者的武器”不仅是一种被欺凌的弱者面对强者的无可奈何，也是位于社会底层的弱者处理、应对与强者的冲突的处世哲学。

二 工作中的自我实现：在底边社会中寻找自我价值

“自我是某种不断发展的东西，它不是与生俱来的东西，而是在社会经验过程和社会活动过程中出现的——也就是说，它在既定的个体那里是作为他与这种作为整体的过程，以及与这种过程所包含的其他个体的关系的结果而发展的。”① 也就是说，自我本质上是一种社会结构，是从社会经验中产生的。自我价值离不开个人对自我的认知与定位，而自我的认知和定位产生于在社会中的角色位置、自身资源的多寡、社会的互动和交流等。街头修脚工即使在现代社会中也不会拥有很高的社会地位，那么生活在底边社会的修脚工如何建构自我的人生价值呢？

（一）职业声望：评判个人身份地位高低的作用式微

一个人的社会地位和自我价值实现与所从事的职业息息相关。社会地位（social status）的含义具有狭义与广义之分。狭义指社会等级制度或分层制度中的排列位置、权力、声望、职业、财富的象征；广义指个体在一定社会关系体系中所处的位置。后者被认为具有严格的社会学意义，反映了个体与社会整体的关系及在与社会整体互动关系中的社会身份。

“社会身份现在很少取决于恒定不变的世袭头衔，而往往取决于一个人在发展迅速、变幻莫测的经济体系中的表现。”② 现代社会打破了身份地位的世袭制度，人们对于一个人身份地位高低的评判日益向是否具备“安家立命”的本领倾斜，即一个人的社会地位越来越体现在其掌控经济资源的多寡方面，以职业性质和世袭头衔来评判个人身份地位高低的观念走向式微。

街头修脚工的从业动机主要是看重修脚的经济收入和自由工作时间，

① ［美］乔治·赫伯特·米德：《心灵、自我与社会》，霍桂恒译，华夏出版社2003年版，第146页。

② ［英］阿兰·德波顿：《身份的焦虑》，陈广兴、南治国译，上海译文出版社2007年版，第88页。

较少考虑职业发展前景、从业环境以及社会评价，即只要能够赚钱就可以。修脚的工作张弛有度，工作时间集中，虽然每天在修脚岗位上的时间有 12 个小时左右，但并不是每时每刻都在忙碌，所以工作强度很容易接受。同时，修脚所带来的经济收入足以让一位修脚工生活自足，并且略有结余，这是吸引底边职业群体选择修脚行业最主要的动力，也是体现自我满足和自我价值实现的决定因素。

> 现在还在乎被人看不起干嘛啊！这是一项工作，而且我能够挣到钱就行了啊。别人要说就去说，我不在乎。说什么自己又不痛不痒，挣到钱才是最实在的。有钱你的生活就有保障噻！被人看得起能当饭吃啊。（XHZL3 －20181109）

在修脚工心中，经济因素已经取代职业声望，成为实现自我价值的决定因素。

（二）养家糊口：一种现实主义理性

在阶级社会，一个人的社会身份往往取决于出身，社会身份具有很强的世袭特点。如果出生于富贵家庭，那么不论其能力与资质如何，通过继承可以长久地处在社会上层。但是，对于处在社会底层的普通群众，很难通过自己的努力上升到更高的社会等级，很多从事“贱业”的贫困人民往往是代代相继，底层的社会身份难以改变，导致社会阶层固化。“只要研究这些社会的历史我们很快就会发现权力、特权和荣誉极不平等的分配是从其政治系统的作用中产生的。更准确地讲，在这些社会中，政府制度是社会不平等的首要来源。”①

底层群体之所以在阶级社会永无翻身之日，主要是社会体制所导致的。新中国成立后，我国逐步建立起社会主义制度，特别是改革开放以来，我国社会各项事业取得了举世瞩目的成就，人民的生活水平不断提

① ［美］格尔哈特·伦斯基：《权力与特权：社会分层的理论》，关信平等译，社会科学文献出版社 2018 年版，第 267 页。

高，各项权利得到了充分实现。在现代化背景下，市场经济逐渐成熟。“社会身份现在很少取决于恒定不变的世袭头衔，而往往取决于一个人在发展迅速、变幻莫测的经济体系中的表现。由于经济体系的性质，获取社会身份的奋斗有一个非常明显的特征，那就是不确定性。我们对未来的思考总基于各种忧虑：可能被同事或竞争者打败，可能缺乏实现既定目标的能力，或可能在市场的浪潮中迷失方向、误入歧途——这一切的失败可能因同行的成功而变得更加糟糕。”① 换句话说，市场经济视域下人们对身份地位的追求可以简单地解释为对财富的追求，经济实力成为衡量一个人身份地位的决定性因素。一个人的经济实力强，掌握的社会资源就丰富，社会支持网络与社会影响力强大带来的是社会大众的尊敬和推崇。

现代社会下有人之所以愿意从事街头修脚行当，看重的主要是经济收入，而其自我价值的形成与建构也是来自经济收入。街头修脚工群体是由体弱多病的中老年女性构成，她们已经过了外出打工的黄金时期，只能通过街头修脚勉强糊口。但是，她们并不会觉得从事街头修脚丢脸，而是认为街头修脚是一份正经八百的工作，更重要的是能给她们带来经济收入。街头修脚工李阿姨（LJHY2），53岁，修脚7年，她并不认为修脚是一个让她抬不起头的工作：

> 虽然每天这样出来修脚比较累，但是可以赚钱嘛！自己手里有钱就是保障，你去跟子女伸手要钱？那不太可能。现在年轻人生活压力多大啊！我自己赚一点是一点，自己赚的钱花着方便。自食其力，比那些整天甩着手玩儿的人好多了。(LJHY2－20180922)

此外，街头修脚从不赊账，也不会产生持续性的成本支出和较大的资金投入，所以街头修脚可以让修脚工的劳动付出立刻变现为资金，获得即时性的收入，挣到现钱。现钱对街头修脚工群体的意义重大，不仅

① ［英］阿兰·德波顿：《身份的焦虑》，陈广兴、南治国译，上海译文出版社2007年版，第88页。

可以保障她们的日常生活开支，生意较好的修脚工还可以存一点余钱。

经济收入给修脚工带来的不仅仅是生活的保障，还有自我价值的实现。修脚工能比较清晰和理性地看待自身条件以及所能支配的社会资源，她们认为能够有一份比较稳定的谋生工作，获得稳定的经济收入，就会收获很高的满足感。在物欲横流的现代社会，人们之所以感受到越来越贫穷、自我价值难以实现，主要原因是现代社会激发了人们无限的欲望，在我们想要得到的和能够得到的东西之间、在我们的实际地位和我们的理想地位之间，造成了永远无法填补的鸿沟。

（三）参照群体：在比较中寻求自我安慰

一般而言，任何人都会将自己的价值与他人的价值作对比，街头修脚工通过与参照群体的比较来获得一定意义上的自我价值认同。修脚工眼中的参照群体不仅包括她本身所隶属的群体内成员，还包括非隶属的群体内成员。对街头修脚工而言，隶属群体内的参照个体选择主要包括两类：一类是由擦鞋匠转行来的修脚工，她们入行时间较短，自学成才，没有经过正规的修脚技能培训，修脚手艺较差，可被称为“非专业街头修脚工”；另一类是入行时间较长，付出了一定的经济代价接受过专门培训，可被称为“专业街头修脚工”。此外，修脚摊位周围还有许多伴生群体，包括擦鞋匠、修理匠以及小商贩等，非隶属群体内的参照个体选择不仅包括以上几种伴生群体，还包括环卫工人、门卫等群体。不管是隶属群体内参照个体的选择，还是非隶属群体内参照群体的选择，街头修脚工往往选择不如自己手艺、低于自己收入的参照群体或个体进行比较，从而进行自我价值建构。对于街头修脚工来说，自我价值的主观感知和评价是获得自我安慰和自我满足感的主要途径，而对其自我价值的他人评价则影响较小。

> 这个人吧，不能比，人比人，气死人。自己什么实力自己还不知道吗？你说现在去外出干工厂，我们能行吗？不行啦，年龄大了，也没有文化，没人要。现在修脚我就很知足，最起码比他们单纯擦鞋的、打扫卫生的、扫大街的要好吧。（XHZL4 - 20181109）

修脚工自我价值的感知与实现一方面来自自我安慰，另一方面则是通过与周围群体的参照和对比来获得。我们对自己的认识虽然在很大程度上取决于他人对我们的看法，但是我们的自我感觉和自我认同并不完全受制于他人对我们的评价，还取决于自我的心态调适与自我安慰。如果仅仅看重别人的评价，缺少自我调适与自我安慰，那么就会容易形成自我焦虑。

“我们从来就不会孤立的形成我们对事物（如财富和尊重）的相应期待，我们的判断必然有一个参照群体——那些我们认为和自己差不多的人。只有同他们比较，我们才能确定我们合适的期待视野。”① 所以，要想获得成功的感觉，最佳途径莫过于选择一个稍逊于己或与自己同质性强的个人或群体做对比。“人生在世，我们的自尊完全受制于时时督策我们的理想以及我们为理想所付诸的行动，取决于我们实际的现状同我们对自身期待之间的比率，即：自尊 = 实际的成就/对自己的期待。”② 由此看来，要想获得崇高的自尊，主要有两种途径：一是通过自我努力获得伟大的事业成就；二是降低自我期待。具体到街头修脚工层面，她们自我价值的建构不仅需要依靠自己的努力去争取更大的职业成绩，还需要通过参照群体或个体的选择来降低自我期待。

（四）反规训：对工作自由的向往

福柯认为，纪律成为一般的支配方式，创造出驯顺的、训练有素的身体。“它规定了人们如何控制其他人的肉体，通过所选择的技术，按照预定的速度与效果，使后者不仅在‘做什么’方面，而且在‘怎么做’方面都符合前者的愿望。”③ 纪律对人肉体的规训主要有四个方面：对人的空间分配；对活动的控制；对时间的筹划；对力量的编排。学校、监

① ［英］阿兰·德波顿：《身份的焦虑》，陈广兴、南治国译，上海译文出版社 2007 年版，第 38 页。

② ［英］阿兰·德波顿：《身份的焦虑》，陈广兴、南治国译，上海译文出版社 2007 年版，第 49 页。

③ ［法］福柯：《规训与惩罚》，刘北成、杨远婴译，生活·读书·新知三联书店 2012 年版，第 156 页。

狱、现代企业制度以及机器大生产将纪律对人肉体的规训发展到了极致，人们的身体配合着冰冷的机器超负荷的劳动，肉体成为机器的“附属品”。纪律的高雅之处在于它不需要昂贵的付出和粗暴的关系就可以获得很大的实际效果。纪律的目标“不是增加人体的技能，也不是强化对人体的征服，而是要建立一种关系，要通过这种机制本身来使人体变得更有用也变得更顺从，或者因更加顺从而变得更有用”①。

街头修脚工是“自我雇佣”的工作形式，自由的工作时间让街头修脚工逃避了现代企业制度的规训。正如本书第四章第二节所述，高大娘可以利用修脚的自由工作时间，去接送孙子上下学，履行对孙辈的照看义务；周大姐可以在修脚的间隙，随时回家探望年老的公公婆婆，照顾生病的老公。自由的工作时间可以给街头修脚工带来随时随地离开修脚场域、离开工作岗位的便利，去处理家庭琐事、赡养父母等。“反规训”是对现有纪律和规训的逃避和违抗。每个人都向往无拘无束、自由自主的工作和生活，在纪律的规训下，人们只能将自己的身体交给工作机构，将自己的行为调适为更加适应各项生产的要求。在纪律和规训面前的自我向同质性方向发展，个体的自主性受到挑战，身体自由受到压抑。

随着经济的发展和社会的进步，自由、民主、平等的现代主义思潮影响深远，在此背景下，人们更加注重自我的发展与个性的解放，于是出现了很多自由职业者与自我雇佣劳动者，他们职业选择的原因之一便是拥有时间的自我支配权。这是企业规训权力与反规训主体相互博弈的过程，“反规训”的出现，表明了现代化的个人对自主性和个性化的发展诉求，以及对现代企业制度控制人身自由的逃避与违抗。

三　小结

随着社会文明程度的不断进步，人们对底边职业群体的社会包容与理解逐渐增强。作为传统的民间老行当与底边职业的代表，街头修脚虽

① ［法］福柯：《规训与惩罚》，刘北成、杨远婴译，生活·读书·新知三联书店 2012 年版，第 156 页。

然已经摘掉了传统社会“下九流”“低贱”的职业污名化标签，但是修脚工在工作中依然受到歧视与不公正待遇。街头修脚工处于社会底层，从事着“低贱”的街头修脚行当，与同龄人以及其他行业相比，她们没有任何的优势可言。但是，生活的艰辛、职业的卑微、社会支持网络的薄弱等不利因素并没有彻底地摧毁她们，她们在社会的底层顽强拼搏。为了能在网络化的大数据时代、科技先进的现代社会以及快节奏的城市生活中生存下来，她们不得不根据自己的职业特点、身体素质以及营生环境发展出一套特有的生存逻辑与身体实践策略。小小的修脚摊位和修脚区域是街头修脚工尽力去掌控的场域，对自己所能掌控的区域的有效利用是街头修脚工自我权利的一种表达，她们可以尽其所能地调动修脚场域内一切积极因素为自己的生计服务。同时，她们将自己的部分劣势转化为优势，善于挖掘和利用自身“弱者的武器”，收获基层城市管理权力的同情与体谅，避免行政处罚与税收。

在低贱的行当中构建自我价值，可以使街头修脚工长久地从事这项职业。在过去，职业声望是评判和影响一个人身份地位的重要因素。现代社会打破了身份地位的世袭制度，人们对于一个人身份地位高低的评判不再以职业性质和世袭头衔来考量，而是以是否具备“安家立命”的本领为主要标准，即一个人的社会地位越来越体现在其掌控经济资源的多寡方面，简单来说就是挣钱越多，在社会上越有地位，或者说只要能赚钱，就不会被人看不起。此外，马斯洛的需求层次理论告诉我们，只有当人从生理需求的控制下解放出来时，才可能出现更高级的、社会化程度更高的需求。

街头修脚工大部分是年龄偏大的中老年妇女，文化水平低，缺乏社会支持网络，并且没有特殊的生存技能支撑生活。她们非常清楚自己所处的境况，眼前最急于解决的问题是维系基本生活开支的经济问题，所以对于职业声望的需求不高。对于街头修脚工来说，只要是每天有活干、有钱赚，并且自己的经济收入能够对得起自己劳动付出，她们便认为自己没有白活，自己所从事的工作就是有价值的。与其他底边职业与从事底边职业的同龄人相比，她们不受时间和纪律的规训，能够自由地安排工作时间，并能够较好地兼顾照顾老人与养育子女。所以，在卑微的街头修脚行当中，修脚工具有较高的自我认同和自我价值感。

第七章　现代性与传统行当的碰撞

随着科技的发展和社会的进步，大多数的民间老行当已经不适应人们的日常生活，消失在历史的长河中，但是为什么街头修脚会依然存在于人们的生活中？修脚店是伴随着人们对养生保健的多样化需求而产生的，相对于街头修脚，专业修脚店具有健康卫生、服务周到、价格实惠、手艺专业、身体感官舒适等特点。在本章中，我们将首先介绍和描述街头修脚的两种现代化形式：个体修脚店和全国连锁修脚店，全面呈现修脚店内修脚技师的工作环境、工作过程等。通过比较性研究，烘托街头修脚在现代社会中的困境和劣势，同时对街头修脚的前景和未来进行展望。在专业修脚店的冲击下，街头修脚生存机制是什么？作为现代化和人们需求多样化的产物，修脚店又是如何运行的？修脚店内修脚技师的工作过程与生活图景是如何呈现和表达的？以上问题我们都将在本章中做出探索性的回答。

一　个体修脚店：街头修脚的现代表现形式

随着社会的发展与人民生活水平的不断提高，街头修脚已经不再适应人们日益多样化的修脚需求。为了满足人们对健康卫生、修脚体验以及专业性的要求，修脚店如雨后春笋般兴起。虽然个体修脚店里的修脚技师同样是“自雇劳动”，但是现代社会下的个体修脚店与街头修脚相比具有很大的差异，可以说个体修脚店与街头修脚是两种不同的修脚模式。个体修脚店注重修脚技术、服务态度以及修脚体验，同时不断拓展服务范围，衍生出了按摩、掏耳、脚部护理等服务项目。下面我们将对个体修脚店内修脚技师的劳动过程、经营困境等开展探索性研究。

（一）劳动过程：生活与工作互嵌

陈阿姨（MA－C1），44岁，小学学历，农村户口，住址是涪陵区李渡南岚村，家庭有六口人（公公、婆婆、老公、自己和一儿一女）。女儿学的医学，刚刚大学专科毕业。老公在重庆某建筑工地打工，不经常回家，只有等一项工程建完之后才有机会回家。陈女士从业3年，之前在重庆一家全国连锁修脚店做修脚工，如今自己开了修脚店。店内只有三个修脚椅，装饰简单，设施简陋。

> 我是在重庆南坪一个学校学的，学费交得贵，交了5000元。之前之所以想学修脚，是因为当时我的一个妹妹介绍的，她说现在学修脚和按摩可以找钱（赚钱）。我妹妹不干修脚，她天天在家里玩。因为她天天去养生、按摩，对足疗保健行业比较清楚，就建议我去学习。
>
> 现在陕西的ZYY是最出名的，他是自己开店，全国连锁，有6000多家。我以前就是在他家店里工作的。现在保健养生的人很多，特别是人的生活好了之后。我有个朋友，也是教人家按摩，是个踏实师傅嘛，一个月一万多块钱，就是教一下别人，平时都是耍起的，他手上全是一层层的老茧，每只手中间指节上都鼓起来一个茧包。那不是一般人能够学下来的，一开始学的时候还是很辛苦的，用手的指节去钻人家的脚心，用力轻了，人家会让你重一点；用力重了，自己又太辛苦。
>
> 现在已经基本上没有人会瞧不起修脚工了，也不会有异样的眼光。我之前在店里修脚，修完脚之后，顾客都会将钱交给店长，店长再按照一定的比例给我们，但是具体的比例我不知道，一般就是修一双脚30块钱，给你提成12块钱，该付多少就是多少，是每个月提成，发工资。35块的提成13块，60块的提成18块。干这行很辛苦，早上10点上班，晚上1点下班，很多时候一点都下不了班，现

在自己搞，时间要自由一些。我想早一点就早一点，9点多一点打烊，10点、11点，最晚12点半也会打烊，因为客人不走嘛。晚上也有人，没有顾客我早就收了。我自己一般早上六点半开门，七点多就有客人了，中午不休息。自己做比打工好，一天当中最忙的时候一般是早上9：30—12：00、下午5：30—9：00。就是那些厂里的人下班后是最忙的。做修脚这个前景还是挺好的，现在做的人也不是太多。但是他们和我做的不一样，他们是按摩另外收费，我这里是修脚和按摩一起算的。他们按摩一次要25元。(MA－C1－20180703)

一位正在修脚的顾客补充道：

因为现在你年龄大了，出去打工别人不会要你，那肯定要学一技之长，自己学个手艺多好嘛，自己开个门面，创业挺好的。我这只脚的小趾烂了，也不知道是什么原因，脚趾甲里就灌脓了，然后就是疼。我就没管它，之后越来越恶化了，于是到医院，医生说是脚趾甲内部灌脓了，等到灌满之后，来医院开一刀，然后回去躺了几天，越来越严重，我就拿针自己挑，就感染了，烂了。然后我拿碘酒、药来擦，后来就好了，但是趾甲壳是硬的，趾甲盖下面是空的。后来，她到我那里去拿快递，我正在处理我的脚趾甲，她看到后就问我的脚怎么了，我给她看了一下，她建议我有空去她那里修一下。过了几天，实在受不了了，就等着不是太疼的时候来她店里修一下。当初我也不知道这里还开了一个店。我这是来了第三次了，让她给我修一下，把我坏了的指甲去除掉。指甲盖下面有一个洞，现在好多了，也不用来换药了。”

陈阿姨的修脚店生意不错，一天会有十几个修脚客光顾。修脚店除了修脚，还有按摩和足部保健，修脚和按摩是绑定的，这样既提高了修脚的价格，也增加了修脚工的经济收入。“修脚＋按摩”的服务会根据所用药水的类型进行定价，药水不同，价格也有差别。此外，修脚的价格还与按摩的时长有关，按摩时间越长，收费越高，需要修脚客根据自身需求做出选择。

> 这样自己做比外出打工要好一些，而且更自由。每天六点半就开门营业了，因为家离这里比较远，所以我就干脆住在这里，睡按摩床，回家的时候就等我老公回来接我。我平时不回家，有时候在店里住烦了，或者是闺女回来了，我们就住我姐姐家。我姐姐就在那里住。我们的生意一般是靠回头客，马鞍附近应该就是只有我这一家专门的修脚店。前面路口有那种摆摊的，她们应该是没有受到过专门训练，看着别人修脚，然后自己在家里学一下，给家人修一下脚，练习一下就可以买一套工具开始摆摊了。她们的卫生、消毒条件肯定不达标。反正是很少有人去，我的话是不会去的。她们岁数都挺大了的，五十多岁，年龄那么大了，不可能花那么多钱去学习修脚。（MA－C1－20180703）

环顾店内四周，陈阿姨的修脚店装饰风格简洁干净，整个修脚店用一块窗帘一分为二，最外面靠近店门的区域是工作区，摆放着三台躺椅；最里面的区域是生活休息区，摆放着一张长2米、宽0.5米的按摩床，按摩床很简陋，床垫是海绵，表面裹有一层皮革。按摩床对面是一套简单的厨具：燃气灶、煤气罐、锅具、电饭煲以及必要的调味品，陈阿姨生活和工作是一体的。

戈夫曼在其代表性著作《日常生活中的自我呈现》中提出了“拟剧理论”，他认为社会中人们所呈现出的多种多样的角色其实是一种表演，“当一个人在扮演一种角色时，他必定期待着他的观众们认真对待自己在他们面前所建立起来的表演印象。他想要他们相信，他们眼前的这个角色确实具有他要扮演的那个角色本身具有的品性，他的表演不言而喻也将是圆满的，总之，要使他们相信，事情就是它所呈现的那样”[①]。为了能够让表演顺利进行，表演者将表演区域分割划分，设置表演的“前台”

① ［美］欧文·戈夫曼：《日常生活中的自我呈现》，冯刚译，北京大学出版社2017年版，第15页。

和“后台”。在前台区域所呈现给观众的往往是需要强调的东西，而后台区域突出表现那些被故意掩盖的事实。

修脚店将工作区与生活区进行区隔，体现的就是修脚工作为表演者对其表演区域的充分利用与功能的分割。修脚工在工作区和生活区所呈现的状态和行为有所差异：在工作区，修脚工尽量呈现出专业、卫生、高效、温和的服务者形象；而生活区是修脚工休息、吃饭甚至是娱乐的场所，修脚工更多呈现出的是疲惫、放任自由、无拘无束的生活者形象。

（二）个体修脚店的经营困境

经营修脚店所遇到的困难主要是在开店之初，集中在开店之初的筹备、进药和成本控制方面。

> 肯定是开店的时候最难呀。开店的时候什么都不懂，什么都要问别人、问同行。进药也是别人帮我进，我女儿是学医的，女儿帮我进药。她刚刚大学专科毕业，在重庆万州，现在还没有工作，就在店里帮我。开店的时候我找了好多地方，大马路对面我也找过，但是那里房租太贵了，这个房租要便宜一些，一年两万多块。后面的门面还要便宜一些，一年只要4000—5000元，因为这里人流量大，旁边是一个酒店、电影院，还有新大兴超市，所以要贵一些。开这种店，必须要当道的地方，要不然人家看不见。装修的时候我女儿来帮我看了一下，简装一下，你看我的灯都没有装好。我打算挪到上面一点，哪里房租便宜，一年能省一万五。我把那个广告牌打出来，那时候也有一些顾客了，可以跟顾客说我的店挪到哪里了，经过口口相传，就都知道了。明年五月份就开始搬。进药是最难的，起初是我找朋友帮我，同行的、一起干这一行的同事、朋友给我介绍。开店的资金也是个困难，资金全部是借的。最困难的是没钱。所有的投资花了三万多块。房子没有转让费，房子是属于物管的，物管不让转让。(MA－C1－20180703)

修脚店的日常经营会产生不少花费，一位扬州修脚店老板（MA - XFXC1）说：

> 你知道我们这里一年租金多少钱吗？三万多。我这里开了一年多了，我如果一天只有十几个人那不赔死了。我觉得一天二三十个都不赚钱。你想，修个脚15块，10个人才150块，我一天房租水电都要除去100块钱。10个人我是干不下去的。我在这边还好，能做着走，但是赚不了大钱。（MA - XFXC1 - 20180827）

由此可见，个体修脚店的经营困境主要来自三方面：第一，修脚店的门面租金问题，人流量大的门面租金高，修脚店仅仅依靠修脚无法收获足够的利润支付租金，如果选择偏僻地段的店面，生意就会受到影响，对此修脚店通常的做法是先在人流量比较大的街道附近开店，等培养了稳定的回头客之后，再进行店面搬迁；第二，修脚店日常的经营花费比较大，水、电、气等每月支出不菲，所以修脚店在店面装修上能省则省，减少不必要的开支；第三，进药也是修脚店经营初期所面临的困难，从哪地方进药？哪个地方进药便宜？进药的途径是什么？对于新开修脚店的修脚工来说，只能通过之前的同事、朋友帮忙打听。

（三）正规与不正规：修脚店的“污名化”

学府新城的一家扬州修脚店是一对25岁左右的小夫妻开的，修脚店面对该地区最主要的一条公路。修脚店的门脸是用玻璃做的，透明的玻璃上张贴着该店的服务项目，门的左侧贴着“灰指甲、甲沟炎、鸡眼、病足疣、脚气、脚汗”，右侧贴着“修脚、泡脚、按摩、掏耳朵”，红色的大字格外显眼。修脚店主打“扬州修脚”的招牌，店内张贴有脚部穴位图、脚病的病因介绍、脚病药品广告等。修脚店内还有几处标语，例如“因为专业，所以卓越，效果保证，口碑相传”，“脚是人的第二心脏，千里之行，始于足下，关爱健康，从脚开始，闲时泡脚，胜吃补药，足疗保健，脚病全无”。泡脚水是用艾叶泡制的，泡完脚之后，修脚工会在你腿脚上涂上一层橄榄油作为润滑剂，减轻按摩时脚部皮肤与修脚工手部皮肤间的摩擦力。

我们这个店开了接近一年了吧。当初是跟着师傅学的，学校里学不到什么东西。这个店是我们两口子开的，我们两个都去学了的。学这个东西还需要实践，刚开始跟着师傅学肯定没有钱，刚去要先打杂、端水。澡堂也有修脚的，我是在专业的修脚店里学的，他们那边叫扦脚。（打杂多久开始让你上手?）那就看你自己的表现了，他看你的实践嘛。一开始学的时候先修筷子，练手法，练力度，挺枯燥的。修筷子以后就是真人嘛，修自己身边的人，先从自己人下手，别人不给你修嘛。还可以同事之间相互修。（你们这样去学要交学费吗?）要交学费，不交学费是学不会的。我们学费交 3000 元，平时也会给师傅烟、请吃饭啥的，那样的话师傅会耐心一些。扬州主要是在休闲娱乐这一块（做得比较好），搓澡也挺出名的。正规搓澡，不像重庆这边不正规啦。那边很多人就过来问我，我说我们这里都不是很正规，扬州那边就是一个很大的集体澡堂，这边就是一个小黑屋，然后就是性服务；人家那边是真的搓澡，我们这边完全就是大保健。（MA－XFXC1－20180827）

扬州修脚店是一家夫妻店，老板娘（MA－XFXC2）年轻貌美，我问她："你这么年轻漂亮出来修脚，你的父母不反对吗?"老板娘明白我的意思，笑着对我说：

一开始的时候家里不支持。一是他们怕我们开店搞亏了；二是我公公婆婆觉得一个女孩子家给人修脚名声不好。我公婆不让我开，之前我们想搞一个串串店，他们也不让我开，后来我就去学了按摩，我是偷偷去学的。所有的这一切我都搞好了之后才去跟我公婆说，他们不知道我在搞这个，如果没弄好就跟他们说了，他们又会不支持我。（MA－XFXC2－20180827）

一位正在店里修脚的女修脚客补充道：

> 因为老年人的思想比较传统，男男女女都有，摸来摸去的，他们的思想很封建，认为一个女的在外面给人家按脚，说起来不好听。你带他们来这里看一下，他们就放心了，我们是正大光明的，又没啥，又不是遮遮掩掩的。关键是有些人思想封建，一听按摩呀、修脚呀听起来不好听。洗脚城里也有，那些乱来的就很多，我们这些人肯定不会去那些地方，说白了，因为那些地方本来就是乱来的。我们一般洗脚都是选择这种地方，不喜欢去那些地方，那些有钱人、男人才会去那些地方。像我们这种平民老百姓，就是喜欢选择这种地方。我来这里三次了，我姐姐经常来这里按脚，也推荐我来这里，我才知道这个地方的。

在中国传统观念中，按摩、洗脚带有一定的“污名”，一提到按摩、洗脚，很多人便会联想到色情服务，特别是年轻貌美的女性从事此类行业，更是让人想入非非、浮想联翩。这种“污名化”以及社会偏见主要存在于父辈与祖辈一代，在他们的观念里，修脚、按摩是伺候人的工作，也是不正经的职业。为了逃避这种“污名化”，女修脚工会极力说服家人与朋友，希望他们支持自己的选择，如果家人仍然不理解，就偷偷地去做修脚。此外，为了避免社会偏见，从店面装饰到服务项目，尽量呈现给他人专业正规、卫生舒适的店面形象。

个体修脚店与街头修脚摊有很大的不同，主要体现在以下几个方面。第一，在修脚技术与修脚环境方面，个体修脚店内的修脚工都经过正规的修脚技术培训，不存在自学成才的现象，所以他们的修脚手艺比街头修脚工更加专业；修脚店有门面，具有固定性、稳定性的特点，流动性差，同时，店面的装修简单卫生，受天气变化、外部环境以及基层城市管理权力等因素的影响较小。第二，在社会地位方面，修脚店专业卫生，又有修脚门脸做支撑，修脚工的社会地位明显高于街头修脚工，他们更容易被社会民众包容、认可、接纳；但是，个体修脚店也存在“污名化”的问题，很多人会将修脚、洗脚、泡脚与色情服务关联起来，影响年轻女修脚工的人身名誉。第三，在经营成本方面，个体修脚店显然要比街头修脚投入更多的经济资本和人力资本，街头修脚“旱涝保收”，个体修

图7－1　个体修脚店内的工作场景

脚店在扣除经营成本之后才算是盈利。第四，在修脚流程方面，修脚店在修脚之前要先进行泡脚，既可以滋养脚部，又可以软化脚组织，给修脚操作带来便利；街头修脚是“干修”，由于场地和条件限制，没有泡脚等服务项目。第五，在修脚工年龄和性别组成方面，修脚店内的女修脚工年龄明显要小于街头修脚工，而且修脚店内存在一部分男性修脚工，修脚店有按摩服务，需要付出很大的体力，男性在体力方面与女性相比有很大优势。

二　连锁修脚店：标准化、统一化的服务生产

在上一节中，我们论述了个体修脚店的经营概况与修脚工的工作过程。在本小节，我们将关注修脚的另一种存在方式——全国连锁修脚店。全国连锁修脚店相对于个体修脚店来说具有标准化、规模化、统一化、产业化的特点。连锁修脚店的出现顺应了现代社会人们对服务行业健康卫生、专业舒适的需求，连锁修脚店的服务项目更加齐全，针对不同的

人群提供不同的服务。全国连锁修脚店内工作人员的称谓由“修脚工”变为“修脚技师”，他们都经过了专业的、规范化的修脚技术学习和训练。那么，全国连锁修脚店的运行机制如何？修脚技师与街头修脚、个体修脚店的修脚工有何不同？在本小节中，我们选取了一个典型的全国连锁修脚店，试图对其运行机制、修脚技师的生存状况与身体实践进行描述和探讨。

（一）ZYY 专业修脚房[①]

1. 街头修脚工的蜕变[②]

ZYY 于 1983 年出生在紫阳县高桥镇铁佛村的一个农民家庭。ZYY 从小就有一种不服输、不怕苦的性格。自然环境的恶劣、生活的贫困和家长的严厉，迫使 ZYY 从稍微能干活的时候起，就和哥哥姐姐一起砍柴、打猪草、挖洋芋，还独自收酒瓶、收废铁、运木料等。ZYY 文化程度不高，1997 年，14 岁的 ZYY 就选择了辍学，独立生活并担当起改变家庭命运的重担，他凭借一百元千里迢迢地闯荡世界。ZYY 来到四川达县，投靠行医的姨爹。他的姨爹是个怪才，虽然只是小学毕业，却能在长辈的教育和影响下，通过自学古汉语读懂中医典籍，并且能用中医治疗多种疑难杂症，是有名的江湖郎中；还会玩杂技、玩魔术，通晓阴阳八卦。那时，姨爹的营生主要是摆地摊治病，也不时有人请他外出治病、表演杂技和魔术以及算命。祖父传下来一个治疗脚病的秘方，父亲没有多大的兴趣去应用和实践，姨爹却得知了精髓。姨爹的医术让 ZYY 很是佩服，于是决心跟随姨爹。姨爹见他诚实、有悟性、肯下功夫，就把自己掌握的一套治疗脚病的秘籍和实践经验传授给他。两年多时间里，他刻苦学习，并结合自己的家传秘方，很快掌握了修脚治病的基本技术。

2003 年，20 岁的 ZYY 就开始在四川达县（今四川达州）的街头摆地摊。摆地摊修脚是一个比较适合他的工作，因为投资不大，自己年轻

① 相关材料和数据均来自 YY 集团官方网站（http://www.zhengyuanyuan.com.cn/）及其官方微信公众号。

② 本部分内容是根据一些新闻报道、文学作品等整理而成。

力壮不怕苦不怕累。但是姨爹的一句话惊醒了ZYY："这么大的人了，要养家糊口，在这么干下去，以后怎么办?"同时，在摆地摊的过程中，ZYY发现，很多人缺乏脚部的保健知识，而且人们有了钱、有了闲之后，开始重视脚部的按摩和保健，修脚业的发展前景非常广大。于是他下定决心，要当祖传修脚秘方的传承人。在创业之初，ZYY遭受了常人难以想象的困难：血洒办公楼，与城管勇敢较量；遭遇街头歹徒，差点丧命；招聘帮手，无人愿做"下贱活儿"。终于在2005年，陕西汉中市诞生了第一家以个人姓名命名的专业修脚房——ZYY专业修脚房。没有人愿意加入ZYY这种"下贱活儿"，他就首先动员自己的姐姐、嫂子成为他的第一批员工。在这里，员工吃住条件都不错，更像大家庭一样和睦相处。况且，他们凭自己的能力、手艺赚钱，收入比在农村种地强。城市里的生活使员工渐渐转变了当初的传统观念。从靠体力务工到靠智力学艺，从当技工、技师到开店创业，ZYY已从陕西省紫阳县带出四千多人打工，成为全国同行业领军企业的掌门人。他改写了全国没有专门修脚及脚病修治正规门店的历史，他的事业从最初的修脚治病已经发展到药品生产、房地产开发、商贸等多个领域。

2. ZYY专业修脚房概况

ZYY专业修脚房是一家全国连锁、公司总部直营的专业修脚企业。陕西ZYY专业修脚保健服务集团有限公司（简称YY集团）成立于2007年，是一家以连锁直营、商务贸易、生物科技、影视传媒、济困慈善基金会、商学院、劳务派遣、健康管理八大产业为核心的现代化集团公司。YY集团始终以"打造全球脚病修护第一品牌"为己任，现已实施"三年百亿千城万店"战略，三年内将完成1000个城市、10000家门店的业务布局，创造超过100亿的年经济收入，带动10万人就业，惠及6万个家庭20万人次。2018年全年新开直营店2144家，全国店面总数达到4531家，员工月平均工资6064元。

YY集团积极响应党中央脱贫攻坚号召，与政府合作，打造"政府主导+龙头企业+基地培训+定向就业"的技能脱贫模式，先后开设17所职业技能培训学校，累计培训修脚技师近4万名，带动5万多人从事修脚产业，帮助1.8万多名贫困人口实现稳定就业。集团为员工提供就业岗位，优先接纳贫困户上岗就业；为员工提供收入保障，2018 年保底工资 4500 元/月，对建档立卡的贫困员工每月发放 300 元补贴，2018 年共发放贫困补贴 6237000 元。YY 集团积极投身精准扶贫事业，3 年安置 10 万人就业，惠及 6 万个家庭近 20 万人次，帮助更多贫困百姓摆脱贫困，走上致富之路，为全面打赢脱贫攻坚战做出应有的贡献。成立“YY 济困慈善基金会”，通过“捐而用，用而传，传而生”的方式，与爱心同行，将温暖传递，目前已累计捐款近 1300 万元，在重大疾病、贫困助学、敬老爱幼、贫困补助等方面做出了应有的贡献。

在专业领域，2018 年 6 月 20 日，根据陕西省地方标准管理要求，YY 集团完成了《足部修护技术规范》地方标准的编制，并上报陕西省质监局。2018 年 11 月 12 日，陕西省质量技术监督局批准并发布《足部修护技术规范》陕西省地方标准（编号：DB61/T 1188 - 2018），并要求于 2018 年 12 月 12 日实施。此项标准的批准发布，标志着足部修护领域的规范与创新，通过统一服务标准、规范服务行为与操作规范，提升客户满意度，具有里程碑意义。

3. 店面环境与修脚过程

ZYY 专业修脚房店面按照统一标准装修，既是为了让顾客感觉专业，也是为了提高品牌形象，形成固定的品牌符号。整个店面 70 平方米左右，装修干净利落，约 10 个修脚沙发有序排列。墙上挂有各项服务的价目表、足部穴位图、足部保健知识以及公司董事长所获荣誉的颁奖照片等。收银台后面的陈列区摆设有治疗脚病和脚部护理的各种药品，修脚房不仅设有修脚、按摩等服务项目，药品出售也是其经营的一部分。正对店门的显眼位置挂有脚病患者赠送的“脚病修护，技术精湛，热情待人，服务一流”的锦旗。为了招揽顾客和引人注意，门店外有一个音响，全天放着流行音乐，店内顾客能够清楚地听到店外的音乐，给修脚客带来轻松愉悦的心情。

2018 年涪陵已经开设了 3 家 ZYY 专业修脚房，营业时间是统一的，夏季营业时间为：10：30—24：00；冬季营业时间为 11：00—23：30。营业时间并非严格固定，在日常工作中会根据店长的安排、季节的更替、天气的变化以及工作的强度等有所变动，但不会波动太大。ZYY 专业修

图 7－2　ZYY 修脚房内场景

脚房以前有加盟店，现在都是公司直营店，不再发展加盟店。一名店内修脚技师（SRDS2）说明了其中的原因：

> 加盟店相对于直营店来说要省心一些，只收取加盟费，然后对其经营进行监督和指导。但是后来发现了几个问题，公司就直接放弃了加盟店项目了。一是加盟店不安装公司的收费系统或者偷偷地将收费系统改掉，导致修脚店会员卡不能正常使用；二是加盟店为了自身的利益，随意地更改收费项目和服务范围，影响了品牌形象。(SRDS2－20190315)

ZYY 专业修脚房相比街头修脚来说，不仅修脚技师更加年轻、更加专业，修脚环境更加舒适，还解决了顾客对健康卫生的担忧。ZYY 专业修脚房提供一次性刀具，但是要在原价基础上加 10 元钱。虽然他们重复利用的刀具是经过消毒的，卫生安全没问题，但是有些修脚客还是会担心脚气等脚部疾病传染，愿意多花 10 元选择一次性刀具。ZYY 专业修脚房的收费标准相比个体修脚店更具优势，它的服务项目多，收费合理，修脚客普遍认为比较实惠，所以生意一直比较好，例如“背部按摩+脚部按摩+泡脚”最低价格是30元，泡脚用的中草药成分不同，价格就不同（参见表7-1）。这个价格相对于其他非连锁修脚店来说是比较便宜的，一家扬州修脚店“脚部按摩+泡脚”的服务项目就要收30元。

表7-1　ZYY专业修脚房价目表

项目	价格	会员价	金卡	时长
一、艾娇逸族 功效：深度缩水，去除角质，调理气血，提高机体免疫力，延缓肌肤衰老，恢复肌肤弹性。	80元	64元	48元	70分钟
二、艾草/皇家益母草 功效：预防感冒，舒经活络，调理气血，祛除湿气寒气，改善睡眠质量。	60元	48元	36元	65分钟
三、汉方草本茶疗/薰衣草玫瑰花 功效：安心神，缓解压力，调节内分泌，祛除异味，美容养颜。	60元	48元	36元	65分钟
四、ZYY舒克脚气散 功效：对脚部引起的瘙痒，烂脚丫，干裂，水疱，严重的脚气、灰指甲等真菌感染有控制作用。	60元	48元	36元	65分钟
五、美汁源/汉方芳香排毒 功效：美白润肤，活血散寒，排毒养颜，增补皮肤水分，防止肌肤干燥。	50元	40元	30元	55分钟
六、乾隆肾宝/二十六味宫廷丸 功效：具有滋阴壮阳，培元固本，化瘀消肿，舒筋活络，增强免疫，补气、益肾等功效。	50元	40元	30元	55分钟
七、ZYY舒克泡腾片 功效：有加速新陈代谢的作用，可增强机体免疫力，并有舒畅气血等功效。	50元	40元	30元	55分钟
八、老姜粉 功效：通过刺激脚部经络穴位，改善脚部血液循环，激发正气，保暖御寒，达到强身健体的作用。	50元	40元	30元	55分钟
九、醋王/杀菌盐 功效：杀菌止痒，针对脚底角质层厚、老茧、趾甲增厚有软化作用，有去死皮的功效。	40元	32元	24元	50分钟

续表

项目	价格	会员价	金卡	时长
十、藏药 功效：促进血液循环和新陈代谢，增强免疫力。	40 元	32 元	24 元	50 分钟
十一、奶白金 功效：营养肌肤，滋养美白，能有效活化肌肤，爽足香体，加快新陈代谢。	40 元	32 元	24 元	50 分钟
十二、中药泡脚	30 元	24 元	18 元	40 分钟
十三、脚底拔罐/精油按脚单次 功效：刺激穴位，祛除寒湿，疏通经络，改善睡眠。	10 元	—	—	—
十四、搓盐/脚气单次按药 功效：清洁肌肤、毛孔、止痒杀菌、去除死皮角质。	10 元	—	—	—
十五、一次性刀片	10 元	—	—	—

像其他服务行业一样，为了吸引顾客消费以及培育回头客，ZYY 专业修脚房设立会员制度。会员制度分为两种：一种是普通会员，预存 200 元即可获得普通会员资格，每次消费打 8 折；第二种是金卡会员，预存 2000 元，即可获得金卡会员资格，可以提前预约修脚技师，随时为顾客服务，每次消费打 6 折。除了每次消费打折，修脚店还推出金卡会员“套餐优惠服务”（参见表 7 – 2），即多种服务重叠消费，享受一定的套餐折扣。

表 7 – 2　ZYY 专业修脚房修脚套餐

火盐搓脚（单次体验价 30 元） 功效：温和通络，行气活血，改善睡眠，滋润美白，消除疲劳，促进血液循环。
中药泡脚 + 火盐搓脚 + 脚底走罐 + 精油或润足膏按摩　　原价 80 元，会员价 70 元
藏药 + 火盐搓脚 + 脚底走罐 + 精油或润足膏按摩　　原价 90 元，会员价 75 元
醋王/杀菌盐 + 火盐搓脚 + 脚底走罐 + 精油或润足膏按摩　　原价 90 元，会员价 75 元
美汁源/汉方芳香排毒 + 火盐搓脚 + 脚底走罐 + 精油或润足膏按摩　　原价 100 元，会员价 80 元
乾隆肾宝/二十六味宫廷丸 + 火盐搓脚 + 脚底走罐 + 精油或润足膏按摩　　原价 100 元，会员价 80 元
ZYY 舒克泡腾片 + 火盐搓脚 + 脚底走罐 + 精油或润足膏按摩　　原价 100 元，会员价 80 元

续表

老姜粉＋火盐搓脚＋脚底走罐＋精油或润足膏按摩	原价100元，会员价80元
汉方草本茶疗/薰衣草玫瑰花＋火盐搓脚＋脚底走罐＋精油或润足膏按摩	原价110元，会员价90元
艾草/皇家益母草＋火盐搓脚＋脚底走罐＋精油或润足膏按摩	原价110元，会员价90元
ZYY舒克脚气散＋火盐搓脚＋脚底走罐＋精油或润足膏按摩	原价110元，会员价90元

从以上服务内容的表格中我们发现一个奇怪的现象，ZYY专业修脚房的店名以“修脚”命名，但是在它的价目单里却没有标明修脚的价格和服务时长。究其原因主要有：修脚一次为15元，相对于泡脚和按摩的价格来说相对较低，并不是修脚店主要的盈利项目；修脚经过长时间的市场化演变，已经成为足浴和按摩的辅助和隶属项目，在各种价位的泡脚服务项目中都包含修脚服务；ZYY专业修脚房以修脚发家，以“修脚”命名店名，延续了修脚店的发展历史。

ZYY专业修脚房相比于街头修脚不仅专业卫生、修脚技师服务态度好，而且价格也相对优惠，街头修脚工修一双脚（不包括泡脚）要支付10元，而ZYY修脚（包括泡脚）仅需15元。顾客推门进到修脚店里，所有的修脚技师都会把目标移向顾客，并异口同声喊出“欢迎光临ZYY”的口号。店内修脚技师7—8位，男性多于女性，他们的年龄在18—50岁，在实地调研中，遇到最小的修脚技师是17岁。他们统一穿着灰色宽松运动服式工作服，右胸位置印有ZYY专业修脚房的商标。修脚客环顾四周，选择自己最喜欢和最合适的沙发椅坐下。待修脚客坐定后，按照排班顺序安排修脚技师。修脚技师走到修脚客面前，拿起价目单，询问顾客需要什么服务项目。修脚技师经常会在修脚客拿不定主意的时候给出建议，也会根据顾客的消费水平适时推销套餐项目。修脚客选定服务项目后，修脚技师首先为顾客送上一杯热水，放在沙发椅旁的小桌上，然后为顾客调制泡脚水。泡脚水用一个木桶盛着，里面有一药包，水温在40度左右，不冷不热。泡脚水端上来后，顾客便自己脱下鞋袜，将脚深入木桶。对于水温，修脚技师会问顾客“水温合适吗?”“热不热?”顾客也可以随时要求修脚技师添冷水或热水。

泡脚的时间在15—20分钟，在泡脚期间修脚技师会移来一个方凳，让修脚客背对她/他。在修脚之前修脚技师先要给顾客进行上身的按摩，按摩部位有颈、肩、手臂、背、腰等。按摩之后，木桶里的水温也慢慢变凉了，泡了一段时间的脚更容易修理。修脚客回到沙发椅上躺下，修脚技师在方凳上铺上一层干净的毛巾，毛巾上面垫上两片纸巾，纸巾是用来擦干脚的，毛巾是用来保暖和提高脚部舒适度的。顾客将双脚搭在方凳上，修脚技师先用纸巾将双脚擦干，然后用毛巾将一只脚裹好，以防顾客脚部受凉（特别是在冬天）；另一只脚被放到修脚技师面前，修脚便开始了。

ZYY 修脚房的修脚技师仅用一把刀便可完成修脚的整个过程。在修脚的过程中，修脚技师会与顾客主动交谈，聊天的话题和内容有脚部的保养、脚疾的治疗以及家长里短等，为的是缓解顾客无聊的情绪和消耗修脚时的等待时间。修脚时间的长短是根据脚疾修理的难易程度决定的，一般会持续 15 分钟左右，如果有的顾客脚部难修，修脚技师也不会显得不耐烦，更不会加钱。修脚技师给修脚客修完脚之后，会向顾客推销会员卡，修脚技师也会向顾客推销足部保养和足疾治疗药物。修脚客修完脚即将离店时，店内的修脚技师齐喊“欢迎下次光临”的口号。一次完整的修脚过程就此结束。

（二）连锁修脚店里的修脚技师

ZYY 专业修脚房里的修脚技师都来自同一个地方——陕西紫阳，他们依托全国连锁修脚企业，被派驻到全国各地的连锁修脚店从事修脚工作。他们聚集在一起，从事修脚工作，工作和生活变得安稳且规律。许多年轻人之所以选择修脚工作，是将修脚作为一个暂时性、过渡性的工作机会。

1. 籍贯和身份

ZYY 专业修脚房里的修脚技师都是来自紫阳县隶属农村。紫阳县位于陕西省南部，地处汉江上游，大巴山北麓，隶属陕西省安康市，县境西面与四川省万源市毗邻，东南方向与重庆市城口县接壤，交通便利、通信便捷。由于北有秦岭阻隔，南有巴山屏障，形成了紫阳冬无严寒、夏无酷暑的北亚热带湿润季风气候区，紫阳气候垂直变化较大，属亚热带湿润季风气候区。在县政府的牵头和指导下，陕西 ZYY 专业修脚服务连锁有限公司和紫阳县人社局签订协议，自 2014 年 4 月开始，在紫阳县职业教育中心开设了“足浴足疗技能培训班”（现改为“ZYY 专业修脚技师培训班”）。“ZYY 专业修脚技师培训班”成为当地农民脱贫致富的重要途径。随着修脚店规模的不断扩大，ZYY 专业修脚服务连锁有限公司需要大量的专业修脚技师，在培训班学成的修脚技师被分配到 ZYY 全国连锁修脚店，解决了他们的就业问题。ZYY 专业修脚房在涪陵的分店目前一共有 3 家（截至 2018 年），以后还会开设更多的连锁修脚店。消防队附近一个店面内的员工（XFD）说：

> 涪陵计划是到 2020 年开设 27 家分店，目标就是将涪陵的小个体修脚经营店和街头修脚全部吃掉。现在发展前景很好，全国除了青海、吉林和哈尔滨之外都有我们的分店，公司为了上市，在不断地扩张。(XFD－20181102)

修脚房内的修脚技师全部是农民出身，他们之前从事过各种各样的工作，游走于全国各地打工，外出打工的经历使他们比较容易接受外派到其他省份从事修脚工作。修脚技师因为地缘关系具有很强的认同感和归属感，群体凝聚力较强。刘，26 岁左右，在进入修脚行业之前是一名包工头。

> 问：“你干包工头不赚钱吗？怎么想到来干修脚？”
>
> 刘：“现在建筑行业不好干了。”
>
> 陈：“现在干我们这一行的什么人都有，你不知道他以前是干什么的。哈哈。”
>
> 问：“你以前是干什么的？”
>
> 陈：“我啥都干过，干过工厂，进过矿山，你看不出来吧。”陈在说这句话的时候一副得意扬扬的神态。
>
> 刘：“干包工头挣点是挣点，但是账不好要。干一年下来，钱还是欠着。没事的时候就要请工地上的领导吃个饭啥的。”

刘：“北方人的观念比较传统，一说按摩就觉得不正规。”（XH-ZL1 –20181105）

ZYY 专业修脚房吸引了很多农村年轻人加入修脚行业。对于年轻人来说，外出打工风险较大，特别是工程建设方面，经常拖欠工资；同时，很多年轻修脚技师认为修脚是一门手艺，掌握一门手艺就不愁找不到工作，大不了自己开一个修脚店；还有一部分年轻修脚技师把修脚作为一个暂时的工作缓冲期和调整期，如果有更赚钱、更有前途的工作机会，他们会毫不犹豫地辞职；再者，在修脚房内做修脚技师，生意好且风雨无阻，收入比较稳定。

2. 生活世界

虽然要面对离别故土的思乡之苦，但是因为当地修脚技师的竞争实在太激烈，特别是对于刚从事修脚行业的年轻人，有时不得不服从公司外派。

我们当地从事修脚的人实在是太多了，培训出来的修脚技师也不断增加，这样的话只能被派到外省新开的店或者是生意比较好、缺少人手的店。我就是这样出来的，我到这个店才 20 天。（XFD –20181102）

修脚技师大部分都是来自同一个地方，所以他们以店面为单位形成了一个集体。他们的生活习惯、工作性质、作息时间甚至是性别年龄都是相差无几的，这样会让他们更好地形成群体凝聚力。他们在一起共同生活、共同工作，一方面用自己的身体实践服务社会；另一方面在忙碌的工作中寻找自我安慰和自我价值。

修脚技师生活比较单一，娱乐活动较少，他们大多数的时间都用来工作。同一店里的修脚技师住在一起、吃在一起。在店面形成之初，公司会把修脚店面和修脚技师的住处分别租下来，把修脚技师安排到离修脚店比较近的地方集体住下来。

我们住的地方是三室两厅，很宽敞，我们七八个人住在一起，一般是二二搭配，或二三搭配，一个房间里面住 2—3 人。还有阳台，平时可以晒衣服。房租多少钱我不知道，我也不想知道那么多，反正不是自己掏钱，把自己的工作做好就行。（XHDL2 - 20181105）

修脚技师平时吃饭也是公司承包的，他们不需要交一分钱。他们的日常生活由一位专门的修脚技师负责，管生活的修脚技师主业是“后勤保障”，兼职才是修脚，我们可以称她为“后勤修脚师”。“后勤修脚师”一般由岁数偏大的中年妇女担任，要会买菜、做饭、做家务，还要会修脚。“后勤修脚师”的工作时间比较灵活多变，所以她在店里的时间不固定。“后勤修脚师”的工资构成与普通修脚技师不同，她的工资一部分来自公司给予的“做饭”补贴，每月固定两千多元。做好后勤之余，她还可以到修脚房从事修脚工作，像其他修脚技师一样赚取修脚提成。一般来说，“后勤修脚师”每月工资收入略高于普通修脚技师。

那个大姐就是每天给我们做饭的，我们的生活都是她来照料。买菜、做饭、刷碗等都是她来做，我们啥也不用管，要不怎么会给她单独的补贴呢，一个月两千多元呢，有时候比我们赚得都多。我们平时早上 10 点多才来上班，晚上工作到 11 点左右，上班之前，也就是差不多 10 点吃完早饭，午饭就在下午 3 点左右吃，晚饭就等到晚上 11 点下班后吃了。我们平时不点外卖，外卖太贵了，再说我们也吃不习惯，更不卫生，所以我们都自己做着吃。其实我们吃饭的时间不是太固定，一到吃饭点，我们会 2—3 个人为一组，轮流回去吃饭，店里不能没有人啊，还要照顾生意。（XHDL2 - 20181105）

每一位修脚技师每周都会有两天的休假时间，但是以自愿为原则，并且不能累积，没有带薪休假。大部分修脚技师都会放弃每周休假的权利，因为一旦放假休息就没有工资，不能赚钱；此外，他们也已习惯了平时的工作节奏，一旦闲下来便无事可做。除非有事，修脚技师一般不会休假，也不会请假。

我们平时工作习惯了，不工作也没啥事做，闲着也是闲着，还不如到店里工作呢，再说我们店里一天当中也不是每时每刻都在忙，中间也会有休息的机会，所以没必要再去休假，除非自己有事情需要去处理。(SRDS1 – 20190218)

不仅仅休假时间无事可做，就是日常的业余时间，很多修脚技师的生活也是单一乏味。

我们上班的时间比较长，从早上 10 点半左右到晚上 11 点多，一天 24 小时除了上班就是休息的时间了。有时候下班回去就洗洗睡了，我也不打游戏、不看电影，偶尔上上网，看看其他乱七八糟的信息，就睡了。有时候晚上下班后会约上玩得比较好的伙伴唱歌、喝点小酒，但是这样的情况不多。平时我们就是在店里待着，我们一年回家一次，平时没事也不回家，更别说请假出去看看当地的名胜古迹了。不过，我还是会找个时间去当地有名的地方玩玩的。(XFD – 20181102)

修脚技师的生活世界简单而枯燥，业余时间他们会选择独处，这样既可以节省生活成本，又可以使身体得到充分的休息。

3. 修脚技能获得

与街头修脚工相比，修脚房内的修脚技师不仅干净卫生，年轻力壮，有固定的门面，而且男女搭配。他们都受过修脚、按摩等方面的训练和学习，因此更具专业性。街头修脚工的技能获得途径大部分是自学成才和同行相授，但是修脚房修脚技师不是“野路子”出家，他们在“ZYY 专业修脚技师培训班”学习几个月，获得毕业证和修脚上岗证后才能正式上岗为客人修脚。

我们陕西当地政府投入了两个亿，用于农民的扶贫，免费学习修脚技术和按摩技术，保证分配工作。我们当地很多都是这样进行劳务输出的，有在上海的，有在北京的、广州的等。重庆南坪有一个专门的学校培训修脚技师，聪明的学习半个月就能拿到毕业证和上岗证，保证分配到隶属的修脚店。工作后第一个月有3500元/月，此后每月会有4500元/月。有很多人都认为这是传销，其实不是的。你感兴趣的话可以去看一下啊！（SRDS1－20190218）

“ZYY专业修脚技师培训班”将修脚技艺统一化、规范化、产业化，并将所培训出来的修脚技师纳入连锁修脚房的店面扩张战略中，既解决了修脚技师的就业问题，又扩展了修脚店的规模，顺应了公司的战略发展。修脚作为一种劳动技能也得到了当地政府的关注与支持，基层政府将修脚技艺作为农民脱贫致富的有效手段，通过资金投入和政策优惠，大力挖掘修脚产业在扶贫攻坚、全面实现小康社会中的作用和价值。“政府＋企业”的“双管齐下”模式促使修脚逐渐向统一化、标准化、产业化方向发展。

4. 职业发展与晋升。

每一个企业都会为员工开辟一定的晋升渠道，以激发员工的工作激情，ZYY专业修脚服务连锁有限公司也不例外。ZYY专业修脚房员工分为五个职级，分别是技师、店长、片区经理、大区经理、省区经理（参见图7－4）。技师处于职业层级的最底层，他们是提供修脚服务的主体，也是数量最为庞大的群体。技师在进入修脚行业前三个月，公司给予其保底工资，一名修脚技师每天保底工资是120元，即每月3500元左右，三个月之后按修脚的数量分成，多劳多得。一个技师平均每天服务6名修脚客，最少时2—3个。没有顾客时修脚技师可以在店内自由活动。店长是修脚多年的老修脚技师，他不仅承担着一个店面的管理工作，还与片区总部保持密切的联系，他是修脚店的代表。同时，店长往往还是一个修脚房中修脚技术水平最高的修脚技师，平时他们不经常参与修脚工作，但是当店内修脚技师遇到脚疾难题时，店长会作指导并拿出最终的治疗方案。此外，当店里顾客很多，修脚技师忙不过来时，店长也会参与到修脚工作中来。片区经理比店长更高一级，片区经理管理和负责一个固定区域内所有的连锁修脚房，通常为7—9家；大区经理是将几个片区内的修脚房统一和联系起来；省区经理是管理和负责一个省或几个省内所有的连锁修脚房，省区经理已经在整个管理层级中处于上层。

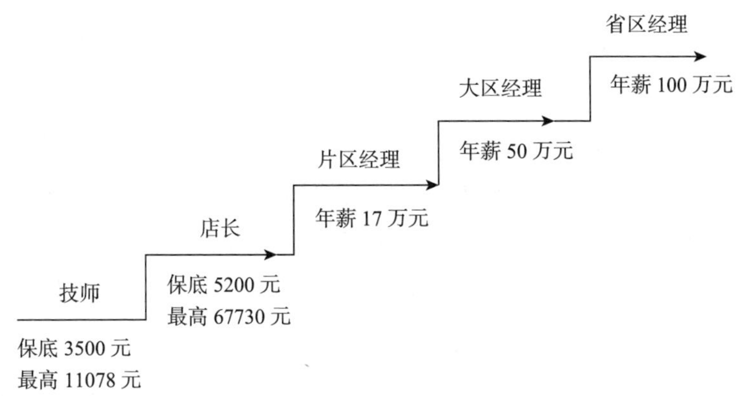

图 7－3　ZYY 全国连锁修脚店职位晋升以及工资待遇图

对于普通修脚技师而言，店长是一个触手可及的职位，只要连续在修脚房工作 2—4 年，将所有的修脚技术熟练掌握，对店面经营方面有所了解，同时又有新的修脚店开张，普通的修脚技师就会有很大可能晋升为店长。片区经理是一个不容易达到的职位层级，因为需要在店长位置上工作 3—5 年，加上从技师升到店长的 2—4 年，一名普通的修脚技师要想晋升为片区经理至少需要 5 年时间，但对于普通修脚技师来说，极少有在同一单位工作 5 年以上的，所以晋升的难度比较大。大区经理和省区经理对普通技师来说则是“晋升天花板”，是可望而不可即的。

5. 修脚技师的参照群体

修脚房内的修脚技师也会选择参照群体对其自我价值进行考量。修脚技师参照群体的选择包括“向上对比”和“平行对比”，所谓的“向上对比”是指同一修脚房内的修脚技师将修脚手艺好、受顾客欢迎的“工作能手”作为自己工作上的榜样，并促使自己不断上进，其中主要的推动力是工资收入。因为手艺好、受人欢迎的修脚技师得到的提成和工资要比其他人高。所谓的“平行对比”是指修脚技师与同质性强的朋友、亲戚以及外出打工群体作对比，他们认为在修脚店内做修脚技师工作稳定、收入可观、福利待遇好，相比外出打工更具有吸引力。

6. 修脚房里的规训与反规训

“纪律从它所控制的肉体中创造出四种个体，更确切地说是一种具有四种特点的个体：单元性（由空间分配方法所造成），有机性（通过对活动的编码），创生性（通过时间的积累），组合性（通过力量的组合）。”①现代企业制度和纪律的规训在 ZYY 专业修脚房内的修脚技师身上体现得最为明显。在修脚技师的活动空间方面，修脚房本身就是一个封闭的空间，甚至在平时营业中，修脚房都是闭门状态。修脚店将修脚技师固定在修脚店内活动，不准随意外出，在有边界的空间内活动有利于实现对修脚技师的随时管控。在修脚技师的日常活动方面，修脚房内的修脚技师都是经过统一、规范的职业技能培训批量“生产”的，他们修脚和按摩的每一个细微动作都有固定的标准和规范，修脚技师必须按照规定执行和操作。修脚房内禁止修脚技师玩手机等从事与修脚无关的活动，如果没有顾客，可以收拾卫生、相互交流修脚经验，也可以坐着等待顾客到来。在时间的筹划方面，修脚房严格规定了上下班时间，同时也规定了每项服务的时长。

修脚房里的修脚技师正如刘博笔下的浴场劳工，面临着空间、时间以及权力的把控。“服务员的身体服务不仅仅被严格地要求和控制着，更重要的在于，会所借助一套完整的服务规范体系将这种恭敬谦卑的服务内化进了服务员的身体之中。从衣着服饰到身体姿态、音容笑貌，再到服务技巧发挥，整个服务过程通过不断的训诫与演练被不同区域的服务员所熟练地掌握，形成一种身体习惯性的反射，而客人则是这种身体化服务开启的按钮。”②

随着社会的发展和人类的进步，面对严格的企业规训制度，日益出现了逃避和对抗现代纪律规训的现象，即“反规训”，主要表现为“磨洋工”、“出工不出力”、自我雇佣等。以修脚技师为例，面对修脚房的人身控制与时间控制，修脚技师发展出一系列“反规训”的隐蔽策略。在“后台”，管理者或有经验的修脚技师会告诉新来者，在修脚或按摩时要“惜力”，以自己可以掌握的节奏进行工作。一个 45 分钟的服务项目，在

① ［法］福柯：《规训与惩罚》，刘北成、杨远婴译，生活 · 读书 · 新知三联书店 2012 年版，第 187 页。

② 刘博：《中国浴工：城市服务者的生活世界》，上海三联书店 2018 年版，第 71 页。

顾客不防备的情况下，修脚技师会“暗地里”偷偷缩减服务时长，以获得足够的休息时间；此外，一个服务时长达 90 分钟的项目，修脚技师有时中途故意上厕所或者按摩时故意轻微用力，以获得身体上暂时性的“解放”和休息。修脚房里的修脚技师受企业制度和规范的制约，严格遵循着上下班时间，人身受到规训，为了实现自由的工作时间和自我可控的工作过程，逃避现代企业制度的规训，有的修脚技师辞去修脚房的工作自己开店，工作时间由自己来支配，以获得身体上的自由。

（三）印象管理

拟剧理论的倡导者是美国社会学家戈夫曼。所谓“拟剧论”，简单来说就是借助戏剧的类比对日常生活进行研究。“拟剧论”把社会比作一个大舞台，把组成社会的成员比作演员来解释人们的日常生活。每一位社会成员都拥有一个或多个角色，作为这个大舞台上的表演者，他们都十分关心自己如何在众多的观众（即参与互动的他人）面前塑造能被人接受的形象。表演者的表演需要在一定的表演区域内进行，表演区域包括前台与后台。在前台，人们呈现的是能被他人和社会所接受的形象。后台是相对于前台而言的，是为前台表演做准备，掩饰在前台不能表演的东西的场合，人们会把他人和社会不能或难以接受的形象隐匿在后台。在后台，人们可以放松、休息，以补偿在前台区域的紧张。一个成功的社会成员就是要知道在什么场合应该怎么做，判断场合并用适当的方式去行动。

前台是按固定方式进行表演、为观众规定的特定情景的舞台部分，主要由布景、个人外表和举止三个部分组成：布景是演员表演必需的场景，包括装置、舞台装饰和其他道具等；个人外表是反映表演者社会地位的标志，如年龄、性别、种族、服饰等；举止则是人们期待如何行为的特定信号，如说一种亲昵的举止就表示期待一种亲密的行为。当人们扮演某种既定的社会角色时通常会发现，一种特定的前台其实早就已经设计好了，只能按规定进行表演。后台是不让观众看到的、限制观众和局外人进入的舞台部分，只有关系更为密切的人才被允许看到后台正在发生的一切。

个体修脚店将工作区与生活区进行隔断，区分前台与后台，体现的就是修脚工作为表演者对其表演区域的充分利用与功能分割。在前台，个体修脚店着力给修脚客呈现出专业、卫生、高效、良好的服务形象，所以将店面装饰得清洁明亮，修脚工着装体面；在全国连锁修脚店更是店面统一设计、修脚技师统一服装、修脚技术统一标准。而后台是修脚技师休息、吃饭甚至是娱乐的场所，在生活区修脚技师更多呈现出疲惫、放任自由、无拘无束的自我形象。另外，一些泡脚用过的木桶、修脚用过的工具等堆放在清洁间内，而这一区域是严格控制顾客进入的。

拟剧理论研究的是人们运用哪些技巧在别人的心目中创造印象，戈夫曼将人们运用各种技巧和方法左右他人，以在他人那里建立良好印象的过程称为“印象管理”。印象管理是戈夫曼拟剧理论的实质，所谓印象管理，是指人们如何在他人心目中塑造一个自己所希望的形象的策略。或者说，当人们观察某个人时，他应该如何表现自己。“由于个体关心的现实不可能即刻了解到，所以，必须依靠表面现象作为替代。而且，具有讽刺意味的是，个体越是关心不能依靠知觉发现的现实，他就越是必须把他的注意力集中在表面现象上。”① 扮演角色传达着自我印象，印象管理不仅包括用自己的行为去直接影响对方，也包括建造自己表演的舞台布景，这实际上是对互动情境的设计。所以，为了达到观众对表演的理想化期待，表演者不仅要认真演好自己的角色，还要对舞台进行必要的布置，以防止表演崩溃，即表演事件的发生。

虽然表演者做好了万全的准备，但是表演事件时有发生。为了避免和挽救表演事件的发生，戈夫曼提出了印象管理的四种途径：一是理想化表演，理想化表演意味着一定程度的掩饰，表演者要掩饰那些与社会公认的价值、规范、标准不一致的行动，而努力表现出与社会公认的价值、规范、标准相一致的行动；二是误解表演，在日常生活中，人们经常会努力地使别人对某一项具体活动产生误解，这种欺骗有时是善意的，有时则是恶意的；三是神秘化表演，对一个人越熟悉，就越容易轻视他，

① ［美］欧文·戈夫曼：《日常生活中的自我呈现》，冯钢译，北京大学出版社 2017 年版，第 212 页。

表演者要与别人保持一定的距离，从而使别人产生一种崇敬心理；四是补救表演，表演过程中的无意动作、失礼、当众吵闹等意外情况的发生，会导致表演的不协调，出现这种情况就需要补救表演。

对于修脚工（技师）来说，角色的正当表演是提高服务业绩、树立良好形象的重要手段。按摩、洗脚等服务由于受传统观念的影响经常被贴上“污名化”的标签：一方面，提到按摩、洗脚，很多人便会联想到色情服务，特别是年轻貌美的女性从事此类行业，更是让人想入非非；另一方面，在人们的传统观念里，修脚、按摩是伺候人的工作，是一个不正经的职业。为了逃避这种“污名化”，修脚工（技师）除了极力说服家人和朋友理解他们的工作之外，还在自我形象方面加以改造。店面的门窗用透明玻璃装饰，行人对修脚店内的场景一目了然；全国连锁修脚店内部装饰统一设计，修脚技师统一着装，给人干净卫生、正规专业的外部形象；连锁修脚店内工作程序和过程、修脚技师统一的欢送口号、修脚技师的服务态度等，给修脚客热情周到的内心体验。所有这些都是修脚工（技师）印象管理的重要手段和方式。

三　街头小生意的生命力

街头修脚是与人们生活息息相关的一个老行当，也是一项著名的民间手艺活。修脚是涉及健康、美容、养生的服务行业，机械化以及科技的发展对修脚的影响和冲击相当有限。从长远来看，虽然以街头摆摊形式的街头修脚会随着现代社会的发展和人们生活水平的提升而有所冲击，但是短时间内街头修脚仍然具有顽强的生命力，街头修脚具有自身特有的存在逻辑和价值。

（一）街头修脚存在的动力机制

“存在即合理”，世间万物只要存在便有它存在的理由。街头修脚作为一个老行当之所以能够经受住历史的考验，依然存在于人们的日常生活中，一方面是因为街头修脚是社边人群谋生的一种手段；另一方面，街头修脚满足了底层群体修脚的日常需求。街头修脚存在的动力机制包括修脚手艺简单易学、投入成本较低、摊位流动性强以及经济收入满足预期等。

1. 简单易学。修脚虽然是一门手艺，但它简单易学。街头修脚不同于修脚店的修脚技师，修脚店的修脚技师不仅要会修脚，还要精通人体的各个穴位，按摩、推拿、脚部疾病的治疗等都要熟练掌握；而街头修脚主要满足底层群体的修脚需求，对技术的要求不高。虽然修脚店里的修脚服务更专业，但是体弱多病的中老年人、出卖劳动力的农民工等群体经济收入低，为了省钱，他们更愿意选择街头修脚。街头修脚工修脚手艺的获得是自学成才，没有经过专业的修脚培训，并通过为亲戚免费修脚获得实践锻炼，慢慢地掌握修脚的基本技能。修脚手艺简单易学的特点使生存于社会底层的中老年妇女获得就业机会，实现自力更生。

2. 投入成本低。街头修脚需要置办的工具相当简单：一套修脚刀具，可以在网上轻松买到，价格在50—200元；顾客修脚坐的椅子可以用旧椅子代替；2—3个塑料凳是为排队修脚的顾客准备的；一个简陋的工具箱；等等。街头修脚不需要投入太多的经济成本也是吸引生活贫困的中老年女性从事修脚行当的重要原因。除了修脚工具和设备的简陋外，街头修脚工平时也非常注意节约成本，以达到经济利益最大化，例如自带午饭等。

3. 摊位流动性强。街头修脚以街头摊位的形式存在，没有固定门面，所以修脚工能够根据人流量以及市场需求随时变换修脚地点，不受空间因素的制约。如果一个地段的修脚生意非常好，她们便会“蜂拥而至”“趋之若鹜”，直至市场饱和；有时修脚工为了避免同行之间的恶性竞争，会主动离开修脚聚集地，自己探寻修脚小市场；此外，修脚工还可以根据自己的身体情况、家庭情况、日常生活事务等随时改变自己的修脚时间和修脚地点。

4. 经济收入满足预期。对于街头修脚工来说最具吸引力的是修脚所带来的经济收入。一名修脚手艺娴熟的街头修脚工，一天平均可以招揽10位修脚客，每天收入100元，对于生活贫困、体弱多病、失去劳动力的中老年妇女来说，这是一个值得满意的经济收入。街头修脚的经济收入对于一位生存在底边社会的贫困者来说，可以满足一家人一天的生活开支。对于修脚手艺不娴熟、修脚生意不好的街头修脚工，一天也可以收入五六十元，也能补贴家用，“自己吃饭的钱甚至是全家吃饭的钱是够了”。

根植于地方文化的小商业生存策略，使街头修脚行业保持活力。

（二）街头修脚的优势与劣势

前面我们提到，修脚之所以存在于街头，是因为它特有的动力机制，即修脚技艺简单易学、成本投入低等。此外，街头修脚存在的动力机制也体现出街头修脚相较修脚店来说具有明显的优势。

1. 修脚价格低。街头修脚没有固定的店面，因此没有房租、水电等经营开支，而且修脚的工具简陋，成本投入低，所以街头修脚的价格较低，修一次脚 15 分钟，收费 10 元。修脚的价格并不是固定不变的，而是根据社会的发展和人民收入水平的提高发生变化，据街头修脚工口述，修脚在涪陵刚兴起时是 5 元一次，再后来是 7 元一次，到现在是 10 元一次。街头修脚的价格不论是多少，对于当时的消费水平来说总是比较便宜和实惠的。

2. 修脚摊位方便到达。街头修脚摊位具有很强的机动灵活性，所以街头修脚工会根据具体情况进行修脚摊位的变更。

街头修脚机动灵活的特性，也顺应了腿脚不便老年人的修脚需求。

3. 修脚过程简便快捷。街头修脚与修脚店相比修脚过程简便快捷，没有那么多的程序和礼仪。例如，修脚店修脚首先要泡脚，将脚部的老茧和死皮泡软后，再进行修脚，脚修完后还要在脚部涂抹一些护脚霜等；而街头修脚属于“干修”，脱下鞋袜便即刻修脚，没有其他附加程序，这样就节省了修脚顾客的时间。体力劳动者是街头修脚的常客，因为体力劳动所致，他们大多要按期修理自己脚部磨出来的老茧，但是他们又不可能把较长的时间花在修脚上而耽误自己劳作，所以经常选择街头修脚。

虽然街头修脚有以上三点优势，但是并不是所有的修脚客都会去街头修脚。街头修脚顾客面向的是社会底层群体，经济条件较为富裕的修脚客不会选择街头修脚，而是选择修脚店修脚，主要是因为街头修脚的卫生条件不达标、修脚技术不专业以及修脚体验不安逸。

1. 卫生条件。街头修脚被人诟病最多的是卫生问题。街头修脚所用的刀具并不卫生，根据修脚工自述，她们白天工作，晚上回家消毒，即一天消毒一次。消毒的方式有两种：医用酒精擦拭和用沸水煮。修脚工每天晚上给修脚刀具消毒的说法仅是一己之言，没有说服力，容易引起质疑："谁知道她回去消不消毒?""她说消毒了就消毒了？有什么证据?"此外，修脚工消毒的方式和效果不太令人信服。卫生条件差还表现在修脚刀具和设备给人感官上的不卫生，例如，修脚工所用的刀具往往只有刀锋部分锃明瓦亮，刀的把柄等部位锈迹斑斑；放置刀具的盒子看上去不仅陈旧，还附着大量的污垢；有的修脚工将暂时不用的修脚刀仅用卫生纸紧紧地包住刀锋，让人感官上便觉得不卫生。

2. 修脚技术。街头修脚工的修脚技术大多都没有经过专门系统的学习和训练，特别是自学成才的修脚工，手艺更是难以称之为"专业"。街头修脚工，尤其是从业时间比较短的，将顾客的脚划伤是经常发生的事情。修脚工将顾客的脚划伤后，仅仅是到小门诊花百八十块钱将顾客的脚包扎好，便草草了事，继续修脚。此外，新入行的街头修脚工修脚手艺差，所以修脚速度慢，修一次脚有时要花费半个小时，甚至一个小时。

3. 修脚体验。街头修脚简便快捷、修脚技术参差不齐的特点也导致了顾客产生较差的修脚体验，对修脚体验有较高要求的顾客是绝对不会去街头修脚的。在修脚店，一般都是泡、修、按"三位一体"的一条龙服务，而且修脚店的环境、卫生要好得多。

（三）注定消失的街头老行当?

"作为一个地方老行当，它总是承载着历史、承载着乡土文化，也承载着一种民间风情。它曾经和老百姓的生活息息相关，现在却又濒临消失。伴随着生活样貌的变化，生活的内里也换了容颜，在人和事物的更改后面，曾有的生存方式和生命心态化作了历史。"[①] 随着经济的发展和社会的进步，生产力有了很大的提高，在现代性和全球化的冲击和渗透下，一些传统老行当由于不再适应人们的生活而逐渐退出历史舞台，而

① 陈曦：《珍重老巷里的老行当》，《走向世界》2008 年第 12 期。

有的老行当为了顺应人们的生活需求不断进行市场化改良，失去了原有的文化内涵。作为传统老行当的街头修脚，同样面临着现代性的冲击与人们需求的变化。在此情境下，街头修脚会不会像其他传统老行当一样，成为时间的记忆，逐渐淹没在历史的长河中？

经过改革开放40多年的发展，我国人民的生活水平有了很大的提升。在满足了最基本的生理需求之后，人们在精神和心理上的需求不再将就，例如，过去家里的锅具破了，会找补锅匠进行修补；现在没等锅具用破，便换新的。对于修脚来说，现代性视域下人们更注重精神层面的享受与感官上的舒适，宁愿多花点钱，也不会辜负自己的身体；同时，现代社会中服务行业所提倡的目标和宗旨就是提高顾客的服务体验，尽量让顾客在接受服务的过程中收获身心的愉悦与安逸。于是，越来越多的中老年人选择修脚店修脚，而不会选择街头修脚。街头修脚较差的卫生条件一直是影响顾客上门修脚的重要因素。街头修脚卫生条件差主要表现在两个方面：一是修脚设备随意摆放，修脚工具锈迹斑斑，盛放工具的盒子布满灰渍；二是街头修脚工是农村中生活在底层的贫弱病困者，外表形象往往是蓬头垢面。以上两点往往直接影响到修脚客的身体感官与修脚体验，在此情形下修脚，很多顾客都会担心因为卫生问题造成脚气等疾病的传染，甚至有的顾客会担心一旦划伤脚趾会造成艾滋病传播。

那么为什么街头修脚还有市场呢？第一，城市的不断扩张使原本生活在农村的农民被纳入城市的规划发展之中，生活方式逐渐城市化，在农村少见的街头修脚出现在被城市化的村民视野之中，他们成为修脚消费的潜在群体；第二，城镇化的不断发展使原本生活在农村的农民开始进入城市生活，享受城市里的日常服务，修脚便是城市底边人群日常生活的一部分；第三，因为扶贫搬迁以及生态移民等使偏远山区的农民“下山进城”，他们也是街头修脚的顾客之一。总之，街头修脚满足了那些生活于底层、经济条件不富裕的群体的修脚需求，而且这样的群体人数较多。此外，底边职业群体进城不仅扩大了修脚的市场需求，也吸引了许多人从事街头修脚行当，她们将修脚作为维持生计的重要手段，街头修脚在一定程度上成为吸引城市底边群体就业的途径，所以，街头修脚在短时期内不会消失。

但是，随着社会的发展和人们生活水准不断提升，从长远来看街头修脚必定消失。现代社会视域下，人们对自己的身体越来越关注，健身、保健、养生成为社会的风尚与潮流，于是各种养生保健等服务机构如雨后春笋般兴起，养生保健成为现代社会人们生活中不可或缺的一部分。街头修脚仅仅是满足人们治疗脚疾的基本需求，并且存在卫生、技术等方面的缺陷，所以专业性的修脚店对街头修脚的冲击越来越大。当人们的生活水平普遍提高，对修脚需求日益挑剔时，街头修脚便没有了存在的必要。“把老行当和当代人的审美、生活方式进行对接，才是保护老行当的最好办法。”① 只有对街头修脚进行改造，例如作为一个地方文化与城市名片进行旅游展示和文化体验等，它才能长久地生存下去。为了留住人们的集体历史记忆，关照人们的人文情怀，我们应该对街头修脚进行必要的改造和发展。

1. 政府购买服务，志愿服务社会。对于传统民间手艺的保护现在流行“生产性保护思路”，即采取措施让传统民间手艺继续进行生产或服务，在生产和服务中保护和传承民间传统手艺。“以民生的本质需求为出发点，关注乡村文化建设，提高手艺人的生存质量，为民间手艺人提供一种能够积极生活的方式和一种真实的思路。”② 对于街头修脚老行当，地方政府要将其纳入城市文化建设的总体规划中来，同时要保障街头修脚工的生活来源。可以采用“政府购买服务”的方式，将街头修脚工定期组织起来，到敬老院、福利院等机构开展志愿服务，为老人、残疾人等社会弱势群体进行修脚服务，既符合传统民间手艺“生产性保护思路”，又可以发挥民间传统手艺服务社会、奉献社会的作用，同时又能保障修脚工的基本生活来源。

2. 规范修脚摊位，提高服务质量和水平。对街头修脚工进行建卡立档，规范修脚队伍管理，建立统一的“形象符号”，例如服装、修脚工具等，形成良好、专业的社会形象；圈定固定区域，引导街头修脚工有序流动，打造街头修脚的聚集地，形成规模效益；成立民间修脚协会，促

① 刘园、龚为：《问道老行当》，《中华手工》2011 年第 10 期。

② 赵农：《关中民间手工艺的生态现状》，《文艺研究》2003 年第 3 期。

进修脚技艺的培训和交流，提高修脚工的服务水平和修脚手艺水平；引导街头修脚有序科学地向修脚店转型，针对经济基础好、年轻力壮、有创业想法的修脚工进行必要的财力支持和政策优惠；充实和更新街头修脚队伍，进行必要的修脚技能培训，将修脚发展成为帮扶底边职业群体、推动无业者再就业的重要措施和手段。

3. 加强宣传推广，树立地方文化名片。随着社会的发展，市场经济的触角延伸到社会的各行各业，越来越多的传统手工艺参与市场竞争。市场经济条件下，传统手工艺在优胜劣汰的经济法则下被进一步筛选。而由于人们生活水平的提升以及生活方式的转变，传统手工艺在残酷的市场法则下逐渐呈现出惨淡的发展境况。传统手工艺消失的背后体现的是中国社会转型、发展过程中传统文化面临的时代境遇。修脚是从中国传统社会流传至今的老行当和民间手艺，在文化创意产业开发和“非遗”保护的视域下，传统的街头修脚是一种重要的地方文化载体和产业资源，它是理解地方文化的一个重要文本。现代社会视域下传统文化的复兴成为文化发展的旋律，传统手工艺作为中国传统文化的重要组成部分，当地政府应该对修脚的文化意义进行挖掘，通过多种途径和媒介进行宣传，努力将修脚树立为像成都“掏耳”、扬州“修脚”那样的地方旅游和城市文化名片，促进修脚技艺的保护与发展。

四　小结

本章是对街头修脚、个体修脚店以及连锁修脚店的对比性研究。修脚店对前台区域的规划和设计，是一种有效的印象管理技术。通过对前台区域的有效管理，试图顺应和巩固修脚顾客所期待的修脚店的理想化形象。修脚店安装透明玻璃门和窗户，让修脚顾客和行人能够轻易地观察到修脚店内的装饰、摆设以及人员活动，一方面缓解了社会对修脚店的“污名化”；另一方面呈现给行人一种干净卫生、正规专业的店面形象和环境氛围。“一个人在前台的表演可以看作是其个人形象的尽力展示，他在该区域中的活动维系并体现着某些标准。这些标准可以分为两大类：一类涉及表演者用语言或姿势与观众交流时的方式，这类标准经常被视为‘礼貌’（matters of politeness）；另一类涉及表演者在观众的视听范围之内，但并没有与观众交流时自我表现的举止，我们用‘体面’（decorum）来指称这类标准。”[①] 个体经营修脚店修脚工穿着得体、举止文明、行为恰当，连锁修脚店内修脚技师统一着装，并配以欢迎和欢送的口号，都处处体现着礼貌和体面。

修脚店相对于街头修脚来说具有很大的优势，主要体现在健康卫生、规范专业等方面。修脚店内的修脚技师由于技术优势、年龄优势、身体优势以及社会支持优势，其社会地位明显高于街头修脚工，他们普遍得到社会的认可。通过对日常工作过程、身体实践的考察，修脚技师的自我价值认同感强，修脚技能的培训甚至成为地方政府响应国家扶贫攻坚战略的重要举措。通过对比我们发现，个体经营修脚店以及全国连锁修脚店是街头修脚的一种现代化转型。街头修脚之所以暂时存在于人们的日常生活中，是因为它的存在满足了底边职业群体的就业需求以及底层群体的修脚需求。但是从长远来看，在现代性的冲击下，专业连锁修脚店是一种趋势，街头修脚会随着社会的发展和人们需求的提升而逐渐消失在历史的长河中。

---

① ［美］欧文·戈夫曼：《日常生活中的自我呈现》，冯刚译，北京大学出版社 2017 年版，第 94 页。

第八章　回归生活世界：底边职业群体研究

修脚是中国社会的一个老行当，在经历了历史的激荡与现代化的冲击后，街头修脚依然存在于城市的角落。修脚在传统社会被称为“下九流”的职业，从业者社会地位低下，经常受人欺凌与剥削。但是通过对修脚的历史梳理与考察，我们发现修脚工的社会地位并不是一成不变的，它受到社会类型、政治环境、文化习俗等方面的影响。从阶级社会“修脚的”“修脚匠”，到计划经济时代的“修脚工人”，再到改革开放后的“修脚技师”，修脚称谓的变化侧面反映出修脚工身份地位的变化与社会包容的增加。现代社会视域下的街头修脚吸纳了许多底边群体以此作为谋生手段，街头修脚工利用多年积累的修脚经验与身体实践，探索群体生存策略，她们通过对场域的利用、行业惯习、弱者的武器、自由的工作时间等方式艰难地维持生计。

一　街头修脚：理解地方文化的一个文本

每一个地方都有属于自己的特定文化和习俗。作为北方人，我行走在祖国西南腹地的山城涪陵，随处都可以体会到南北方的地域文化差异。走在涪陵街头，会明显发现药店、修脚店以及养生馆遍地开花、生意火爆、如火如荼。为什么涪陵会发育出街头修脚的行当？涪陵作为现代化的城市为什么能够接纳这么一群富有传统性的人群？对此问题的解答有助于深化重庆城市研究。

1. 气候温暖适宜，无霜冻。涪陵地处四川盆地和山地过渡地带，地势以丘陵为主，崎岖不平，东南高而西北低，西北—东南断面呈向中部长江河谷倾斜的对称马鞍状。涪陵横跨长江南北、纵贯乌江东西，海拔最高处1977米，最低处138米，大部分地区海拔多在200—800米，是典型的山城地貌。涪陵区属于中亚热带湿润季风气候，常年平均气温18.1℃，冬季潮湿阴冷，但无风无雪无霜冻，无霜期317天；降雨量充沛，年均降水量为1072毫米。涪陵特有的地形和气候促使修脚行业的发育，首先，地形崎岖不平，上坡下坡台阶众多，脚部容易经受挤压和磨损；另外，涪陵无风无雪无霜冻的气候没有为街头修脚形成障碍，人们可以比较舒适地将自己的脚部外露进行修脚服务。

2. 生活细腻，时常关注身体。涪陵人身上具有明显的南方人特质，生活细腻，讲求生活品质。通过日常交流与亲身观察，涪陵人比较关注自己的身体，愿意为自己的身体付出金钱，健康理疗、养生保健是日常生活中不可或缺的一部分。养生保健在涪陵有广阔的消费市场，这也是药店、修脚店等保健服务业众多的原因。

3. 精打细算，知足寡欲。韦伯认为："在中国，肯定现世的功利主义与相信财富作为道德完美的一种普遍手段的价值，在与巨大的人口密度相结合下，发展出一种强烈到无可比拟的'精打细算'与知足寡欲的心态。"[①] 修脚工并不认为修脚是一个非常卑微的行业，她们更喜欢将修脚作为一个谋生的手段，只要能够给自己带来经济收入，便不太会刻意注重个人面子和自尊心问题。她们在日常生活和工作中往往呈现出明显的分文必争、锱铢必较的"小贩式经营"心态。

以上原因是通过个人的经验积累与参与观察而来，科学性有待考究。但是一个地区的自然气候特征对于塑造该地区人们的社会性格具有不可否认的作用和意义，而性格和秉性对于一个人的生活方式、就业选择、人生价值等具有重要的影响。修脚行当在特殊的自然环境和社会氛围中孕育，与重庆区域文化特质密切相关。它深深地嵌入地方社会结构和文化传统中，因此是理解地方文化的一个文本。

① ［德］马克斯·韦伯：《中国的宗教：儒教与道教》，康乐、简惠美译，广西师范大学出版社2010年版，第319页。

街头修脚工生活于底边社会，缺乏身体优势和社会支持网络，从事“伺候人”的修脚行当，却可以在日常生活与身体实践中建构较高的自我认同。这种“反常”的自我认知深受经济理性、自由的工作时间、参考群体的选择、清晰的自我认知，以及合理的自我期待等因素影响。她们的自我认同建构一方面体现出“他者化”特点；另一方面，自我认同建构的背后也蕴含着诸如再社会化、自我养老、留存街头文化等社会价值的再生产。街头修脚工的自我认同建构体现了底边社会的中老年女性积极面对生活处境、感知自我价值的社会心态和群体价值风貌。

二　街头修脚工的自我认同建构

来到城市，街头修脚工是城市的漂泊者，她们面对着巨大的经济压力，租房、生活、医疗等都是她们生活中巨大的经济开支。流散于城市角落的修脚工，“离土又离乡”，她们在城市自力更生，生活艰辛。她们离开了乡村，却不属于城市，在城市新场域内旧有的自我认同体系被解构，新的自我认同亟须重构。街头修脚工群体没有权力中心，没有群体领导，缺乏可辨识的组织结构，她们更没有团结在一起，形成代表群体利益的正式组织。她们在各自控制的场域，即修脚摊位内进行社会活动和人际交往，修脚工之间很少发生交流，她们在“自我与身体对话的空间中重新创造出虚构的社交，同时慷慨地向它提供训练、温情与关心。对于那些缺少社会关系的人来说，身体是他们拥有的最好的朋友。它成为另一个我，是我们唯一可以依靠的忠诚的队员”①。

她们经营着各自的生意，过着“日出而作，日落而息”的个体化生活，自我认同的重构缺乏集体或群体的支持与帮助。她们实行的是自我雇佣，逃避了现代企业制度的规训，进行着自主自立的劳动生产。“人赋予自己的行动以意义。”② 街头修脚作为底边职业，一向无须取得多难的

① ［法］帕斯卡尔·迪雷、佩吉·鲁塞尔：《身体及其社会学》，马锐译，天津人民出版社2017年版，第53页。

② ［美］彼得·L. 伯格、托马斯·卢克曼：《现实的社会建构：知识社会学论纲》，吴肃然译，北京大学出版社2019年版，第71页。

学位或多时髦的品位，主流社会通常会认为，这些职业虽不可或缺，但是社会地位低下、不干净，是没有更多选择的人所做的行业。传统上，大众也认为这类工作是“男人的工作”，不适合女性涉足。然而街头修脚工却通过一套生存逻辑的展演，建构起了意义。[①] 在低贱的职业性质和底边社会的生存情境中，街头修脚工通过安全可靠的收入、自由的工作时间、同辈群体的参照对比来建构自我认同。

（一）经济因素：满足收入预期，获得生存保障

在修脚工心中，经济因素已经取代了职业声望等其他因素，成为构建职业认同的决定因素。经济收入给修脚工带来的不仅仅是生活的保障，还有自我价值的实现。修脚工能够比较理性地看待自身条件以及自己所能够支配的资源，她们认为能够有一份比较稳定的谋生手段或者稳定的经济收入，便会拥有很高的从业满足感。市场经济视域下人们对自我价值的追求，可以简单地解释为对财富的追求，经济因素成为衡量一个人身份地位和自我认同的重要因素。

首先，街头修脚工的自我认同建构与经济收入紧密关联，其从业动机和职业选择遵循“经济理性”原则，较少考虑晋升机会、职业发展前景、空间环境以及社会评价。其次，街头修脚的经济所得虽然不多，但是对于一个底边家庭来说却是不可或缺的。她们利用街头修脚的收入足以支付“柴米油盐”等家庭日常生活开支，一定程度上减轻了家庭的经济负担。所以，修脚工虽然从事底层的街头修脚行当，但总会得到家人的鼓励和支持。最后，街头修脚所用到的设备和工具简单，所以投资少，大部分底边群体都可承担；而且街头修脚是一个“即时性的付薪”行当，劳动付出收获即时的经济回报，不存在拖欠工资的现象。

（二）劳动因素：工作时间自由，逃避纪律规训

在当今社会，“男主外女主内”的社会传统仍然很难改变。女性在家

① ［美］欧塞霍：《纽约手艺人：手作精神与品位消费的未来》，冯奕达译，工人出版社2020年版，第11—15页。

庭中承担着抚养孩子、照顾老人以及从事家务的主要职责。随着女性职业化的不断发展，事业与家庭如何兼顾是每一位现代女性必须深刻思考的问题。街头修脚虽然作为一个不为人所讨好的底边行当，正是因为它可以为女性提供自由的工作时间，从而使底边社会女性对街头修脚行当具有较高的职业认同感。

首先，街头修脚是一种自我雇佣的劳动形式，工作时间具有多变性、灵活性和选择性，身体不受权力和制度的约束，能够随时来，又可以随时去。其次，自由的修脚时间，一方面可以履行对孙辈的看护抚养义务；另一方面可以使她们在工作之中有余力照顾家中的老人或病人。最后，街头修脚的服务对象往往是城市底边群体，特别是老年人和以体力劳动为主的低收入者，其自由的工作时间也引发了同质性群体的羡慕。

（三）他者因素：选择参考群体，寻求自我安慰

街头修脚工日常会选择隶属群体内其他修脚工个人、非隶属群体（例如擦鞋匠、环卫工人）等进行比较，通过自我群体比较以及他者的评价和态度，她们收获自我认知，感知自我在隶属群体或非隶属群体内的位置；此外，修脚工自我认同的建构不仅需要依靠自己的努力去赚取更多的经济收入，还需要通过参考群体的选择来降低自我职业期待。街头修脚工的生存逻辑和策略往往是“个体化的”，又加之街头修脚自身固有的职业“污名化”标签，要想长久地从事街头修脚行当以谋取生计，必须从自身条件出发，结合街头修脚行当的职业特点，建构职业认同和自我价值的再生产，如此，街头修脚工才会在此“低贱”和“底边”的行当中待的长久。

个人若想获得成功的感觉、建构较高的自我认同，最佳途径莫过于选择一个与自己同质性强且稍逊于己的个人或群体作对比。街头修脚工自我认同的建构和自我价值的感知与实现，一方面通过与周围群体的参考和对比来获得，另一方面来自自我安慰。如果仅仅看重别人的评价，缺少自我调适与自我安慰，那么就会容易形成自我焦虑。在日常生活中，我们对事物所形成的种种期待、评价和判断必然有一个参考群体作比对，只有和与自己同质性强、具有相似人生经历的他人作比较，我们才能确

定合适的、理性的和容易达成的个人期待和愿景。[1] 街头修脚工通过与参考群体比对，感知自我在隶属群体或非隶属群体内的身份地位和角色位置，从而获得清晰的自我认知，降低自我期待。

（四）自我因素：清晰的自我认知，合理的自我期待

物欲横流的现代社会激发了人们无限的期望，人们之所以感到自我价值难以实现，重要原因在于我们的能力和需求之间、现实地位和理想地位之间存在难以填补的鸿沟。德波顿认为，人生在世，一个人的自尊不仅受制于我们日思夜想所要达成的理想和为了理想而付出的所有努力和行动，还取决于个体当前的现状处境与自我期待之间的比率。[2] 所以，要想获得崇高的自尊，一个重要的途径是拥有清晰的自我认知，建构合理的自我期待。

街头修脚工的自我认同与自我安慰紧密相关，而且一定程度上参考他者的看法和评价。平等的期待和不平等的现实之间的鸿沟不足以构成社会怨恨，因为怨恨的产生需要一个中介或条件，即无能感。如果天生无能，并且自己认命，对自己的现状和命运有一个比较清晰的认知，则不会萌生怨恨。[3] 街头修脚工的自我认知、自我期待并没有超出自身条件和能力，因此，身体与期待之间并未发生断裂。自我身处底边世界，身体劣势、家庭牵绊、生活处境等客观现实增强了她们的职业认同感，而这种职业认同感是她们建构自我价值、增强自我认同的重要来源。

现代社会“对我们的生活世界所造成的最大的紧张与焦虑，并不是经济与技术发展的问题，而是价值认同的问题，是克服对本体的安全和存在性焦虑，在充满冲突和断裂的多元社会中对自我重新定位”[4]。对于街头修脚工等底边职业群体而言，自身所具有的发展资本不足以满足和

---

① ［英］阿兰·德波顿：《身份的焦虑》，陈广兴、南治国译，上海译文出版社 2007 年版，第 38 页。

② ［英］阿兰·德波顿：《身份的焦虑》，陈广兴、南治国译，上海译文出版社 2007 年版，第 49 页。

③ 成伯清：《怨恨与承认——一种社会学的探索》，《江苏行政学院学报》2009 年第 5 期。

④ 赵静蓉：《文化记忆与身份认同》，生活·读书·新知三联书店 2015 年版，第 3 页。

应对现代社会视域下市场对劳动力的基本要求。由于不具备心智、年龄、性别以及体力优势，只能选择身份地位较低、工作收入微薄的街头修脚行当。身体上的劣势和无能产生了相应的身份认同，由此，街头修脚工才会在街头修脚行当中待的长久。

“人的自我认同与主体性建构不是给定的，而是自我反思的结果。他们发生在自我意识之中，但又不是孤独主体的自我反思，不可能由自己独立完成，它们的形成、实现与个体的社会归属感密切关联，是个体与社会互动的结果。”① 也就是说，认同是由社会过程形塑的。街头修脚工的身份认同不仅仅是因为单纯的物质需求而产生，它极为具体地与个体的现实生活场景紧密联系在一起，从而形成参与社会行动的个体意愿，且实实在在地对个体生活产生着具体影响。人是社会性的动物，街头修脚工自我认同建构的背后蕴含着社会价值的再生产。

（五）街头公共空间与再社会化

一方面，街头商贩在过去经常被定义为影响市容市貌的重要因素，为了改善城市街头景观，基层政府对街头商贩实行简单直接的严厉管制，压缩了他们的生存空间。② 时至今日，基层社会治理更加体现以民为本，底层民生与市政冲突大为缓解，促使底边群体不断涌入街头公共空间谋求生计。另一方面，社会发展日新月异，新科技不断涌现，人们的生活方式发生了天翻地覆的变化，老年人传统观念根深蒂固，且随着年龄的增长，身体素质下滑，身份角色发生巨大变化，他们淡出家庭决策，在现代化背景下与社会主流价值容易发生“断裂”，成为边缘群体。此外，他们禁锢于家庭，从事简单繁杂的日常家务等劳动分工，自我价值和自我认同严重依赖于家庭。街头修脚可以帮助底边社会中老年妇女走出家庭，并且提供了一个再社会化的情境。

首先，随着基层政府行政职能的不断转变，以民为本的服务理念渗

---

① 刘传霞、石成城：《集体主义时期城市底层家庭妇女的自我认同与主体建构》，《妇女研究论丛》2018 年第 3 期。

② 胡俊修：《流动商贩与中国近代城市社会》，中国社会科学出版社 2019 年版。

透进基层社会治理的方方面面，街头流动小贩的生存空间更具有弹性。从街头路面严禁摆摊到有序发展地摊经济，街头修脚工的身份地位得到认可，自我身份得以重建。其次，街头是城市最重要的公共空间，它们不仅担负着城市的交通，而且还是日常生活、经济行为的载体。一个相对独立的场域代表了一个社会小世界①，街头巷尾就是一个特定的场域，它聚集了众多商贩和行人，为修脚工提供了一个再社会化的有效场所。修脚工走上街头，摆摊修脚，她们主动参与到社会分工中来，生活中不再仅有柴米油盐。在街头的特定场域里，她们与修脚顾客、周围摊贩、过往行人闲聊，感知人间冷暖与社会发展。

"街头不仅仅是都市陋巷中房屋之间的空地，而且是各色人等思维的符号和工具，是人们捕捉、感受、认知一个时代、一种思想、一种技术的中介，是各种观念、各种力量、各种角色演出的舞台、剧场。"② 通过街头摆摊，修脚工可以重新定位社会角色，建立新的社会关系，感知社会发展，认知社会秩序。街头修脚行当是中老年女性走出家庭、参与社会化劳动、主动融入公共生活的一种选择。

（六）性别分工与主体性建构

现代社会的发展日渐解放劳动的性别约束，但是自古形成的"男主外女主内"的劳动分工理念依然存在。在男性主导的家庭权力模式下，生活中的成年女性往往存在个人与家庭的结构性冲突，而这种冲突在"上有老下有小"的家庭妇女中尤为突出，其外在表现为社会对女性的角色期待以及女性个体在家内、家外的角色冲突。③ 传统文化所形成的"女主内"的思维定式牵制着女性，将中老年妇女禁锢于家庭之内。她们无偿地承担家务劳动、子孙照看、老人赡养等家庭责任，身份认同与自我价值感知依附于家庭结构。

---

① ［法］布迪厄、［美］华康德：《反思社会学导引》，李猛、李康译，商务印书馆 2015 年版。

② 岳永逸：《空间、自我与社会：天桥街头艺人的生成与系谱》，中央编译出版社 2007 年版，第 14 页。

③ 宋少鹏：《中国女性身份认同的历史与现实》，《文化纵横》2015 年第 1 期。

首先，男性主导的家庭权力模式下女性处于从属地位，特别是在底边社会中，中老年妇女的经济权力、生活话语权严重依赖男性。她们一旦步入老年，一方面是身体劣势；另一方面是家庭牵扯，再加之年老体衰，中老年女性的生活选择非常有限。同时，一旦获得一定的工作机会，她们便会具有较高的职业认同。此外，中国有句俗语：男做女工，越做越穷。街头修脚特有的职业形象和工作性质，在男性看来并不体面，所以男性极少从事街头修脚行当。

其次，风险社会背景下，年轻人面临着巨大的职场压力和家庭负担。作为家庭结构中的一分子，老年人有责任且有意愿分担家庭成长和发展过程中的职责和义务。一方面，承担日常的家务劳动与看护孙辈；另一方面，通过自身的劳力和手艺，补充家庭的经济收入。街头修脚工呈现出乐观积极的生活样态，积极主动地开展自我主体性建构，积极融入家庭的经济生产之中，有限度地参与家庭建设，没有因为家庭的结构性排斥和主流价值观的脱离而走向“自我边缘化”。

最后，老年人的晚年生活可以通过劳动、工作实现经济独立；保持功能健康、生活自理、避免失能；维持独立人格，精神自强。[①] 自我养老不仅体现在老年人的经济独立，还在于经济独立基础上日常生活和精神层面的独立。街头修脚工从事修脚行当是充分发挥主观能动性、积累养老后备资源、培养自我养老意识的有效方式。她们通过修脚获取生活来源，实现一定的经济独立，从而根据自我喜好安排自己的生活。

底边社会家庭妇女依附于男性的突出表现是经济难以独立，所以，街头修脚工的职业收入具有重要的意义和价值，使其在老年生活中掌握经济主动。街头修脚工的主体性建构既有社会现实的推力，也有自我内心的拉力：一方面是家庭发展压力促使其发挥余热，继续为家庭建设贡献余力；另一方面是积累自我养老储备，实现自我独立。

街头修脚工自我认同体现的是风险社会背景下底边职业群体的生存策略与社会心态。她们的自我认同建构一方面体现出“他者化”特点；

① 穆光宗、淦宇杰：《给岁月以生命：自我养老之精神和智慧》，《华中科技大学学报》（社会科学版）2019 年第 4 期。

另一方面，自我认同建构的背后也蕴含着社会价值的再生产。通过街头修脚行当，她们既获得了工作权，实现了自我经济地位的认同，同时又保留了原有的传统生活样态。

三　底边职业群体的自我认同与社会治理

早在古希腊时期，西方先哲就提出了“认识你自己”的哲学命题，并把它视为人类活动的重要任务。认同的概念最早起源于心理学，心理学意义上的认同概念最早是由弗洛伊德在精神分析理论中提出的。弗洛伊德所言的认同是一种自我防御机制，是内省式的，强调从人体本能的角度认识自我和群体。库利对“人类特性是由生物性决定的”这一观点提出质疑，他认为人的自我意识产生于社会情境之中，他人对自己的评价和态度是形成自己观念的一面镜子，即“镜中我”理论。符号互动论的代表人物米德进一步阐释了库利的“镜中我”理论，他非常强调交流沟通和符号互动在自我意识形成中的作用和意义，并提出了“主我”和“客我”的概念，我们既是观察的主体，又是观察的客体，我们想象站在他人的立场上，并从他人的角度来看待自己。而埃里克森从人的生命周期出发，认为认同对人格整合和稳定具有重要的作用，并使认同和认同危机的概念成为当代社会理论的核心概念。随后，菲尼进一步发展了埃里克森的认同理论，并提出了个体族群认同发展的四阶段说；帕森斯从社会和文化层面来定义认同，强调认同在社会结构和行动中所起的作用；哈贝马斯则认为，满意的群体认同是一个社会制度具备凝聚力的基础和前提。此后，认同理论走向了多元嬗变的发展过程。

在高度现代化的情境中，吉登斯将自我认同置于现代性的视域下。吉登斯认为：“自我认同并不是个体所拥有的特质，或是一种特质组合，它是个人依据其个人经历所形成的，作为反思性理解的自我。”① 自我认同是个体反思性的投射，自我认同是存在于个体内心的一种自我意识。

① ［英］安东尼·吉登斯：《现代性与自我认同》，生活·读书·新知三联书店1998年版，第87页。

它通过个体自身所经历的社会事件，不断地进行自我反思与总结，最终形成一个对于“我是谁”的总体认识。但是，吉登斯关于自我认同的认识具有明显的唯心主义倾向，因为他强调自我认同是自我反思性的结果。有的学者认为，“认同最根本的涵义是对自我的界定，即自我认同，而自我只能在社会关系当中完成自我界定”[①]。也就是说，自我价值离不开个人对自我的认知与定位，而自我的认知和定位产生于在社会中的角色位置、自身资源的多寡、社会的互动和交流等。

职业认同起源于自我认同的概念，职业认同是指个体对于所从事职业的肯定性评价。“职业认同作为个体对所从事的职业的肯定性评价，是克服了职业的外在性、异己感而把自己个人的价值和意义同所从事的职业的价值和意义内在的统一起来的结果，它所形成的职业工作的动力更具有自觉性、主动积极性。”[②] 职业认同是影响自我认同的重要因素，也是促进职业实践、提高工作热情的关键。Erikson 提出了“同一性”的概念，而职业认同是从“自我同一性”（ego identity）发展而来的。他认为青少年在成长的过程中其心理、生理以及社会角色会不断变化，所以构建自我同一性是青少年个体发展的中心任务。在构建和形塑自我同一性的过程中，个体会逐渐认识和不断修正自己的社会角色以及在社会中的位置，青少年对其在未来职业中的角色期待与角色澄清是自我同一性形成过程中的重要组成部分。[③] 职业认同具有稳定性与可变性的特点。其稳定性体现在职业认同是个体对自己的天赋和能力、职业期待、职业兴趣、职业目标等方面认识的稳定和清晰程度，它是一种相对稳定的心理状态，是一个人清晰的认知自我和职场环境后的一种结果。[④] 其可变性体现在职业认同会伴随着个体的年龄增长、情境变化以及不断的社会学习过程而发生变化。“职业认同是从业者对该职业的情感体验，对个体心理、行为

---

① 张海波、童星：《被动城市化群体城市适应性与现代性获得中的自我认同——基于南京市 561 位失地农民的实证研究》，《社会学研究》2006 年第 2 期。

② 启哲：《职业认同与职业倦怠》，《职业时空》2005 年第 8 期。

③ Erikson，E. H.，*Identity：Youth and Crisis*，New York：WW Norton & Company，1994.

④ Holland. J. L.，Johnston. J. A.，& Asama. N. F. “The Vocational Identity Scale：A diagnostic and treatment tool”，*Journal of Career Assessment*，1994，1（1）：1 – 12.

产生重要影响。它取决于职业构成（如声誉、工资、福利、工作环境等）匹配状况，如果匹配良好，职业认同水平会比较高，反之则比较低。”[①]可见，个体的职业认同受到诸如个人家庭、职业声望、工资待遇、工作环境、劳动场域等多方面的影响。但是，目前的对职业认同影响因素方面的研究主要集中在家庭因素和个人因素两个方面，家庭直接伴随着个人的成长过程，对个体的职业发展具有潜移默化的指导意义；同时，职业认同水平是个体自我同一性在职业领域的生动体现，必然受到个体自身特点的影响。[②] 就目前的学术研究成果来看，职业认同的研究对象多为青少年、教师、护士以及社会工作者等群体，他们的共同点是正处于人生的上升期，且学历层次较高，技术水平较强，具有较强的社会支持网络和社会资本，而对于那些生活在社会底层、经济条件差、文化层次低、技术水平弱的底边群体鲜有关注。

此外，对于城市基层社会治理比较传统的观点是“破窗效应”。乔治·凯琳和凯瑟琳·科尔斯用一扇破窗（一个轻微的失序行为）来解释一个邻里社区如果无人维护，那么可能坠入失序的境况。“破窗效应”具体是指当一间工厂或办公室的窗户坏了，路过的人就会很容易认定这里无人维护或负责管理。一段时间过后，就会有人开始丢石头，打破更多的窗户。如此继续下去，很快所有的窗户都会遭到破坏，而此时路人会认为，不只是一栋建筑物无人看管，它所在的这条街也是法外之地，因为只有不良青年、罪犯才会在不受保护的区域游荡。因此，愈来愈多善良的公民选择抛弃这个地方，让给那些他们以为潜伏在暗处的恶徒。小失序演变成愈来愈大的混乱，甚至犯罪。[③]

针对失序，我们很明确地指向侵犯性乞讨、街头卖淫揽客、公共场所饮酒和酒醉、疯狂行为、骚扰、蓄意占据街道和公共区域、破坏公物

① 丁百仁：《环卫工人职业认同的影响因素分析》，《武汉理工大学学报》（社会科学版）2014 年第 6 期。

② 高艳、乔志宏、宋慧婷：《职业认同研究现状与展望》，《北京师范大学学报》（社会科学版）2011 年第 4 期。

③ ［美］乔治·凯琳、凯瑟琳·科尔斯：《破窗效应：失序世界的关键影响力》，陈智文译，生活·读书·新知三联书店 2014 年版，第 3 页。

和涂鸦、随地便溺、无照经营、未经请求主动清洗车窗以及其他类似的举动。[①] 遵照“破窗效应”，很多城市管理者都会认为街头乞讨、街头贩卖以及街头露宿等行为虽然不会构成严重的犯罪，但是他们的街头生活给城市景观构成影响，脏乱、涂鸦、噪音、卫生问题、街道秩序、阻碍交通总会与他们息息相关，导致市民生活质量下降，城市形象受损。此外，他们的失序行为为偷盗、骚扰以及城市秩序的破坏提供了滋生的土壤。街头从业者或流浪人员的小违规和小失序行为当达到某个临界规模时，就会引发地方社区的恐慌，伴随失序而来的便是更加严重的城市犯罪、城市腐败问题。

“破窗”必须尽快修补，为了维持城市秩序，改善城市景观，城市管理者开始对街头从业者和流浪人员开展严厉的驱赶和打击。首先，城市管理者简单地将街头从业者和流浪人员视为非法活动，并让他们沾染上社会的污名，忽略了他们中的大部分是守法、有礼、尊重他人并负责任的事实。其次，城市管理者对街头从业者和流浪人员的驱赶手段往往通过罚款、没收工具等方式，导致他们的日常生计遭受影响。最后，城市管理者的执法方式以及街头从业者和流浪人员的生存空间压缩容易引发他们对社会的不满，从而激发扭曲的社会心态和偏激的社会情绪。很多城市边缘生存者在与城市管理者发生冲突时，既无法建构关系网络，也不能进行公然对抗，他们通常选择“弱者的武器”进行隐性的抗争。[②] 为了争取生存权利，他们抗议、反击甚至是报复社会，这种更大的失序行为与其极端的社会情绪密切相关。

虽然城市中的街头从业者和流浪人员给城市景观带来了影响，然而，他们并非“一无是处”。他们之间相互建构的非正式经济形式以及相互支持网络对城市秩序的维持、城市人的日常生活具有重要的影响。在简·雅各布斯看来，城市街头公共空间具有安全、交往和孩子同化等功能。首先，城市公共区域的安宁不仅仅依靠警察来维持，非正式网络对城市

① ［美］乔治·凯琳、凯瑟琳·科尔斯：《破窗效应：失序世界的关键影响力》，陈智文译，生活·读书·新知三联书店 2014 年版，第 19 页。

② 周如南：《折翅的山鹰：西南凉山彝区艾滋病研究》，中国社会科学出版社 2015 年版，第 158 页。

秩序的维持也至关重要，非正式网络是一个有着自觉地抑制手段和标准的网络，由人们自行产生，也由其强制执行。一条被经常使用的街道是一条安全的街道，街道上的人越多，就会有足够的眼睛对街道的安全进行监视。其次，人行道上发生的微不足道的公共接触构成了城市街道上的信任。这种接触大部分是偶然的、非强迫发生的，都与小事相关。它是人们对公共身份的一种感觉，是公共尊重和信任的一张网络，是在个人或街区需要时能做出贡献的一种资源，对城市人的私人生活具有不可替代的调和作用。最后，街头是孩子玩耍的重要公共空间，孩子在街头玩耍总能受到很好的监视，避免了越轨行为的发生。① 城市中的街头从业者和流浪人员可以充当“街上眼睛”的角色。“街上的眼睛”意味着居民和陌生人是安全的，并因此生产着安全。②

可见，底边职业群体的身份地位、生存逻辑以及自我认同深刻影响城市基层社会治理。自我认同的高低是个人尊严和人生意义的重要参考标准，特别是社会结构性问题所引发的社会不平等、相对剥夺等自我认同感缺失，很容易导致社会怨恨。社会怨恨可能表现在一个人身上，也可能表现在特定的人群和阶级上，还可能发展为一种社会风气，面临风险社会的冲击和社会发展过程中的结构性问题，不同的底边职业群体体现出不同的社会心态和社会情绪，那些仆人、被统治者和尊严被冒犯而无力自卫的人身上最容易滋生社会怨恨。③

底边职业群体及其构成的底边社会是社会治理的薄弱环节，他们承担了社会改革与经济发展的风险与牺牲，底边职业群体的社会情绪关系到社会秩序的稳定，对街头从业者以及流浪人员的研究，有助于了解其社会心态与生活状况，优化社会治理，促进社会和谐。④ 底边职业群体的自我认同、社会情绪与基层社会治理息息相关，相互促进。底边职

① ［加］简·雅各布斯：《美国大城市的死与生》（纪念版），金衡山译，译林出版社 2006 年版，第 25—78 页。
② ［美］米切尔·邓奈尔：《人行道王国》，马景超、刘冉、王一凡译，华东师范大学出版社 2019 年版，第 6 页。
③ 成伯清：《怨恨与承认——一种社会学的探索》，《江苏行政学院学报》2009 年第 5 期。
④ 王文涛：《“脚下”的人生：修脚工身份地位变迁的社会史考察》，《青海民族研究》2019 年第 3 期。

业群体的自我认同影响其社会情绪，自我认同越高，个体越能够感受到自我价值，从而产生较高的职业认同或身份认同。在此情形下，无论是流落街头，还是从事不体面的街头工作，他们都不会形成偏激的社会情绪；反之，较低的自我认同超过了一定的临界值，便会滋生扭曲的社会心态，并通过社会情绪表达出来，严重影响基层社会治理。科学的、包容的、人性化的基层社会治理有助于维持和保护街头从业者和流浪人员的生计空间，促进自我认同的建构。总之，对于街头从业者和流浪人员而言，较高的自我认同是避免偏激社会情绪的基础，社会情绪又是影响基层社会秩序的重要因素，而良好的基层管理和秩序为底边职业群体提供了足够的人文关怀和生计空间。三者相互影响，相互促进（图 8－1）。

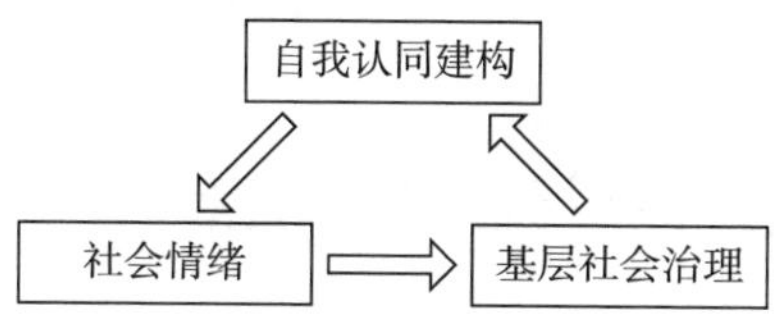

图 8－1　自我认同、社会情绪与基层社会治理关系

从学术角度看，街头修脚作为一个典型的地方性知识，具有显著的区域文化特征，值得我们开展深入的学术研究。抛开经济和社会因素，挖掘和保存街头修脚的文化隐喻和集体记忆，既是一种学理传承，又是新时代对地方文化的保存与建构。对修脚工街头生活和自我认同的研究呈现出的不仅是单一的现象描述，同时也加入了结构性的反思于其中。[①] 社会发展过程中的结构性问题容易制造怨恨：首先，贫富差距悬殊，容易引发社会民众经济利益被剥夺的社会心态；其次，社会保障不到位，个人需求难以满足；最后，公共权力缺乏强有力的监督和限制，不时造成“合法性伤害”。[②] 对于底边职业群体而言，城市融入失败和社会排斥

① 林兵、王文涛：《街头修脚工的生活叙事与身体实践——基于重庆市 F 区的实证研究》，《社会建设》2020 年第 6 期。

② 成伯清：《从嫉妒到怨恨——论中国社会情绪氛围的一个侧面》，《探索与争鸣》2009 年第 10 期。

强化形成的社会歧视和不公正待遇挤压了他们的生存空间，结构性的社会问题催生扭曲的社会心态，引发底边职业群体的厌世情绪，从而蓄意报复社会。当前，我们的社会正面临和体验着“结构性怨恨”的突然释放所制造的公共事端和安全事件，贵州公交坠湖案件、幼儿园伤童案等深刻地撬动着社会情绪、社会治理和社会稳定的敏感神经。“个体尊严的缺失、意义感和价值感的匮乏，可能是我们社会中怨恨产生的核心根源。这种怨恨经常以恶意犯罪的形式表现出来，恶意犯罪的增多，就是我们为结构性问题付出的代价。”① 将社会转型所引发的社会性问题纳入底边职业群体社会情感的角度进行考量，展演现代化浪潮中底边职业群体的生存处境、生存策略以及社会心态，从而引发和培育社会对底边职业群体的人文关怀，这是研究街头修脚工等底边职业群体自我认同的最终学术关怀。②

四　底边职业群体研究的未来走向

底边职业群体研究不应仅仅局限在对其生存境况的简单描述、生存逻辑的全景解密和群体权益的激烈争夺等方面，而要去探究底边职业群体背后的社会结构，拓展和释放底边职业群体研究的想象空间和学术生命力。

（一）直面底边职业群体的结构性怨恨

现代社会是以社会分化、人口稠密、交往频繁和生存斗争激烈为特征的。底边职业群体是社会改革和转型的“敏感神经”，是社会和谐的“晴雨表”。底边职业群体的生存逻辑、社会情绪、自我认同深刻影响着社会稳定和社会秩序。社会学视角将个体苦难视为社会问题的表征，一是生活的压力让他们即使勤奋努力也未见得生活有所改善；二是社会

① 成伯清：《怨恨与承认——一种社会学的探索》，《江苏行政学院学报》2009 年第 5 期。

② 王文涛：《“活在脚下”：重庆 F 区街头修脚工的自我认同建构》，《湖北民族大学学报》（哲学社会科学版）2020 年第 6 期。

对底边职业群体固有的一种职业偏见、地位歧视等污名化，两种合力滋生底边职业群体的结构性怨恨。一旦底边职业群体对苦难的自我归因发生扭曲，便会产生“仇富心理”“厌世心态”等报复社会的怨恨情绪。

作为一种潜藏在内心的无可化解的强烈仇恨感和憎恨感，怨恨来源于无能感。[①] 无能感作为产生怨恨的中介，是长期遭受蔑视和不受承认的产物和结果。[②] 自我价值得不到体现，原有的自我认同瓦解，新的自我认同又难以建立，怨恨积聚到一定限度便会爆发社会情绪以致社会事端。通过恶性伤人事件，一是引起社会对自我悲惨命运和不公正待遇的广泛关注和同情；二是释放社会情绪，在一己之力难以改变社会环境时，便会“光脚的不怕穿鞋的”，对社会进行报复，不求有所改变，只求“同归于尽”。

底边职业群体怨恨发泄和权益抗争似乎成为学术研究的“禁区”，“上访”“抗争”“维权”已然成为社会所默认的政治敏感词汇。偶遇社会安全事端和伤人事件，媒体的不实报道和大肆渲染，不仅引起民众恐慌，也刺激着基层政府的敏感神经，刻意的回避并不会减少社会安全事件的发生。因此，学术界要有直面“抗争事件”“社会事端”研究的勇气，剖析底边职业群体的生存逻辑、权益需求以及与社会结构的互动，从学理层面探究结构性怨恨、报复伤人事件背后的隐喻，促进社会秩序良性发展。

（二）关注底边职业群体苦难的网络言说

随着抖音、快手等网络自媒体平台的兴起，底边职业群体苦难经历的自我言说从“线下”转到“线上”。他们的身世经历、生存境况、群体样貌通过视频、图片、文字形式直观地展现在网络平台上，无差别地推送给各路网民，引起了一定的社会效应。底边职业群体的网络言说大致分为两个方面：一是正面形象的网络塑造。他们通过自我言说，转变社

① 成伯清：《从嫉妒到怨恨——论中国社会情绪氛围的一个侧面》，《探索与争鸣》2009 年第 10 期。
② 成伯清：《怨恨与承认——一种社会学的探索》，《江苏行政学院学报》2009 年第 5 期。

会对底边职业群体的刻板印象，避免被社会“污名化”，塑造正面、友善的底边群像。例如前几年，《我是范雨素》火遍网络，范雨素以底边职业群体的眼光来审视社会、诉说自己的经历，网友们被范雨素的真实和坚强所感动，为史诗般的乡土纪事所震撼。范雨素从乡野走来，在底层挣扎，却很少诉苦，她的文字处处透着黑色幽默式的自我嘲讽，向世人展示了不一样的底边社会“打工者”形象。

二是痛苦经历的全方位展示。传统社会讲求“家丑不可外扬”，将自己的苦难刻意隐藏，害怕在熟人环境中出丑、丢人，被人嘲笑，遭人偏见，导致“社会性死亡”。然而，曾几何时，主动展示自我苦难成为博取社会同情、争取社会资源的有效手段。底边职业群体通过抖音、快手等短视频平台展示自己的生存状态、苦难经历；利用轻松筹、水滴筹等捐赠软件寻求社会支持和帮助，以度过人生难关。底边职业群体的主动求助、苦难的自我言说已不再是一件伤自尊的事情，而是一种问题解决导向的功利主义理性。

智能设备的人性化和便利化并没有将底边职业群体边缘化，网络社会为人们提供了一个人人平等的言说平台，赋予了底边职业群体新的社会身份和社会角色。然而，在现有研究中我们却较少关注底边职业群体的网络形象以及网络空间内苦难的自我言说。网络社会不同于现实社会，底边职业群体的社会身份、行为规范必然发生时空转换，而此种转换导致了其生存逻辑、行为表现、群体互动以及社会关系网络的重构。因此，底边职业群体的网络社会是一个需要密切关注、深度挖掘的学术研究场域。

（三）加强底边职业群体的系统性研究

底边职业群体相关问题是社会发展过程中不可避免的现象，是我们必须正视的现实性问题。目前，对底边职业群体的学术研究大多是基于研究者个人经验阅历、分析视角等展开的服务于研究内容和框架的碎片化研究，近些年，虽然出现了对重庆“棒棒”、卡车司机、外卖骑手等兼具学术性和影响力的学术研究，然而对某一底边职业群体仍缺乏系统性、全面性的学术探讨。

首先，底边职业群体研究多集中在当下社会情境，缺乏历史眼光。那些在过去与人们生活密不可分的传统职业已然成为历史，或因现代化的冲击正面临着生存危机。以乔健为代表的学者开展了对中国传统社会底边阶级的研究，其内容涵盖乐户、天桥艺人、疍民等传统底边职业群体。他们承载了时代的发展变迁和民众的集体记忆，对挖掘地方性知识、理解地方文化、促进民间手艺传承具有重要意义。

其次，底边职业群体相关政策研究匮乏。社会底边职业与我们的生活息息相关，而我们的视线却往往紧盯社会精英和权贵，追求繁盛的物质生活和优越的身份地位，对处于底边职业群体的生活样态视而不见。我们习惯于用“精英的视角”去解读社会底层，底层社会治理政策、底层社会保障政策“由上而下”发起，用我们的行动和计划替底边职业群体发声，而他们却成为“沉默的大多数”和“被决策者”。

经济和社会发展到一定水平，必然要将底边社会作为政府行动和民生政策关注的重点。我们为维护底边职业群体的营生环境、切身利益制定了众多权益保障政策，然而底边职业群体的社会政策研究却成为社会研究中的学术盲点。日后的底边职业群体研究应该将政策的制定过程、政策的成效、底边职业群体与政策的互动等作为研究的重要内容和主题。

我们处在一个经济繁荣的时代，大众沉浸在社会进步的愉悦中，并且夹杂着市场经济所造就的生活压力，以至于很少有人关注社会底边，而且社会其他阶层对底边职业群体了解得越少，就越会形成一种区隔。社会科学研究应该扎根于日常社会生活，而底边职业群体研究就是回归生活世界的一种微观社会研究，是“接地气”和“有温度”的社会研究。

当前，学术悬浮化现象严重，“学术不能扎根于具体的社会脉络，缺乏现实感，不能直指世道人心，学术探索跟真实的社会生活相隔越来越远”[①]。近些年，中国政府一边“打虎拍蝇”，一边更加爱惜人民，随之越来越多的大众目光聚焦“小人物”和老百姓。在此背景下，学术界要力求“讲好大时代里的小故事”，走下华而不实的高坛，从高远的一般性

① 成伯清：《学术的悬浮化及其克服》，《探索与争鸣》2019 年第 4 期。

下降到具体历史背景和结构背景中的特殊性，不沉溺于句法，摆脱繁文冗语的矫饰做派，坚持对真切问题的把握。[①] 学术要深入现实，扎根现实，直面现实根本问题的学术思考，避免学术的悬浮化，努力让学术接地气，让社会科学研究充满人文主义情怀。

① ［美］米尔斯：《社会学的想象力》，李康译，北京师范大学出版社 2017 年版，第 45—46 页。

参考文献

（一）中文专著

北京第二服务局：《常见脚病修治技术》，中国商业出版社 1982 年版。

白庚胜：《中国民间故事全书 河北定县卷》，知识产权出版社 2013 年版。

传化公益慈善研究院、“中国卡车司机调研课题组”：《中国卡车司机调查报告：卡车司机的群体特征与劳动过程》，社会科学文献出版社 2018 年版。

崔树义：《当代英国阶级状况》，浙江大学出版社 2006 年版。

曹永森：《扬州特色文化》，苏州大学出版社 2006 年版。

东北地区四史丛书编辑小组：《筵席旁的辛酸》，辽宁人民出版社 1965 年版。

董金平：《从缠足到美容手术：中国女性身体的建构》，南京大学出版社 2017 年版。

范春三、袁东旭：《旧中国三教九流揭秘（下）》，中国社会出版社 1997 年版。

河北省政协文史资料委员会：《河北文史集萃 经济卷》，河北人民出版社 1992 年版。

韩忆萍、崔墨卿：《新风旧俗话北京》，光明时报出版社 2007 年版。

黄盈盈：《我在现场：性社会学田野调查笔记》，陕西人民出版社 2017 年版。

金后子：《乾坤静音：社会变革世间百态》，山东人民出版社 2008 年版。

李春玲、吕鹏：《社会分层理论》，中国社会科学出版社 2008 年版。

李乔：《行业神崇拜——中国民众造神运动研究》，中国文联出版社 2000 年版。
刘博：《中国浴工——城市服务者的生活世界》，上海三联出版社 2018 年版。
李耕：《边缘职业群体的自我建构——以术数从业者为例》，中国社会科学出版社 2019 年版。
刘旭：《底层叙述：现代性话语的裂缝》，上海古籍出版社 2006 年版。
陆学艺：《当代中国社会阶层研究报告》，社会科学文献出版社 2002 年版。
陆学艺：《当代中国社会流动》，社会科学文献出版社 2004 年版。
潘绥铭：《存在与荒谬——中国地下性产业考察》，群言出版社 1999 年版。
潘绥铭：《生存与体验——对一个地下性“红灯区”的追踪考察》，中国社会科学出版社 2000 年版。
潘毅、黎婉薇：《失语者的呼声：中国打工妹口述》，生活·读书·新知三联书店 2006 年版。
潘毅：《中国女工——新兴打工者主体的形成》，九州出版社 2011 年版。
彭南生：《行会制度的近代命运》，人民出版社 2003 年版。
乔健：《底边阶级与底边社会：一些概念、方法与理论的说明》，台北：南天书局有限公司 2002 年版。
秦洁：《重庆“棒棒”：都市感知与乡土性》，生活·读书·新知三联书店 2015 年版。
曲彦斌：《中国招幌词典》，上海辞书出版社 2001 年版。
首都博物馆：《华梦遗珍老北京：三百六十行绘本（上）》，北京出版社 2007 年版。
天津市地方志编修委员会办公室：《天津通志 二商志》，天津社会科学出版社 2005 年版。
田丰、林凯玄：《岂不怀归：三和青年调查》，海豚出版社 2020 年版。
王星：《技能形成的社会建构》，社会科学文献出版社 2014 年版。
王文宝：《吆喝与招幌》，同心出版社 2002 年版。

王喜根：《江南老行当》，江苏人民出版社 2016 年版。
王喜根：《扬州古巷风情》，广陵书社 2014 年版。
谢立中：《日常生活的现象学社会学分析》，社会科学文献出版社 2010 年版。
项飙：《跨越边界的社区：北京“浙江村”的生活史》，三联书店 2018 年版。
袁方：《社会研究方法教程（重排版）》，北京大学出版社 2016 年版。
掩卷：《时光是一纸流砂（行当版）》，中国物资出版社 2013 年版。
周大鸣：《渴望生存：农民工流动的人类学考察》，中山大学出版社 2005 年版。
周大鸣、周建新、刘志军：《“自由”的都市边缘人：中国东南沿海散工研究》，中山大学出版社 2007 年版。
仲玉龙：《扬州国粹》，广陵书社 2015 年版。
周游：《扬州记忆》，中国社会出版社 2013 年版。
朱建颂：《武汉民间歌谣》，华中师范大学出版社 2011 年版。
张希清、毛佩奇、李世愉：《中国科举制度通史 清代卷》，上海人民出版社 2015 年版。
朱力、毛飞飞：《中国城市底层群体的生存状态和救助机制》，中国社会科学出版社 2014 年版。
张自模：《脚病修治疗法》，江西科学技术出版社 1985 年版。

（二）中文译著

［英］安东尼·吉登斯：《现代性的后果》，田禾译，译林出版社 2011 年版。
［英］安东尼·吉登斯：《社会的构成》，李康、李猛译，中国人民大学出版社 2016 年版。
［英］安东尼·吉登斯：《现代性与自我认同：晚期现代中的自我与社会》，赵旭东译，中国人民大学出版社 2016 年版。
［英］阿兰·德波顿：《身份的焦虑》，陈广兴、南治国译，上海译文出版社 2007 年版。

［美］巴巴拉·艾赫伦里奇：《美国底层生存方式揭秘》，袭艳春、袭艳滨、王大强译，新世界出版社 2002 年版。

［美］伯格：《通俗文化，媒介和日常生活中的叙事》，姚媛译，南京大学出版社 2000 年版。

［美］彼得·海斯勒：《江城》，李雪顺译，上海译文出版社 2012 年版。

［美］戴维·格伦斯基：《社会分层（第二版）》，华夏出版社 2006 年版。

［美］丹尼斯·吉尔伯特、约瑟夫·A. 卡尔：《美国阶级结构》，彭华民、齐善鸿等译，中国社会科学出版社 1992 年版。

［美］丹尼尔·贝尔：《后工业社会的来临——对社会预测的一项探索》，高铦、王宏周、魏章玲译，新华出版社 1997 年版。

［美］戴维·波普诺：《社会学（第十一版）》，李强等译，中国人民大学出版社 2011 年版。

［法］福柯：《规训与惩罚》，刘北成、杨远婴译，三联书店 2012 年版。

［美］格尔哈特·伦斯基：《权力与特权：社会分层的理论》，关信平等译，社会科学文献出版社 2018 年版。

［澳］杰华：《都市里的农家女：性别、流动与社会变迁》，吴小英译，江苏人民出版社 2006 年版。

［美］肯·奥莱塔：《美国底层阶级》，聂振雄、蒋伟明译，上海译文出版社 1991 年版。

［美］罗伯特·K. 默顿：《社会理论和社会结构》，唐少杰、齐心译，三联书店 2018 年年版。

［美］理查德·谢弗：《社会学与生活》，赵旭东等译，世界图书出版社 2014 年版。

［美］欧文·戈夫曼：《日常生活中的自我呈现》，冯钢译，浙江人民出版社 1989 年版。

［法］皮埃尔·布迪厄、［美］华康德：《实践与反思——反思社会学导引》，李猛、李康译，中央编译出版社 1998 年版。

［法］皮埃尔·布迪厄：《实践感》，蒋梓骅译，译林出版社 2003 年版。

［法］帕斯卡尔·迪雷、佩吉·鲁塞尔：《身体及其社会学》，马锐译，天津人民出版社 2017 年版。

［美］乔纳森·布朗：《自我》，陈浩莺等译，人民邮电出版社 2004 年版。
［法］让·卡泽纳弗：《社会学十大概念》，杨捷译，上海人民出版社 2003 年版。
［日］三浦展：《下流社会：一个新社会阶层的出现》，陆求实、戴铮译，文滙出版社 2007 年版。
［美］萨利·安格尔·梅丽：《诉讼的话语：生活在美国社会底层人的法律意识》，郭星华、王晓蓓、王平译，北京大学出版社 2007 年版。
［英］迈克尔·格伦菲尔：《布迪厄：关键概念》，林云柯译，重庆大学出版社 2018 年版。
［美］米尔斯：《社会学的想象力》，李康译，北京师范大学出版社 2017 年版。
［美］米切尔·邓奈尔：《人行道王国》，马景超、刘冉、王一凡译，华东师范大学出版社 2019 年版。
［美］威廉·富特·怀特：《街角社会——一个意大利人贫民区的社会结构》，黄育馥译，商务印书馆 2009 年版。
［美］西奥多·M. 米尔斯：《小群体社会学》，温凤龙译，云南人民出版社 1988 年版。
［德］西美尔：《金钱、性别、现代社会风格》，顾仁明译，华东师范大学出版社 2010 年版。
［美］伊恩·罗伯逊：《社会学》，黄育馥译，商务印书馆 1990 年版。
［美］张鹂：《城市里的陌生人：中国流动人口的空间、权力与社会网络的重构》，袁长庚译，江苏人民出版社 2013 年版。

（三）中文论文

陈洪：《关于山城“棒棒军”生存状况的调查报告》，《重庆师范大学学报》（哲学社会科学版）2015 年第 5 期。
崔树义：《“底层阶级”：当代西方社会的弱势群体》，《当代世界社会主义问题》2004 年第 3 期。
董素云：《三峡库区传统手工艺的保护与传承》，《重庆三峡学院学报》2009，年第 5 期。

董建辉、徐雅芬：《底层民众与政治权力——西方政治人类学视野中的弱势群体研究述评》，《国外社会科学》2011 年第 6 期。

丁百仁：《环卫工人职业认同的影响因素分析》，《武汉理工大学学报》（社会科学版）2014 年第 6 期。

杜月：《芝加哥舞女、中国洗衣工与北平囚犯：都市中的陌生人》，《社会》2020 年第 4 期。

方玲玲：《城市空间对话：媒体底层关怀与边缘群体的自我书写》，《当代传播》2018 年第 2 期。

方圆：《弹性工作时间的起源和发展》，《经济改革》1985 年第 8 期。

高艳、乔志宏、宋慧婷：《职业认同研究现状与展望》，《北京师范大学学报（社会科学版）》2011 年第 4 期。

侯飞、王明杰：《流动摊贩的生存逻辑探析——基于 A 大学周边流动摊贩的调研》，《城市管理与科技》2018 年第 6 期。

华红琴、翁定军：《社会地位、生活境遇与焦虑》，《社会》2013 年第 1 期。

康红梅：《社会排斥视域下底层群体生存困境的形塑机制研究——以环卫农民工为例》，《人口与发展》2015 年第 3 期。

康红梅：《社会排斥背景下底层群体“内卷化”职业身份认同研究——以环卫农民工为例》，《理论月刊》2016 年第 1 期。

刘博：《生活方式的转变与社会身份的缺失——新生代农民工城市生活的个案研究》，《青年研究》2008 年第 12 期。

雷颐：《法国底层青年骚乱之鉴》，《人民论坛》2010 年第 21 期。

吕鹏：《生产底层与底层的再生产——从保罗·威利斯的〈学做工〉谈起》，《社会学研究》2006 年第 2 期。

刘祖云：《论社会学中的群体范畴》，《社会学研究》1986 年第 3 期。

李春雷：《社会底层青年群体：概念、背景情绪及话语表达》，《南昌工程学院学报》2018 年第 2 期。

李恭忠：《“江湖”：底层群体的生存体验和社会构图——以姚大羔会簿为中心的考察》，《江苏社会科学》2010 年第 6 期。

刘园、龚为：《问道老行当》，《中华手工》2011 年第 10 期。

林兵、王文涛：《街头修脚工的生活叙事与身体实践》，《社会建设》2020

年第 6 期。

秦洁：《关于“底层”研究的相关概念分析》，《华南理工大学学报》（社会科学版）2010 年第 6 期。

秦洁：《农民工的都市想象——基于对重庆“棒棒”入城动机的人类学考察》，《湖北民族学院学报》（哲学社会科学版）2013 年第 3 期。

秦洁：《“忍”与农民工身份认同研究——基于对重庆“棒棒”城市生活心态的深度访谈》，《开放时代》2013 年第 3 期。

秦洁：《“棒棒”的生计方式与就业空间研究》，《社会工作与管理》2015 年第 4 期。

尚会鹏：《印度底层社会有何特点》，《人民论坛》2010 年第 21 期。

汤树光：《浅谈西方国家的弹性工作时间》，《科学学与科学技术管理》1983 年第 4 期。

陶伟、王绍续、朱竑：《广州拾荒者的身体实践与空间建构》，《地理学报》2017 年第 12 期。

王星：《劳动安全与技能养成：一种政治经济学的分析》，《江苏社会科学》2009 年第 5 期。

王文涛：《“脚下”的人生：修脚工身份地位变迁的社会史考察》，《青海民族研究》2019 年第 3 期。

王文涛：《“活在脚下”：重庆 F 区街头修脚工的自我认同建构》，《湖北民族大学学报》（哲学社会科学版）2020 年第 6 期。

谢方：《“场域—惯习”论下的个体行动与社会结构》，《理论观察》2009 年第 1 期。

叶小川：《城管执法权的制度困境及其出路》，《理论与改革》2008 年第 3 期。

曾德强：《脚上有路：一个修脚工的中国梦》，《中国作家》（纪实版）2015 年第 3 期。

章铮：《进城定居还是回乡发展？——民工迁移决策的生命周期分析》，《中国农村经济》2006 年第 7 期。

周冬霞：《论布迪厄理论的三个概念工具——对实践、惯习、场域概念的解析》，《改革与开放》2010 年第 2 期。

张海波、童星：《被动城市化群体城市适应性与现代性获得中的自我认同——基于南京市 561 位失地农民的实证研究》，《社会学研究》2006 年第 2 期。
朱伟珏：《超越主客观二元对立——布迪厄的社会学认识论与他的“惯习”概念》，《浙江学刊》2005 年第 3 期。
郑天琪：《浅谈劳动法中的弹性工作时间制》，《职工法律天地》2016 年第 8 期。
赵秀丽：《时间管理与弹性工作制》，《经济研究参考》2014 年第 4 期。
郑新：《“城管警察”现象的审视与反思》，《行政法学研究》2017 年第 6 期。
赵农：《关中民间手工艺的生态现状》，《文艺研究》2003 年第 3 期。

（四）学位论文

陈琼璘：《养生：一种迈向自我建构和责任伦理的身体实践》，硕士学位论文，南京大学，2015 年。
郭云超：《我国“灰色青年”社会关系网络研究——基于河南 T 县调查的分析》，博士学位论文，华中师范大学，2015 年。
黄碧祺：《城市底层群体的阶层认同研究——以江苏省四城市为例》，硕士学位论文，南京大学，2012 年。
梁婀婷：《麦客生计方式转变研究（1978 - 2016）——以甘肃梁马村为例》，硕士学位论文，北方民族大学，2017 年。
罗峰：《身体、空间与关系：大都市底层群体日常生活政治研究——以上海为例》，博士学位论文，华东师范大学，2014 年。
毛飞飞：《城市底层群体样态及生存矛盾研究——基于江苏省的调查》，博士学位论文，南京大学，2012 年。
彭飞：《郑州市“零散劳工”半组织化生存现状探析》，硕士学位论文，郑州大学，2016 年。
王潇：《传统手工艺的再生产研究》，博士学位论文，西安美术学院，2016 年。
王思尹：《“怕死苦生”：城市底层群体的日常抗争逻辑》，硕士学位论文，南京大学，2012 年。

闫新新：《肩膀上的日子——一项关于山城棒棒的人类学研究》，硕士学位论文，南京大学，2015 年。

于妮：《对街头小贩的经济学分析——以深圳市上下沙为例》，硕士学位论文，暨南大学，2011 年。

赵雅轩：《边缘化生存：街角劳力隐性组织化的社会学分析》，硕士学位论文，吉林大学，2008 年。

（五）论文集

黄盈盈：《从身份认同看“三陪小姐”——“红灯区”调查手记》，载张立升《社会学家茶座》，山东人民出版社 2003 年版。

李猛：《常人方法学 40 年：1954—1994》，载李培林《社会学：理论与经验（第二辑）》，社会科学文献出版社 2005 年。

孙立平：《“过程－事件分析”与当代中国农村国家农民关系的实践形态》，载谢立中《结构制度分析，还是过程－事件分析?》，社会科学文献出版社 2010 年版。

（六）英文文献

Arsene Mushagalusa Balasha, Lebon Hwali Masheka, Maurice Kesonga Nsele, “Understanding the Roles of Street Vendors of Agricultural Commodities during the COVID－19 Outbreak in the Informal Economy” *Open Journal of Social Sciences*, August 2020.

Alexis Malefakis. “Gridlocked in the city: kinship and witchcraft among Wayao street vendors in Dar es Salaam, Tanzania.” Africa, Vol. 88, No. 5, 2018 (S1).

Calla Hummel. “Do Poor Citizens Benefit from Mega-Events? São Paulo’s Street Vendors and the 2014 FIFA World Cup.” Latin American Politics and Society, Vol. 60, No. 4, 2018.

Falla A M V, Valencia S C. “Beyond state regulation of informality: understanding access to public space by street vendors in Bogotá.” International

Development Planning Review, Vol. 41, No. 1, 2019.

Lina Martínez, et al. "The diversity of the street vending: A case study of street vending in Cali." Cities, Vol. 79, February 2018.

Lata L, Walters P, Roitman S. "A marriage of convenience: Street vendors' everyday accommodation of power in Dhaka, Bangladesh." Cities, Vol. 84, 2019.

Munoz L. " 'Recovering' public space and race: Afro-Colombian street vendors in Bogotá, Colombia." Environment and Planning C: Politics and Space, Vol. 36, No. 4, 2018.

Muñoz L. "Tianguis as a possibility of autogestion: street vendors claim rights to the city in Cancún, Mexico." Space and Culture, Vol. 21, No. 3, 2018.

Mojgan Taheri Tafti. "Negotiating the order: the politics and policing of street vending in Tehran." International Development Planning Review, Vol. 41, No. 2, 2019.

Nabati Ray, et al. "The rise of corporate retailing and the impacts on small-scale retailing: the survival strategies of Kirana stores and informal street vendors in Durgapur, India." Singapore Journal of Tropical Geography, Vol. 41, No. 2, 2020.

Onyanta Adama. "Abuja is not for the poor: Street vending and the politics of public space." Geoforum, Vol. 109, No. C, 2020.

Ojeda L, Pino A. "Spatiality of street vendors and sociospatial disputes over public space: The case of Valparaíso, Chile." Cities, Vol. 95, 2019.

Prananda Luffiansyah Malasan. "The untold flavour of street food: Social infrastructure as a means of everyday politics for street vendors in Bandung, Indonesia." Asia Pacific Viewpoint, Vol. 60, No. 1, 2019.

Richa Sekhani, et al. "Street vending in urban 'informal' markets: Reflections from case-studies of street vendors in Delhi (India) and Phnom Penh City (Cambodia)." Cities, Vol. 89, 2019.

Sukanya Basu, Harini Nagendra. "The street as workspace: Assessing street vendors' rights to trees in Hyderabad, India." Landscape and Urban Planning, Vol. 199, No. C, 2020.

附录一　街头修脚工访谈提纲

一　修脚工的人口社会学特征

1. 您的姓氏、年龄、文化程度、住址、户口类型、家庭成员、爱人的工作等。

2. 您觉得修脚工的社会地位怎样？工作中有没有受到别人的异样眼光？（社会地位认知）

3. 您的工作强度、工作时间、出工时间、一天中最忙的时间段是怎样的？

4. 您修脚的经济收入如何（按月）？对于当前的生活和收入您满意吗？您认为修脚的行业前景如何？是否还要继续做修脚（或再干修脚多少年）？（未来打算）

5. 能不能将您的成长过程和经历简单地说一下？

4. 您目前在工作或生活方面面临的主要问题和困难是什么？

二、劳动过程

1. 来修脚的一般是些什么样的人，即顾客的特点（顾客的年龄、特点、性别、职业、经济状况等）？

2. 您干修脚这一行多少年了？修脚之前是做什么工作的？为什么会选择修脚这一行业？家人是否支持？

3. 从事修脚行业以来，最令你印象深刻的事情是什么？（好事/坏事）（比如遇到一个特殊的顾客、与别人发生的矛盾等）

4. 同行之间有没有交流？交流的内容主要是什么？（关系网络）

5. 有没有城管来管？怎样面对城管的管理？

6. 您了解涪陵修脚的历史和发展情况吗？

7. 您是否支持自己的孩子也从事修脚行业？为什么？

8. 从事修脚时间长了，有没有职业病？

9. 如果我想学修脚的话，有什么样的经验和注意事项。

三、技能形成过程

1. 通过什么样的途径、在什么地方、跟谁学的修脚？

2. 如何评价你的师傅？用什么样的方式维护与师傅的关系？（师徒关系维护）

3. 学习修脚技术时，师傅或机构对入行的要求是什么？（培训成本、学费、学时、对个人的要求、仪式、中途退出有没有代价等），有没有签订什么协议？

4. 学徒时首先从什么工作做起？学徒时的工资和福利待遇如何？

5. 师徒关系如何

补充：在访谈时，要关注修脚工的穿着、打扮以及所处的环境状况；与顾客、同行之间的互动；劳动过程、劳动态度等。

附录二　访谈对象信息表

序号	性质	访谈对象	性别	年龄	文化程度	从业时间	访谈地点	访谈时间
1	街头修脚	XHZL-1	女	52	初中	18 年	兴华中路	2018-07-09
2	街头修脚	XHZL-2	女	50	小学	14 年	兴华中路	2018-11-02
3	街头修脚	XHZL-3	女	55	小学	6 年	兴华中路	2018-11-09
4	街头修脚	XHZL-4	女	51	小学	4 年	兴华中路	2018-11-09
5	街头修脚	XHZL-5	女	57	初中	7 年	兴华中路	2018-11-10
6	街头修脚	XHZL-6	女	59	初中	4 年	兴华中路	2019-10-13
7	街头修脚	XHZL-7	女	57	小学	3 年	兴华中路	2019-10-24
8	街头修脚	XHZL-8	女	60	无	8 年	兴华中路	2020-11-11
9	街头修脚	LJHY-1	女	57	小学	7 年	罗家花园	2018-09-22
10	街头修脚	LJHY-2	女	53	初中	5 年	罗家花园	2018-09-22
11	街头修脚	LJHY-3	女	56	小学	3 年	罗家花园	2018-09-22
12	街头修脚	LJHY-4	女	49	小学	5 年	罗家花园	2018-09-22
13	街头修脚	LJHY-5	女	51	小学	1 年	罗家花园	2019-09-20
14	街头修脚	LJHY-6	女	47	初中	5 年	罗家花园	2020-08-13
15	街头修脚	LJHY-7	女	49	初中	3 年	罗家花园	2020-09-22
16	街头修脚	MA-1	女	47	小学	2 年	马鞍新区	2018-07-10
17	街头修脚	MA-2	女	60	无	15 年	马鞍新区	2018-08-25
18	街头修脚	MA-3	女	62	小学	7 年	马鞍新区	2018-08-26
19	街头修脚	MA-4	女	51	小学	4 年	马鞍新区	2018-08-26
20	街头修脚	MA-5	女	50	小学	2 年	马鞍新区	2019-11-21
21	街头修脚	MA-6	女	46	初中	2 年	马鞍新区	2019-12-03
22	街头修脚	MA-7	女	59	小学	3 年	马鞍新区	2020-12-13

续表

序号	性质	访谈对象	性别	年龄	文化程度	从业时间	访谈地点	访谈时间
23	街头修脚	MA - 8	女	58	小学	4 年	马鞍新区	2020 - 12 - 14
24	街头修脚	YJB - 1	女	47	初中	10 年	易家坝	2018 - 11 - 03
25	街头修脚	YJB - 2	女	53	小学	6 年	易家坝	2019 - 07 - 23
26	街头修脚	YJB - 3	女	55	小学	1 年	易家坝	2019 - 08 - 14
27	街头修脚	YJB - 4	女	49	初中	3 年	易家坝	2019 - 11 - 18
28	街头修脚	YJB - 5	女	45	初中	3 年	易家坝	2019 - 11 - 19
29	街头修脚	YJB - 6	女	59	初中	1 年	易家坝	2020 - 11 - 03
30	街头修脚	YJB - 7	女	43	初中	4 年	易家坝	2020 - 11 - 03
31	街头修脚	NMS - 1	女	45	小学	10 年	南门山	2018 - 11 - 03
32	街头修脚	NMS - 2	女	55	初中	半年	南门山	2018 - 11 - 03
33	街头修脚	NMS - 3	女	57	小学	5 年	南门山	2018 - 11 - 03
34	街头修脚	NMS - 4	女	——	——	——	南门山	2018 - 11 - 03
35	街头修脚	NMS - 5	女	53	小学	3 年	南门山	2019 - 10 - 28
36	街头修脚	NMS - 6	女	59	初中	7 年	南门山	2019 - 10 - 29
37	街头修脚	NMS - 7	女	57	小学	5 年	南门山	2019 - 11 - 09
38	街头修脚	NMS - 8	女	51	小学	2 年	南门山	2019 - 11 - 14
39	街头修脚	NMS - 9	女	53	初中	2 年	南门山	2020 - 11 - 18
40	街头修脚	NMS - 10	女	59	小学	1 年	南门山	2020 - 12 - 03
41	街头修脚	CB - 1	女	43	小学	2 年	重百	2018 - 11 - 08
42	街头修脚	CB - 2	女	52	小学	10 年	重百	2018 - 11 - 08
43	街头修脚	CB - 3	女	48	无	4 年	重百	2018 - 11 - 08
44	街头修脚	CB - 4	女	65	初中	3 年	重百	2018 - 11 - 13
45	街头修脚	CB - 5	女	60	无	3 年	重百	2018 - 11 - 13
46	街头修脚	CB - 6	女	35	初中	6 年	重百	2018 - 11 - 17
47	街头修脚	CB - 7	女	47	初中	3 年	重百	2018 - 11 - 21
48	街头修脚	CB - 8	女	52	小学	9 年	重百	2018 - 11 - 21
49	街头修脚	CB - 9	女	54	小学	7 年	重百	2018 - 11 - 21
50	街头修脚	CB - 10	女	51	小学	3 年	重百	2020 - 10 - 20
51	街头修脚	CB - 11	女	49	小学	5 年	重百	2020 - 11 - 03
52	街头修脚	CFDJT - 1	女	50	初中	4 年	消防队街头	2018 - 10 - 20
53	街头修脚	CFDJT - 2	女	57	初中	1 年	消防队街头	2018 - 10 - 20

续表

序号	性质	访谈对象	性别	年龄	文化程度	从业时间	访谈地点	访谈时间
54	街头修脚	CFDJT－3	女	53	小学	5 年	消防队街头	2019－09－17
55	街头修脚	CFDJT－4	女	56	小学	3 年	消防队街头	2019－09－17
56	街头修脚	CFDJT－5	女	56	初中	6 年	消防队街头	2019－09－20
57	个体修脚店	MA－C1	女	44	小学	3 年	马鞍新天街	2018－07－03
58	个体修脚店	MA－C2	女	50	小学	2.5 年	马鞍新天街	2019－08－18
59	个体修脚店	MA－XFXC1	男	30	初中	5 年	马鞍学府新城	2018－08－27
60	个体修脚店	MA－XFXC2	女	28	初中	4 年	马鞍学府新城	2018－08－27
61	连锁店	SRDS－1	女	26	初中	3 年	森润大厦	2019－02－18
62	连锁店	SRDS－2	男	25	初中	2 年	森润大厦	2019－03－15
63	连锁店	SRDS－3	女	37	初中	3 年	森润大厦	2019－12－21
64	连锁店	SRDS－4	女	30	小学	3 年	森润大厦	2020－10－15
65	连锁店	SRDS－5	男	29	初中	2 年	森润大厦	2020－11－07
66	连锁店	XFD－1	男	17	初中	1 年	消防队	2018－11－02
67	连锁店	XFD－2	男	30	高中	3 年	消防队	2019－07－14
68	连锁店	XFD－3	女	28	高中	1 年	消防队	2019－07－20
69	连锁店	XFD－4	男	30	初中	5 年	消防队	2019－07－20
70	连锁店	XFD－5	男	38	初中	4 年	消防队	2019－11－08
71	连锁店	XHDL－1	男	30	初中	4 年	兴华东路	2018－11－05
72	连锁店	XHDL－2	男	26	初中	2 年	兴华东路	2018－11－05
73	连锁店	XHDL－3	女	36	高中	5 年	兴华东路	2019－07－21
74	连锁店	XHDL－4	男	19	初中	1 年	兴华东路	2019－07－21
75	连锁店	XHDL－5	男	34	高中	3 年	兴华东路	2019－09－06
76	连锁店	XHDL－6	女	32	高中	4 年	兴华东路	2019－09－06

附录三　修脚店修脚服务细则

操作步骤	操作说明
1. 准备工作	（1）统一工作服、工作鞋、工号牌等。 （2）事前打磨好平刀、条刀、铲刀等全套刀具，保证刀口锋利，齐全顺手。 （3）修脚刀事先放在工具盒中，用消毒液浸泡至少 15 分钟。 （4）上客前，技师不得随意外出，安排顺候工。
2. 修脚前	（1）礼貌招呼宾客："欢迎光临 ZYY！您好！我是某某修脚技师，很高兴为您服务。" （2）指导宾客坐姿，调整脚凳；为宾客端上一杯温水放置在座椅旁边，并指导宾客选择合适的服务项目，询问是否选择一次性刀具。 （3）根据宾客的要求，准备好泡脚的温水放置在宾客的脚下，指导宾客泡脚；让宾客背对修脚技师，进行上身的按摩。 （4）指导宾客坐回原处，将毛巾铺在脚凳上，并用一次性纸巾将宾客的双脚擦干，然后把宾客的双脚在脚凳上安置好。 （5）修脚前的"望、问、切"。"望"：直接观察宾客的脚部各个细微部分；"问"：询问宾客有哪些脚病、脚痛，有无治疗史，治疗效果如何等；"切"：用手触摸"感觉"脚趾甲、脚皮肤、脚丫等，向宾客介绍修脚的内容和方法。
3. 修脚中	（1）拿出刀具，首先将刀具擦拭一遍，保持清洁无水迹，然后根据宾客需求确定修脚的具体方法。 （2）修完一只脚后，将宾客脚丫处的碎杂物擦拭干净，用毛巾将脚裹住，以免宾客脚部受凉。 （3）左手持脚用力稳定，捏脚、卡脚、抠脚以及拢擦、挣推准确到位；右手持刀的推力、拔力、拱力、抖力、捻力、抹力要转换灵活。 （4）根据宾客脚情，要采取相应适当的方向不同、位置不同、角度不同的抢、抹、平、立、坡、盘、劈、合、翻、挺等刀法，并施用抢刀术、断刀术、劈刀术、片刀术、起刀术、撕刀术、挖刀术、分刀术，圆满完成修脚任务。 （5）要保持良好的服务态度，注意保证脚凳位置适中、毛巾卫生、动作熟练等。
4. 修脚后	（1）开具服务清单，指导宾客到前台结账。 （2）礼貌告别宾客："请下次光临 ZYY！" （3）将泡脚桶、毛巾、刀具等及时规整；清理修脚产生的碎屑物。 （4）准备接待下一位修脚宾客。

后　记

重庆是一座颇具特色的城市。码头文化、移民社会、袍哥文化、城市空间、重庆棒棒等，无不展现着这座山水之城的城市性格与魅力。犹记得2014年年初到重庆涪陵，身心即刻进入了一个“他者”的世界。作为山东人生活在重庆，无时无刻都体会到渝鲁两地地方社会的差异。异质文化间的碰撞与地方社会结构的冲击，激发了我“社会学的想象力”和学术灵感，引起了我研究重庆地方社会的兴致。

将街头修脚工作为研究对象实属偶然，在此之前我尝试过研究重庆茶馆、重庆火车站“摩的”司机等，最终因为种种原因未能成行。当与林兵老师提及重庆街头修脚工时，林老师给予了我莫大的鼓励。在具体操作层面，研究街头修脚工具有诸多便利：第一，将修脚工作为研究对象的学术成果较为少见，符合学术研究的创新性原则；第二，作为底边职业群体的街头修脚工的深度访谈与田野调查不需要复杂的社会关系介入，研究者与被研究者容易建立起信任关系；第三，街头修脚集历史性、地域性、特殊性和技术性于一体，易于开展街头修脚工的社会史考察与现代性对比；第四，在小城涪陵生活多年，我对地方社会已经有所理解与感悟，便于将街头修脚工置于地方性知识的视角下考察。因此，于我来说，研究街头修脚工是较为适合、实在可行的。

研究街头修脚工的过程中，我遇到的最大困难是如何界定此类群体，博士毕业后，在申报科研项目和学术论文写作中也时常被此问题困扰。我尝试用“城市边缘人群”“城市底边人群”来概括此类群体，但未体现出职业面向，因此学术效果总不令人满意。经过不断思考，后来我将其理解为“底边职业群体”。底边职业群体有两层含义：一是“底边群体”，二是“职业群体”。底边职业处于社会职业分层的末端，对从业者的文化素质要求不高的劳动密集型工作岗位；此类职业往往工作环境较差，工作强度大且薪酬相对较低。由底边职业从业者构成的集合便是底边职业群体，他们往往是农民工出身，来自于社会底层，文化水平较低，劳动技能较弱，是那些虽然近在身边却易被我们忽视的人，是那些我们在日常生活中经常依赖却选择不去了解的人。底边职业群体虽然大多身处社会底层，却拥有一份谋生工作，生活虽不富裕却完全可以自给自足，但此类工作是脆弱的、不稳定的。由此可见，底边职业人群类似于特纳所述的阈限状态，即“从正常状态下的社会行为模式之中分离出来的一段时间和空间”，其特点是处于社会结构的断裂之处、边缘之处和低层之处。

由此我们可以认为，第一，底边职业群体是一个历史性的概念，即底边职业存在于人类历史的各个阶段，且每个历史阶段呈现为不同的职业形态，底边职业群体在社会变革、群体动员、政治运动中具有重要影响；第二，底边职业具有地域性特色，特有的自然地理、人文风俗孕育形式多样、特色鲜明的底边职业样态（如重庆棒棒、陕北麦客等）；第三，他们处于社会阶层金字塔的最底层，从业人数多，但大多数情况下游离于主流社会之外，他们最大的从业资本是自己的身体。由此可见，历史性、地域性、边缘性、劳动密集性、低技能性是底边职业人群的本质特征。底边职业群体是社会结构的重要组成部分，其存在的本质是社会分工和社会阶层分化的必然结果。

博士毕业后，我于2021年10月28日对街头修脚工进行了一次回访。街头修脚工的群体样貌基本没有改变，不过街头擦鞋匠的数量有所增加，而且修脚工和擦鞋匠所用的工具箱由木头材质换成了不锈钢材质，工具箱侧面印有“便民服务”“涪陵是我家，管理靠大家”的红色大字。我问擦鞋的老奶奶（1950年生，71周岁）：这个统一的修脚工具箱哪里来的？她说是城管把原来的木箱收走后免费发的。这是一个值得庆祝的小惊喜，城管不仅没有驱赶她们，还为她们提供了服务和帮助，让她们继续存在于城市街头。至于单次修脚的价格，也从10元涨到了15元。可见，街头修脚工的生活世界与身体实践一直随时间的律动轻微的有所变动，为以后的跟进性、持续性研究提供了素材。

本书能够得以出版，得到了众多师友的支持与帮助。我要感谢我的导师林兵教授，林老师不仅给予我学业上的帮助，还给予我生活上的指导，他的严谨治学和人格魅力深深影响了我为师道德与学术作风。本书是由我的博士论文修改而成，在博士论文开题和答辩期间，有幸得到吉林大学哲学社会学院邴正教授、田毅鹏教授、崔月琴教授、张金荣教授的指教与修改意见。此外，感谢重庆市黔江区政协副主席王希辉教授、陕西科技大学马克思学院院长吴明永教授、湖北民族大学陈沛照教授、青海民族大学张科教授给予我学术上的巨大支持和鼓励。同时，感谢吉林大学彭飞博士、南京大学门豪博士、内蒙古工业大学王春林等，他们不仅是我生活中的朋友，还是我学业与学术上的伙伴。要特别感谢地是我的妻子、父母、岳父岳母对我生活和家庭的照顾，才让我得以脱身安心读书写作；我的女儿是我人生的动力，给我枯燥的学术之路增添了乐趣与意义。

最后，十分感谢中国社会科学出版社编辑王莎莎老师为嫁衣之功、行不言之教，运斤成风、弃糟粕取精华，对文稿做了专业细致的修改。

此外，本著作受重庆市 2019 年一流专业——社会学（62011600518）资助，是重庆工商大学高层次人才科研启动项目：“城市边缘人群的社会情绪表达与社会风险防范研究”（项目号：950322015）、重庆市教委人文社会科学研究项目“底边职业人群就业困境中的社会情绪表达与疏导研究”（23SKGH161）重庆市社会科学规划项目“城市底边人群稳岗就业的支持体系研究”（2022BS040）的研究成果。

2023 年 3 月 15 日